Management to Create Discipline and
Dynamism of the Organization

強靭な組織を創る経営

予測不能な時代を生き抜く
成長戦略論

綱島邦夫
Kunio Tsunashima

日本能率協会マネジメントセンター

はじめに

日本企業再生への13のメッセージ

私は、経営コンサルタントとして日本を代表する多くの企業の経営者、幹部社員、第一線社員の皆様と一緒に仕事をしてきた。ビジネスにおける「坂の上の雲」を目指した昭和後半の時代と比較すると、平成の時代は坂を下り、迷路を歩む厳しい時代だった。

そうしたなかで経営者も社員も悩み、もがき、悪戦苦闘してきた。私心を捨て、難題と格闘する大勢の人々を見ながら、私自身も鋭敏な貢献をできない自身の力量不足を悔み、挫折を経験してきた。

多くの企業が成長を停止し、成長しないために事業や人のリストラをせざるを得ないという苦境にあえいできた。経営者も就任後の1、2年間は希望をもち、ビジョンを掲げ、改革を唱え、社員を鼓舞するが、結局は成長という目標を達成できないまま、後継者に後を託していくケースが多かったように思う。

そして、後継者も前任者と同じ轍を踏み、成長を実現できないまま、役割を終えるという残念な結果が続いている。後継の経営者は、背負いきれない、ますます重い荷物を受け継いでいるようにも見える。

こうしてみると、企業を運営するための組織の構造、業務の構造やマネジメントのプロセス、人事や経理の諸施策と運営、ガバナンスのシステム、企業文化に関わる様々な一つ一つは小さな判断や活動の多くが成長を妨げる負のベクトルをもち、全体として日本企業の未来を壊す巨大な負の力に合成されているように思えてならない。

そうしたなかでも、平成の時代に成長し、世界で躍進した企業も存在する。努力の量は変わらない。しかし、成果に大きな差がある。その理由は何だろうか。それを私はじっくりと考えてきた。

そしていま、小さな違いが大きな違いを生むということ、1％の違いが企業の姿を全く別のものにしているということがわかった。乱暴な比喩であることは承知しているが、人間とチンパンジーの遺伝子の違いは1％（厳密にはこのような単純化はできないが……）しかないのと同様に、成長する企業と低迷する企業の違いはわずかであるというのが実感だ。

以上の感慨のもと、本書で申し上げることは以下の13のメッセージである。

1．平成の時代を一言で総括すれば、日本企業が量的にも質的にも「成長」を停止し、世界の企業が躍進したこと。令和の時代に成長を復活できなければ、日本の未来は明るくない。

2．日本企業の低迷の理由は、昭和の成功時に築かれた巨大化した組織のヒエラルキーという魔物に私たちが飲み込まれたこと。モノやサービスをつくり、顧客に対応する第一線の社員の学習が止まり、仕事主義とサイロの文化がはびこる。

3．ＧＡＦＡ（Google, Amazon, Facebook, Apple）やＢＡＴ（Baidu, Alibaba, Tencent）は異星人だが、昭和の時代の私たちの姿の再現。ＧＡＦＡやＢＡＴを礼賛し、表面を真似る必要はない。

しかし、もう一度、成長という企業活動の基本に立ち戻る必要がある。

4．シャープなヒエラルキーでいまを守り、ヒエラルキーを超えるダイナミックなプロジェクトで成長を復活する。そして、組織の魔物から社員を解放する。社員はプロジェクトのなかで成長する。

5．経営者も社員も街をさまよう。そこに発見がある。調査・分析とロジックはいまの問題の解決には有効。しかし、成長への機会の発見には役立たない。

6．「青春の心」をもつ青年社員・壮年社員・熟年社員のチームワークとバトンリレーで事業をつくる。青年は0から1をつくる。壮年は1を10にし、熟年は10を100にする。

7．日本企業はグローバル企業になることを目指したが、ローカル企業に逆戻りしている。もはや日本人だけでは戦えない。外国人社員のパワーを解き放つ。

8．経営者の最大の役割は「実行」。実行の本質は組織ケイパビリティ（人・プロセス・企業文化を包含する組織能力）の創造。このことに着眼し、理解し、任期を通じて本気で継続的に取り組む日本企業のCEOは少ない。

9．いまの利益を確保するリストラにはトップダウンの経営が有効。しかし、成長には第一線社員のボトムアップの力が必要。そのためには効率的な生産性と顧客価値を同時に追求するマトリクス組織運営に命を吹き込み、使いこなし、本社・本部を解体する必要がある。マトリクス組織運営を諦めることは成長を諦めることと同義である。

10．人事の運用はラインに任せ、人事部長は成長のための組織ケイパビリティの守護神になる。日本企業の人事部門は秩序の守護神としての管理・統制という日本企業独特の役割を超える必要がある。

11. 人を責めるな、プロセスを責めよ。経営者は良いマネジメントプロセスの開発にエネルギーの70％を割く必要がある。経営者の仕事は「決断」だけではない。

12. 日本におけるコーポレートガバナンスの最重要のテーマは、経営者に成長へのコミットメントとモチベーションを与えることにある。

13. 社員全員で強い企業文化を磨く。企業文化は自然に錆びつき、劣化する。強い企業文化がCEOになり、企業文化が成長をドライブする。

躍進する企業と成長を停止した企業の違いは、この13項目への「着眼の有無」と「本気度」の差にある。一つ一つの小さな差が積み重なって、大きな違いを生み出しているのだ。

躍進する新興企業に共通する20項

平成の時代に躍進した日本企業は多くはないものの、存在する。本書では次のような企業の活動を調査し、参考にした。公開されている企業情報、書籍・文献、および経営者、幹部社員、第一線の社員へのインタビューから得られた情報をベースにしている。

製造業ではトヨタ自動車、日産自動車（2000年代前半）、ダイキン工業、京セラ、コマツ、旭化成、花王、テルモ、ユニ・チャーム、キヤノン、日本電産、村田製作所、キーエンス、ファナック、YKK、資生堂（2015年以降）、小売業・サービス業ではセブン－イレブン、リクルート、ファーストリテイリング、良品計画、ニトリ、アイリスオーヤマ、セコム、金融業ではリースの会社から大きく変貌したオリックスや2003年に3兆円の公的資金が投入される存亡の危機から再生を果たしたりそな銀行を参考にした。また、近年、活躍しているメルカリなどの新興企業の事例も見ることにした。そして、「オマハの賢人」として知られるウォーレン・バフェットCEOが率いる投資持株会社バークシャー・ハサウェイからバトンを受け、「テクノロジー業界のハサウェイを目指す」として、地球規模の情報革命を牽引しようとするソフトバンクを研究した。

欧米企業ではネスレ、エクソン・モービル、エマソン、GE（1980年－1999年のジャック・ウェルチCEOの時代）、IBM（1993年－2002年のルイス・ガースナーCEOによる再生の時代）、成長を継続するジョンソン・エンド・ジョンソン、金融業界ではバンク・オブ・アメリカやウェルズ・ファーゴなどの2010年代の変革の歴史を研究した。

同時に、私はここ最近、GAFAと総称される米国西海岸のベイエリアの会社、BATと総称される中国の深圳《しんせん》や上海にある新興企業、日本の渋谷や六本木にある新興企業を意識して訪ね、経営者や社員の方々と対話を重ねてきた。そして、そこからの気づきをまとめると、ほぼ共通の20の特徴があることがわかった。

1．PDCAではなくDCPA：まずはやってみて、様子を見る。そのうえでしっかり計画し、本

格的に取り組む。※PDCA：Plan（計画）、Do（実行）、Check（評価）、Act（改善）

2．**SWOTではなくOTSW**：機会と脅威を見出し、そのうえで競争企業を見る（場合によっては見ない）。※SWOT：Strength（強み）、Weaknesse（弱み）、Opportunitiy（機会）、Threat（脅威）

3．**顧客Centricではなく顧客Eccentric**：尋常ではない、狂ったような顧客起点。ゴキブリのように顧客の周りを徘徊する。

4．**「分析とロジック」ではなく「感性」**：分析とロジックはAIに代替される。差別化は「感性」から生まれる。

5．**「こだわり」を捨てるな**：顧客の声をすべて受け入れれば、味気のないものになる。自分のこだわりをもて。

6．**ターゲットとKPIは別**：売上、利益、顧客満足などのターゲットではなく、ターゲットに繋がるKPIを明らかにせよ。

7．**パワーポイントを廃止する**：美しく厚いパワーポイント資料の作成は深く考える力を損なう。A4一枚のワードでシャープなストーリーを書け。

8．**イノベーションは結果**：世の中は非常識に流れる。顧客と社会の課題に素直に向き合えば、結果としてイノベーションが生まれる。

9．**技術を忘れろ**：大切なのは課題の想像力。課題を解決できる技術をもつ個人や企業とのネットワーク。

10．**人を責めるな、プロセスを責めよ**：良いプロセスが先決。良いプロセスは良い結果を生む。悪いプロセスのなかでは人の努力は無益に終わる。

11. **ヒエラルキーではなくプロジェクト**：固定したヒエラルキーは無用。ポストは課題解決のためにある。ポストありきではない。

12. **80：20のルール**：大方のことは80％の完成度でよい。100％を目指せば5倍の労力がかかる。

13. **仕事の棚卸**：仕事は無限に増殖を続ける。仕事の棚卸を行い、本当に価値ある仕事に集中せよ。

14. **0－1、1－10、10－100**：イノベーションには0－1、1－10、10－100のステージがある。ステージごとに必要な人材は異なる。

15. **採用力がすべてを決める**：採用は社員全員の仕事。人事だけの仕事ではない。採用を科学せよ。採用のチャンピオンを称えよ。

16. **評価よりも評判**：業績評価は一時のもの、過去を振り返るもの。大切なのは未来に向けて何ができるかの評判。

17. **多様性は目的ではなく結果**：本当の実力主義を進めれば、多様性が結果として生まれる。

18. **決断力ではなく修正力**：100％正しい決断はありえない。「おかしい」と言うことができ、修正できる風土が大切。

19. **全体最適ではなく部分最適**：全体最適は平均化を生み、個々の事業の競争力を損なう。

20. **企業文化の劣化**：企業文化は常に劣化する。社員の仕事は劣化を必死にくい止めること。

成長する世界の新興企業の経営者や社員がもつ考え方、姿勢や行動は伝統企業の価値観、通念や常識とは相当に異なる。彼らのやり方を表面的に真似る必要はないが、日本企業は改めて自らのいまの姿を厳しく反省する必要がある。

成長ポテンシャル診断テスト

図表1はこれまでの調査、検討を踏まえ、私が開発した企業の成長ポテンシャルを診断するテストだ。各設問に対して、0、2、4の判定をしてみてほしい。全部で25の質問があり、満点は100点。2000年代に成長を実現した会社を評価すると平均は60点前後、最高点は76点だった。図表1の右端のスコアは私がよく知る会社について評価をした結果である。一方、成長を実現しなかった会社を採点すると20点未満のケースが多かった。

本書をお読みいただく前に、読者の皆様が働かれている会社の点数を計算してみてほしい。もし、合計点が50点に満たない場合はこの本を読み続けるとよい。

この本は企業の成長というテーマに本気で取り組む意志をもつ企業の経営者、幹部社員、第一線社員を対象に書かれている。したがって、多忙な皆様であると想定して、序章において敢えて要旨を厚めに記述した。全体の概要とキーポイントを短い時間で掴んでいただき、そのうえで詳細を深める必要がある場合にその後の各章を読んでいただければと思う。

図表1　成長ポテンシャル診断テスト

3段階の評価　4：そのとおり　2：おおむねそのとおり　0：そうではない/わからない		
1	物やサービスを作り、顧客に対応する第一線の社員が問題やチャンスを頻繁に見つけている	4
2	物やサービスを作り、顧客に対応する第一線の社員は問題やチャンスに自発的に対応している	4
3	物やサービスを作り、顧客に対応する第一線の社員が問題やチャンスを解決するため、部署の同僚とよく協力している	2
4	物やサービスを作り、顧客に対応する第一線の社員が問題やチャンスを上司に気楽に伝えている	2
5	物やサービスを作り、顧客に対応する第一線の社員が問題やチャンスを経営者に伝える機会がある	2
6	物やサービスを作り、顧客に対応する第一線の社員は経営の方針や考えを理解している	2
7	物やサービスを作り、顧客に対応する第一線の社員は経営の方針や考えに疑義があれば、上司に気軽に語ることができる	2
8	物やサービスを作り、顧客に対応する第一線の社員が経営の方針や考えに疑義をもっていれば、それは経営にフィードバックされる	2
9	第一線の社員を束ねるマネージャーは部下への技能の伝承をしっかりと行っている	4
10	第一線の社員を束ねるマネージャーはチャンスの実現や問題の解決のために他の部署と頻繁に協力している	4
11	経営者、部門長、部署長、マネージャー、第一線の社員を結ぶライン組織はしっかりと統率されている	4
12	経営者、部門長、部署長、マネージャー、第一線の社員を結ぶライン組織の系統の間に本社・本部のスタッフ組織が介入することはない	4
13	経営者の決断がなされたとき、部門長、部署長、マネージャー、第一線の社員はその実行のために一糸乱れることなく行動している	4
14	部署長、マネージャー、第一線の社員は自らの役割の達成に強いコミットメントをもっている	4
15	部署長、マネージャー、第一線の社員は自らの役割を達成するための仕事の内容、やり方を自由に選択することができる	2
16	部署長、マネージャーは仕事の棚卸を定期的に行い（少なくとも年に一回）、無駄な作業を排除している	4
17	経営者、部門長、部署長は頻繁に顧客に接し、顧客の感じる問題や課題を傾聴している	2
18	マネージャー、第一線の社員は頻繁に顧客に接し、顧客の感じる問題や課題を傾聴している	2
19	会社全体の機会の実現や問題の解決のためのCross Functional Projectが活発に活用されている	4
20	Cross Functional Projectには海外拠点の外国人の社員が数多く参加している	0
21	社員の多くは成長への意志をもち、自らの責任で能力とキャリアの開発に努めている	4
22	社員の多くは会社が存在する理由、目的に共感し、その実現に積極的に貢献しようとしている	2
23	独自の価値観、目的をもち、行動する個性ある社員が存在し、活躍し、貢献している	0
24	会社にはマーケティングの精神とスキルがあり、需要・市場の創造に貢献している	0
25	会社には提携や買収を巧に行う精神とスキルがあり、事業の成長に貢献している	0
	合計点	64

本書の刊行によせて

■綱島邦夫氏は、組織ケイパビリティの重要性に早くから着目し、問いを立て続けてきた人である。平成という時代を日本の外に出て見ると、ベルリンの壁崩壊後に始まった「グローバル化」と、インターネットの台頭が引き起こした「デジタル革命」が、爆発的な価値を生んだ時代に見える。しかし、日本の中にいると何故かそれが見えなくなる。その原因が組織ケイパビリティのミスマッチにあったことを綱島氏は看破している。

高野研一　コーン・フェリー・ジャパン会長

■コマンド&コントロールのトップダウン経営に、ヒエラルキーと短期志向が加わった状態ではイノベーションも生まれない。綱島氏は、「ヒエラルキーを守り、ヒエラルキーを超える」ことを本書で提唱されている。日本は世界的にもヒエラルキーが最も強い一方、意思決定はコンセンサス型でもある。このアプローチはトップダウンとボトムアップを両方組み合わせることで、日本企業の本来持っている力を解き放つものだと確信する。

遠藤淳一　株式会社NMKV（日産自動車・三菱自動車の合弁会社）代表取締役社長CEO

■ビジネスは顧客が喜ぶ価値を提供することで成り立つので、顧客が喜ぶ顔や姿を思い浮かべながら業務を推進することに尽きる。価値創造は経営者や上司へのお伺いではない。当たり前のことをすればよいだけなのに、こんな簡単なことがとりわけ大企業ではなぜできないのか。綱島氏は分厚いヒエラルキーには組織の魔物が潜んでいると表現しているが、一見当たり前の壁を超えることが、実は人間の性・組織の魔物との闘いだから、そう容易なことではないということがこの本から見えてくる。綱島氏は右脳も左脳も全開して見事に本質を突いている。鋭い感性と論理的で体系的な思考に惹きつけられる。綱島氏が言う「青春の心」を持ってブレークスルーにチャレンジしたくなる。

上野和夫　株式会社ドリームインスティテュート代表取締役社長　元セゾングループ・西武百貨店　人材開発部長

■我々の会社ではミッション実現のために、世界中の多様な人材がスピード感と一体感を両立しながら力を発揮できることが求められており、経営者とＣＨＲＯがそのために必要な組織ケイパビリティの構築にフルコミットしている。

木下達夫　株式会社メリカリ　執行役員ＣＨＲＯ　前ＧＥアジアパシフィックシニアＨＲビジネスパートナー　元日本ＧＥ人事部長

■綱島さんのお話を初めて伺う機会をいただいたのは、数年前、あるセミナーでのことでした。以来、綱島さんは私の師匠です。「人事部門は人事の領域を超え、企業運営そのものの改革に取り組む」べきこと、特に「成長のための組織ケイパビリティを創る」ことが必要であること。本書では、人事リーダーが取り組むべき課題が、そのように示され、また、それを実現するための指針が示されています。グローバルにそれを実現するのは、とてもハードルが高いことですが、私自身を含め、多くの人事リーダーが共感し、一歩を踏み出す勇気をもらったと思います。

橋爪宗一郎　旭化成株式会社　常務執行役員

■なんという書だ。この20年間の日本企業停滞のリアリティを、「組織ケイパビリティの開発」という経営の本質的課題という視点で、これほど掘り下げた書はないと感じる。１９８５年、米国産業競争力委員会の報告書（ヤングレポート）のタイトルは、〝Global Competition The New Reality〟であった。その後、米国企業が躍進したように、令和時代における日本企業再興へ本書が貢献することを強く望む。

原田裕介　アーサー・D・リトル　本社ボードメンバー兼アーサー・D・リトル・ジャパン代表取締役社長

■綱島氏の指摘のように「グローバル化とは、地球規模で経営資源の最適配分を行い、企業活動の生産性と効率を最大化すること」であるとグローバル企業に勤務した経験から痛感する。最重要な経営資源は人財とその集合体である組織能力であり、グローバル市場でビジネスをする以上、持続可能な競争力強化にむけてさらに日本企業は変革を進めなければならない。子供の成長と同様で、大きな変革期にはポジティブに自己否定できる自己肯定感が不可欠である。綱島氏は、周回遅れの日本企業の競争力の現状を多角的に鋭く分析したうえで、本書の後半で、人財と組織能力の強化にむけた処方箋と各社の地下水脈である組織文化のポジティブな再認識の必要性を示唆していることが大きな意味を持つ。まさに、日本企業の次世代リーダーと人事メンバーに向けた将来へのエールである。

高倉千春　味の素株式会社理事 グローバル人事部長

■昭和の高度経済成長期と平成の時期をあらためて比べてみれば、例えば経営学修士号＝ＭＢＡの保有者は増加し、全般的なテクノロジーに関するリテラシーも向上した。資金面でははるかに調達が容易になり、インターネットによって世界へのアクセスも飛躍的に改善した。にもかかわらず、企業はかつてのような輝きを失い、昭和中期に世界に先駆けて連発したイノベーションを起こせずに停滞している。何が問題なのだろうか？　私はそれを「組織」の問題として捉える。優秀な個人の集積が優秀な組織を作るわけではない。組織とは関係性の産物であり、関係性の質こそが組織のパフォーマンスを左右するのである。この「関係性の質の悪化」にこそ、日本企業停滞の要因があると思われる。本書は、日本企業停滞の真因である「組織」に目を向け、どのような改革が必要かを語っている。書かれていることはごくごく真っ当で、ある意味「当たり前」であるようにも思われるだろう。しかし、その「当たり前」から目を背け、いたずらに飛び道具的な経営コンセプトに飛びついてきたのが平成という時代だったのではないだろうか。今こそ、組織に目を向け、当たり前のことを当たり前にやるべき時期に来ているのではないか。

山口周　ライプニッツ代表、『世界のエリートはなぜ「美意識」を鍛えるのか？』著者

■日本企業の戦略・組織・人材マネジメントの現場を半世紀に渡りハンズ・オンで変革してきた綱島氏の『結論』ともいえる問題解明と処方箋。あらゆる組織のリーダーにとって必読書。

森沢徹　株式会社野村総合研究所プリンシパル

■現経営者にはあとひと踏ん張りを促す啓蒙書として、次世代を担う人々には平成ビジネス史としても読みごたえのある力作である。綱島氏は、「立ち往生する幌馬車」状態を脱する経営の最重要ミッションは、組織のケーパビリティを高めることだと説く。処方箋にも具体性があり、示唆に富む。その実現のために経営者に求められるのは、狭間（さま）から全体を思い描いて、果断に組織のアジャイル開発を続けていく事なのではないだろうか。

西澤順一　前みずほ情報総研株式会社代表取締役社長、元株式会社みずほフィナンシャルグループ取締役副社長

強靭な組織を創る経営 ◎ 目次

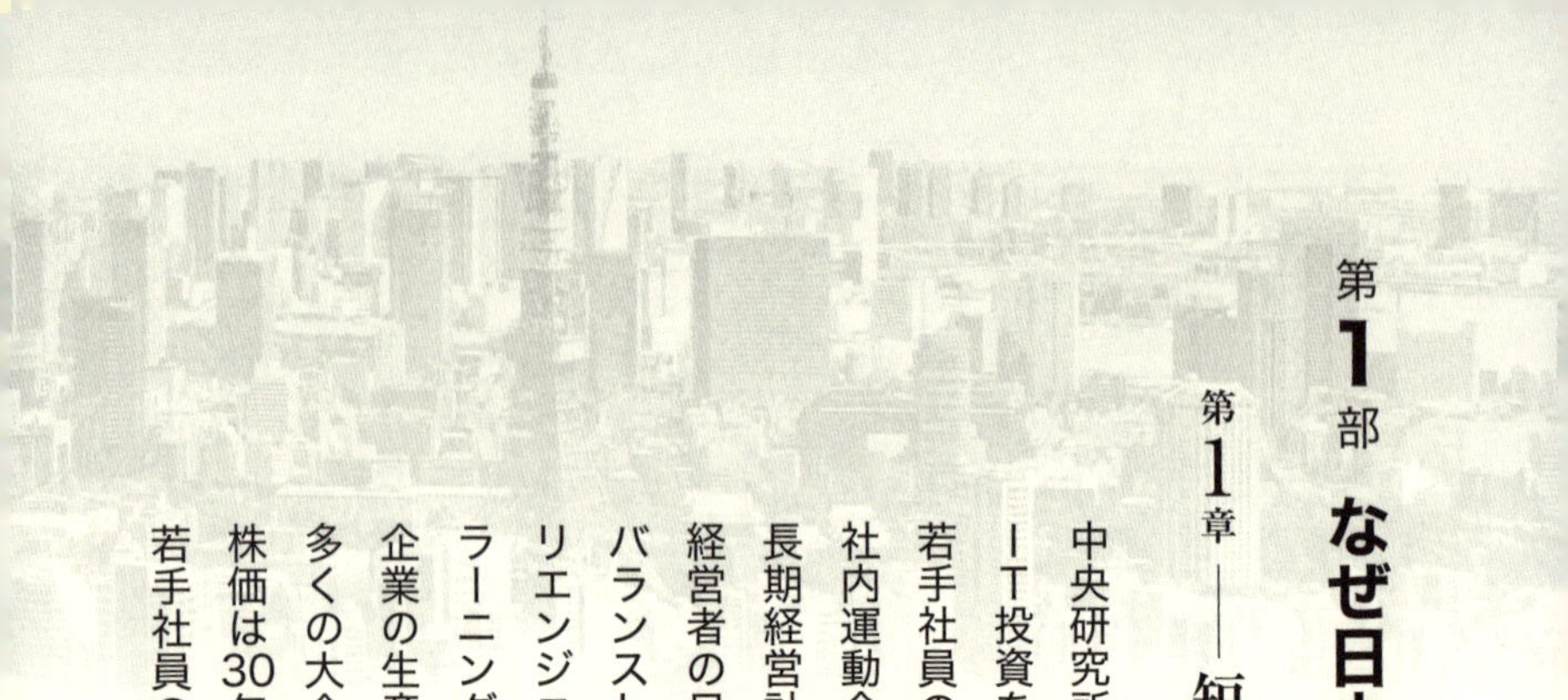

第1部　なぜ日本企業は成長から取り残されたのか

第1章――短期志向・財務志向に陥った日本企業

CONTENTS

CONTENTS

CONTENTS

第9章——本社・本部の解体

CONTENTS

第10章――人事部長と組織ケイパビリティ

第11章――マネジメントプロセスの改造

CONTENTS

第12章　良いガバナンスによる企業の成長

第13章　成長のための企業文化

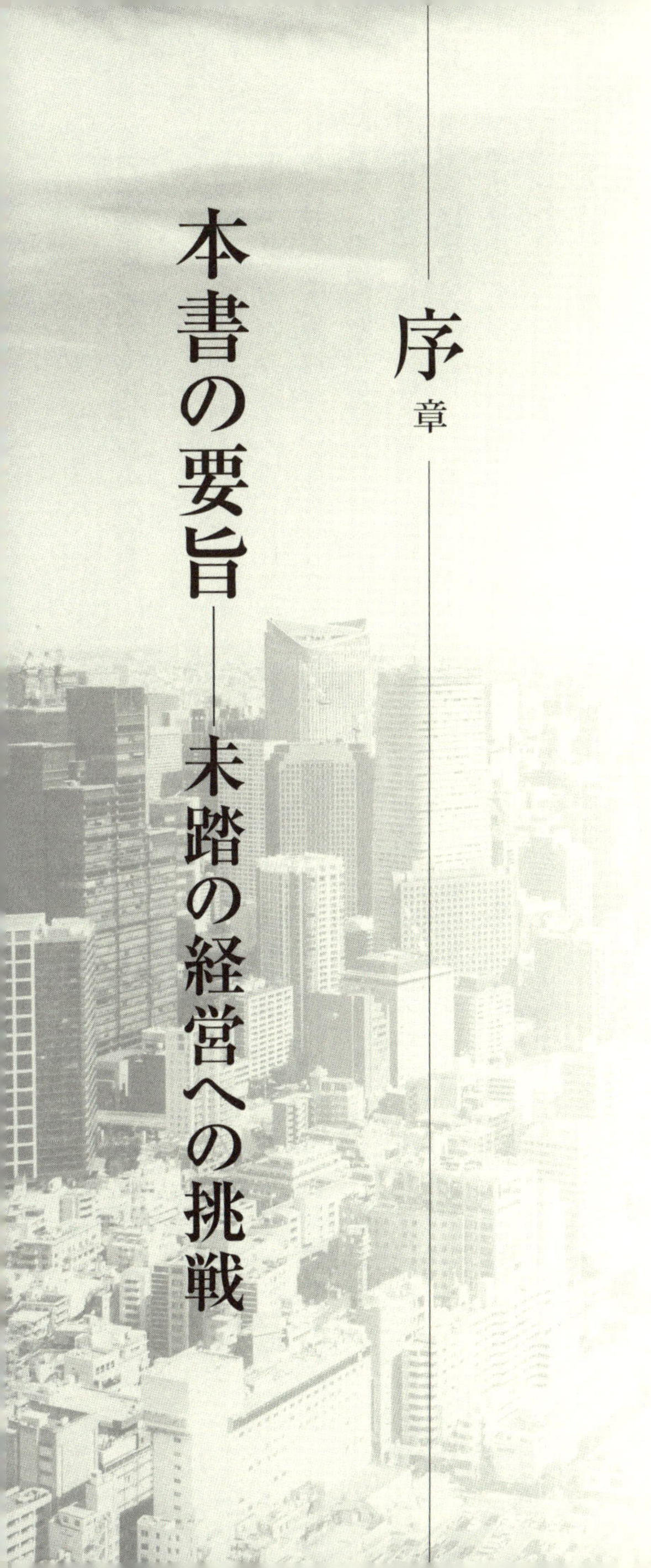

序章

本書の要旨——未踏の経営への挑戦

日本的イノベーションの盛衰

日本企業の過去30年間を一言で総括すれば、成長の停止ということになる。トヨタ自動車のように1998年から2007年までの10年間で海外事業を4兆円から20兆円へと500%も成長させた少数の例外的な企業はあるが、1980年代まで成長を続けた多くの伝統ある企業が突然、未来への投資や人と組織の改革を控え、短期志向に陥り、外ではなく内に目を向け、経営者も社員も今期の財務目標の達成に汲々とする状態が続いてきた。多くの日本企業は、昭和の成功から復讐を受けているかのように見える。

その理由として、一般的には1990年代前半に日本経済を襲った株と不動産を中心とする資産不況や2000年代前半のネットバブル不況、2000年代後半のリーマンショックなど約7年ごとに起きた経済環境の破壊的な変動が挙げられる。

しかし、このような経済環境のなかで、米国企業や中国企業は大きな成長を遂げている。米国の代表的な株式指標であるダウ平均株価は1987年10月19日のブラックマンデーのとき、1500ドルを切るところまで落ち込んだ。その60年前の世界恐慌の引き金となった1929年10月24日（暗黒のサースディ［木曜日］）の下落率12％を上回る22％の大暴落だった。しかし、現在は2万5000ドル前後で、当時の15倍の水準を前後している。

一方、日経平均株価は1989年12月29日の大納会でつけた高値3万8915円から大きく下落し、30年間も低迷を続け、現在は当時の半分の水準を前後している。米国の投資家は日本の投資家より、この30年間で30倍豊かになったということだ。

経済環境の変動が多くの日本の企業が成長を停止し、低迷した理由でないとすれば、原因は何か。日本企業はイノベーションが苦手と言われるが、1980年代までは多くのイノベーションが生まれていた。

半導体を開発したベル研究所を傘下にもつ米ウエスタン・エレクトリック社がその用途は耳の不自由な高齢者の補聴器しかないと考えていたとき、資本金に相当するほどの巨費を投じてその特許を買い、トランジスターラジオに転用したソニーは、1980年代にはウォークマンで世界を席巻し、歩きながら音楽を聴くという若者文化を創出した。

パナソニックはVHSの世界的なプラットフォームをつくり出した。ホンダはスーパーカブで主婦が乗るモーターバイクという生活習慣を米国の西海岸でつくる。さらに、世界発の低公害車であるCVCCエンジンを開発する。トヨタ自動車は世界に先駆けてハイブリッドカーを、東レは炭素繊維を開発した。食品分野では味の素、即席ラーメン、レトルトカレー、娯楽分野ではカラオケやコンピュータゲームなど、世界に輸出された日本発のイノベーションは少なくない。

コンビニエンスストアも実質的には日本発のイノベーションであろう。この業態が米国で誕生した当時、それはガソリンスタンドの脇にある「ついでに買い物する」という付随的なものであり、街中ですべての生活者に幅広く便利を提供するというものではなかったからだ。セゾングループは売上4兆円に達する生活文化産業という、世界に類のない経済圏を創造した。これも日本で生まれたイノベーションだ。

中国をはじめとするアジア諸国で自国発のイノベーションを世界に輸出した国はあるだろうか。欧州諸国はどうだろうか。英国のイノベーションは産業革命まで遡るほど昔の話だ。第二次世界大戦終結してから現在までの3四半世紀の間にドイツ、フランス、イタリア、スペインから生まれたイノベーションはどれほどあるだろうか。米国のシアトルやシリコンバレーが30年ほど前に脚光を浴びるようになるまでは、日本は世界有数のイノベーション輸出国であったのだ。

しかし、1980年代後半から潮目が変化する。イノベーションは欧米企業が主導するようになる。1989年にはパソコン通信がインターネットに繋がり、NECが過去に標榜したC&C（Computer and Communication）の時代をシリコンバレーの企業が牽引することになる。買収により企業価値を上げるという経営のイノベーションが始まる。ニューヨークで小さな建設会社を経営していたベルナール・アルノーは1989年にルイ・ヴィトンを買収し、ファンションブランドの一大帝国の創造へ挑戦を始める。同じ年にインド人のラクシュミー・ミッタルは鉄鋼業界での買収戦略を開始し、世界一の鉄鋼会社をつくる。金融業界では西部の地方銀行であったウェルズ・ファーゴがリテールバンキングの雄になるITを活用した大革新を始める。投資運用の業界ではパッシブ運用を中心にいまや700兆円の資産を運用するブラックロックが1989年に創業されている。ヘッジファンドの雄、カーライルは1987年に創業されている。

それでは1990年以降、なぜ日本発のイノベーションが生まれないのか、根本的な理由は何か、反転のための対策はあるのか――。そのことを考えることが、この本を書く目的となった。

イノベーション阻害の主因

結論を先に言おう。

根本の原因は１９８０年代までの成功がつくり出した巨大な組織のヒエラルキーというシステムに経営者を含むすべての社員が飲み込まれてしまったこと、そしてそのことに気づかず、いまを守ることに加え、未来を創造するための組織ケイパビリティ（企業成長の原動力となる組織能力）の持続的な改善・改革のためになる有効な対策を実施してこなかったことにあったのだ。

ヒエラルキー（hierarchy）は「ピラミッド型階層組織構造」などと訳されたりするが、実のところ、適切な日本語はない。私たち日本人の文化と伝統のなかにはその概念が存在しないからだ。敢えていうならば、「放っておけばバラバラになり諍いを始める人間の集団に秩序と安定をもたらし、一定の方向に導くために生まれたもの」とすることができよう。そのために階層や序列が生まれ、仕事をするうえでの規律がつくられるのだ。ヒエラルキーは単なる階層や序列ではなく、仕事のプロセス、組織風土や企業文化を含めた、人類が1万年の歴史のなかでつくり上げ、人類の発展に貢献をしてきた、得体の知れない創造物である。

多くの企業では、社員はヒエラルキーのなかで働くロボットのような存在、いわばヒエラルキーの奴隷になっている。これでは時間を消費するだけの労働者だ。チャールズ・チャップリンの無声映画「モダン・タイムス」にベルトコンベアに追い立てられ、機械の歯車に巻き込まれたチャップリン扮する労働者が機械の力に為すすべもなく弄ばされる様子が描かれている。ベルトコンベアや機械は目に見えるため対処の方法は考えられるが、目に見えないヒエラルキーは始末に困る。

ただ、ヒエラルキーは絶対的な悪ともいえない。ヒエラルキーは経営者の決断を実行し、目標を達成するために不可欠なものでもあるからだ。ヒエラルキーは組織の秩序と安心・安定にとって不可欠であり、安心で安全な商品やサービスを安定的に提供するために重要な仕組みである。仕事を標準化し、効率と生産性を上げる力をもつ。

しかし、ヒエラルキーは同時に思考と行動の拘束をもたらす。そして拘束は創造心を死滅させる力をもつ。いまの事業を守り、成果を出すためにはヒエラルキーは必要だ。一方で、ヒエラルキーは新たな事業の芽の発見と育成、変革と創造を妨げるものでもある。問題はヒエラルキーがもつ、天使の側面と悪魔の側面を見据え、諸刃の刃を使いこなす術を磨いてこなかったことにあった。

日本企業のこれからの活路

いまから約200年前、1818年にドイツ・プロイセン王国に生まれたカール・マルクスは人間がつくり出した株式会社という資本調達の仕組みが労働者と資本家を区別し、労働者がそのシステムによって疎外され、人間ではなく機械の部品になってしまう姿に失望し、共産主義革命を導く壮大な思想を生み出した。あまり大げさな話にはしたくはないが、多くの大企業ではヒエラルキーが生み出した規則やルールによって、経営者も社員も疎外されているというのが私たちの過去30年間に起きた停滞の本質であるのだ。

そのように考えれば、絶望する必要はない。かえって、希望が湧いてくる。伝統企業も座して死を待つ必要はない。長い歴史を経て、ヒエラルキーのなかに蓄積してきたアナログ資産を生かす場所と方法を見出し、新興企業が得意とするデジタルという暴れ馬を手なづける経営者と社員の新しい働き方、それを支えるマネジメントプロセス、ガバナンスのあり方を学べば活路が開ける。要するに、ヒエラルキーを制御する方法を獲得すればよいのだ。

ヒエラルキーを全否定するのは誤りである。そうした意味でいま注目されているティール組織（進化型組織）がベストであるという考え方には懐疑的だ。この考え方にはカール・マルクスが夢見た理想郷の共産主義社会への進化論と重なる部分を感じるからだ。ティール組織では規模の経済を生かした効率と生産性が実現できない。一気に世界を席巻する実行のスピードは期待できない。また、ティール組織ではコンプライアンスの確保は難しい。人間は強いものであり、同時に弱いものでもあるからだ。

しかし、二兎を追う者は一兎をも得ずという諺があるように、ヒエラルキーを守り、ヒエラルキーを超える試みの確固たる成功例はまだ存在しない。過去10年間を見れば、このことに成功した大企業は日本にも海外にもあまりないかもしれない。その意味で中国の雲南省、チベットやネパール、インド北部に残る未踏峰を目指すような極めて難しい、ほとんど不可能な取り組みかもしれない。

したがって、本書のコンセプトは少し大げさな言葉かもしれないが「未踏の経営への挑戦」を根底とし、タイトルは「強靭な組織を創る経営」とした。日本の企業の経営者はビジョンや戦略を構想する力量においては世界の企業の経営者と比べて遜色がない。

しかし、それを実行する組織能力をつくるという観点では、着眼と力量に大きな差がある。そして、そのことに気づいていない経営者が多いのだ。

本書の構成

以下に各章の概要を紹介する。

第1章　短期志向・財務志向の日本企業

１９８０年代までの日本企業の特徴であった長期志向の経営、人材を基盤とした経営がなくなり、「短期志向・財務志向の経営」が拡大した様子を振り返る。

バブル崩壊による資産不況を乗り切るため、日本企業はバランスシートの改革を進める。改革の中心は株式や不動産など資産の圧縮だ。将来に向けての投資、特に無形資産への投資は抑制される。長期志向の先端研究を担う中央研究所の解体、ＩＴへの投資、若手社員の海外留学など、今年の利益に貢献しない投資は先送りされ、現在に至るまで回復の兆しは見えない。

人と組織の改革という、時間がかかり、成果がすぐには見えないテーマへの取り組みはほとんど行われなかった。顧客志向の効率的な業務プロセスをつくるリエンジニアリング、財務目標だけでなく、そのベースになる人と組織の改革を求めるバランスト・スコアカード、現場起点での問題発見と解決へのボトムアップの力を高めるラーニングオーガニゼーション（Learning Organization：日本語の適訳がないため、本書ではラーニングオーガニゼーションと片仮名で表記することにする）の開発に積極的に取り組んだ企業は非常に少なかった。ＥＶＡ（経済的付加価値、株主価値：企業の将来への期待）を重視する財務指標も一時期、話題に上がったが、部分的な取り組みに終わった。

現在の日本企業の経営者はなぜか一部の機関投資家の短期志向に寄り添っているように見える。このままでは短期志向が成長を妨げ、成長がないので経費を削り、不採算事業を閉じ、身を小さくして、短期業績をつくり出す。その結果、成長が生まれないという悪循環から抜け出すことができなくなる。

そうしたこともあって、企業の生産性は低い水準にとどまっている。稼ぐ力を示す指標である営業利益率は世界の企業に大きく水をあけられている。低い採算性は成長への原資を乏しくする。未来を悲観しているのであろう。日本企業に勤める社員のモチベーションは世界の企業と比較して極めて低い水準にあり、さらに低下を続けている。20代の若手社員の退職願望はいまや米国や中国の若者よりも高い水準にある。

ここで、重要なことは日本企業の成長力の復活だ。経営者は企業を成長させる。その結果、投資家の期待が高まり、株価が上がり、企業価値が増大する。経営者も社員もその恩恵にあずかる。日本の大衆がもつ株式資産も上昇するという状態が本来の姿である。このまま成長復活への手立てを放置していれば、日本の大衆の未来は風前の灯だ。

第2章　ヒエラルキーが生んだ仕事主義

日本企業が短期志向・財務志向に陥った真因を探る。背景として日本企業全体に仕事主義の文化が発達し、経営者も社員も仕事をする理由や目的、仕事を通じて実現しようとするあるべき姿を想像することができなくなり、結果としていましか見ないという状況になったことを説明する。短期志向をしたいと思っているのではなく、短期のことしか見えなくなった、ということだ。

そして、そのような状態をつくり出した原因は、１９８０年代までの成長により巨大化し、複雑化した組織を運営するために生まれた「ヒエラルキー」というシステムだ。このシステムに経営者も社員も飲み込まれ、定められた仕事を機械的にこなすだけになってしまったというのが実際である。ヒエラルキーは現状を守るための規律や秩序、安定のために必要なものだ。ヒエラルキーは技能を伝承するシステムであり、経営者の意図を実行するために不可欠なものだ。

しかし、ヒエラルキーは人間の創造力を奪う悪魔の力ももっている。ヒエラルキーはビューロクラシー（Bureaucracy：お役所仕事）と結合しやすい。規律はルールとなり、ルールは人の行動を縛る。働き方もルール化される。その結果、I am my job syndrome（私は仕事をする機械だと社員が感じる症候群）が生まれる。

ヒエラルキーが悪いのではなく、ヒエラルキーの悪魔の側面と戦ってこなかったことが悪いのだ。

仕事主義の文化は人類の長い歴史とともに生まれたものだ。紀元前3000年の昔、ピラミッドをつくる石を切り出す仕事をする労働者に何をしているのかを訊ねると、皆、ただ石を切り出していると答え、ピラミッドをつくっていると答えた労働者はいなかったとのことだ。紀元前500年頃に活躍したギリシャの歴史家ヘロドトスは、ピラミッドの建造には大量の奴隷が動員されたと述べたとされる。ピラミッド建造の労働力の土台となった奴隷に、このような質問をした人がいたのかは定かではないが、語り継がれてきた逸話である。

製品の開発や製造に従事する社員に何をしているかを訊ねても、その製品がどのようなユーザーにどのように使われているのかをイメージできない社員が多いように思える。仕事主義は本当に根深いものである。カール・マルクスはこの現象を労働者の疎外と捉えたのだった。

米国では仕事主義はTask Orientationと呼ばれ、1世紀にわたる長い歴史がある。1900年代初頭、労働者の生産性を上げるため、仕事を標準化し、マニュアルどおりに労働することを求めるフレデリック・テーラーの主張が脚光を浴び、仕事主義は「テーラー主義」ともいわれたりした。

しかし、日本が資産不況と格闘していた1990年代、米国では成果主義が胎動を始める。そのきっかけは1990年代前半、既成の伝統企業を襲った第一次異星人の襲来である。いま、アマゾンと格闘しているウォルマートは流通業界の異星人だった。いまや非上場の道を選んだデルコンピュータやヒューレット・パッカードに買収されたコンパック・コンピュータもコンピュータ業界の異星人だった。彼らは「グリーン・フィールド・コンペティター（草原の競争者）」と呼ばれていた。

これらの異星人と戦うなかで、既成の伝統企業は企業運営の形の改革を行う。成果主義とは決められた仕事をルールどおりに行うのではなく、仕事の目的と成果に責任をもつという考え方である。

成果主義は、英語ではPerformance Orientationと呼ばれる。機械の部品のような立場にあった社員に対して成果への貢献、価値の創造を期待する前向きで明るいコンセプトだ。

しかし、成果主義は日本には年功序列賃金でインフレ化した高齢社員の賃金を抑制するという全く異なる目的のもとに導入されてしまった。かつて「虚妄の成果主義」という言葉が流行した背景は、日本の多くの企業が成果主義の意味を誤解したことにあった。社員は仕事に値段がついたと錯覚し、ますます仕事主義が強まるという悲劇が生まれてしまった。

これにより社員が目の前の仕事に没頭したことで、組織のサイロ化が生まれる。サイロに閉じ込められた社員はますます自分の仕事に没頭するという悪魔のサイクルが活動を始める。サイロ化の行き着く先は「ゆでガエル現象」だ。カエルを水の入った鍋に入れ、その鍋をゆっくりと温めていくと、外を見ることができないカエルは逃げる機会を逸し、最後はゆで上がってしまう。

第3章　GAFAやBATは異星人

GAFAと総称される米国の新興企業のグーグル、アップル、フェイスブック、アマゾンや中国のBATと呼ばれるバイドゥ、アリババ、テンセントなどの会社の特徴を紹介する。

1990年代にシアーズ・ローバックやIBMなどの既存の大企業を襲ったウォルマート、マイクロソフトやデルコンピュータが第一次異星人であったとすれば、2010年代に劇的な成長をしたGAFAはさらにパワーアップした第二次異星人だ。彼らの特徴は前掲の20の項目である（7ページ参照）。

彼らのなかではPDCAではなくDCPA、SWOTではなくOTSW、パワーポイントの禁止など、極めて違和感のある言葉が使われる。

PDCAではなくDCPAとは、時間をかけて精緻な計画をつくり、結局は計画づくりで終わってしまうのではなく、まずは実験し、様子を見て、それから本格的に計画し、大々的に実行するということだ。

SWOTではなくOTSWとは、競争相手を見るよりも先に機会（Opportunity）と脅威（Threat）を見ることから始めようということである。

パワーポイントの禁止とは、きれいな図表が並ぶ分厚い資料、あるいはタブレットPCのなかに埋め込まれた大量のグラフや図表の海のなかで本当に大切なストーリーが消えてしまう壮大な無駄をやめようということだ。資料の説明と質疑応答に終わり、深い会話の時間がなくなる状況を許さないということだ。

ヒエラルキーに飲み込まれた企業の経営者や社員からすれば、GAFAやBATは異星人に見える。しかし、実は異星人ではなく、昭和の時代の日本企業の成長期の姿、昔の姿でもあるのだ。

新興企業は伝統企業のやり方を全否定し、真逆のように見える組織運営を行っている。表面的に見れば、異星人だ。表面的という言葉を使う理由は、真逆のように見える運営の本質は伝統企業が創業期にもっていた姿に近いという印象を受けるからである。「真面目ナル技術者ノ技能ヲ最高度ニ発揮セシムベキ自由豁達ニシテ愉快ナル理想工場ノ建設」というソニー創業者の井深大《いぶかまさる》氏が書いた設立趣意書の一文は現在も語り続けられている。本当は異星人でも真逆でもなく、大きな成功を収めた伝統企業が青年期にもっていた、そして失いつつある、あるいは失ってしまった姿かもしれない。

第4章　いまを守るヒエラルキー、未来を創るプロジェクト

シャープなヒエラルキーでいまを守り、ヒエラルキーの悪魔の側面を退治し、日本企業の創造力を復活するためのプロジェクトの活用という提案を行う。

ヒエラルキーのなかで自己増殖する不要な仕事を撲滅するための仕事の棚卸と廃止を計画的、継続的に行う必要がある。40年ほど前にマッキンゼーが開発した間接業務価値分析という古典的手法は現在でも有効だ。そして、経営者と社員の仕事を創造的な取り組みである未来を創るプロジェクトに振り向ける。ヒエラルキーでいまを守ることに費やす時間が30％、創造的なプロジェクトに費やす時間

が70%というのが理想だ。2000年代前半の日産自動車の奇跡の再生を成し遂げたクロスファンクショナルチームやトヨタ自動車が1993年に始めたBR（Business Reform Project、167ページに詳述）の内容を参考にしたい。

ヒエラルキーのなかでルーティンの仕事をしても人は成長しない。人はプロジェクトのなかで成長するからだ。

私は企業の経営幹部の候補者をアセスメントすることを仕事のひとつにしているが、大きく成長された経営者は皆、ヒエラルキーを超えたプロジェクトで活躍した経験をもっている。多くの日本企業でコンピテンシーモデル（社員に求める姿勢や行動の規範）を開発する試みが流行した。私も多くの試みに関与した。そして、いま思うことはヒエラルキーのなかではコンピテンシーを発揮する場所がなく、コンピテンシーを発揮し、鍛える最高の場がプロジェクトであると確信するに至った。

日本企業及び日本社会の躍動期の活動を紹介する「プロジェクトX　挑戦者たち」というNHKの名番組があった。中島みゆきさんの「地上の星」というオープニングの主題歌を記憶されている方も熟年世代には多いことだろう。この番組の後継は「プロフェッショナル　仕事の流儀」というずいぶん小粒なものになってしまった。

日本企業には社員の時間を解放し、プロジェクトXを復活することが成長力を復活する活路になる。理想はすべての社員がヒエラルキーのなかの仕事をきちんと行ったうえで、何かのプロジェクトXに関わっている状態である。100のプロジェクトXがあり、そのうちの一つが大きな花を咲かせることを期待する。一つの成功には99の残念な失敗が必要だ。望みが叶わなかった悔しさ、未練が次の挑戦へのエネルギーになるからである。

　多くの大企業にはヒエラルキーの力で現有事業を守るマネジメントプロセスは過剰に存在するのだが、プロジェクトをつくり、運営するスキル、プロジェクトを生かすマネジメントプロセスはほとんど存在しない。新規事業本部やイノベーション本部をつくって成功した例はあるだろうか。

　新規事業は従来の考え方や方法では成功しない。だから既存の事業から切り離し、治外法権の特別区をつくろうというアプローチが使われる。このアプローチを否定する意図はない。しかし、よく見るとこのような本部のなかにヒエラルキーの悪魔の側面が既に潜んでいる。

第5章【働き方改革1】オフィスを出て街をさまよえ

プロジェクトのテーマを生み出すために必要な姿勢と行動について説明する。

　前章で創造的なプロジェクトに費やす理想的な時間は70％としたが、実際はプロジェクトのテーマが見つからないという哀しい現実がある。ヒエラルキーのなかで仕事を続けると経営者も社員も視野狭窄に陥る。本当の機会、本当の脅威は素直な観察から始まる。

　シリコンバレーを生み出したヒューレット・パッカードには“Management by wandering around”（舗装された道を歩くのではなく、横道や脇道をさまよえ）という言葉があった。トヨタ自動車には「現地現物（現地見物ではなく）」という言葉がある。観光旅行のように風光明媚な自然や文化遺産を見物するのではなく、物に触り、街を歩き、普通の人が見過ごしてしまう問題やチャンスを見つけるということだ。成長を続け、いまや2兆円の売上を誇る企業になったリクルートには「自ら機会を創り出し、機会によって自らを変えよ」という創業者が残した言葉がある。

経営者も社員もオフィスを出て、街をさまよう必要がある。プロ経営者として知られるカルビー前CEOの松本晃氏は“Office is the most comfortable place, but the most dangerous place in the world”と語っている。

パナソニックの創業者である松下幸之助氏の偉業を振り返るパナソニックミュージアム（大阪）には若き幸之助氏が街を走る電車を見て、これからはエレクトロニクスの時代だという閃きを得たことが紹介されている。ソフトバンクの孫正義氏はパソコンのビジネスユースの黎明期にプログラムづくりに苦労する若い社員に「皆さんお困りでしょう」と語り、ソフトウェアの銀行であるソフトバンクを創業した。ファーストリテイリングの柳井正氏はニューヨーク・マンハッタンの下町のUnique Clothingというお店にあった洒落た普段着を見て、「なぜ日本にはこれがないのだろう」と思い、ユニクロというブランドを創業したと言われる。

街をさまようことでイノベーティブな商品、サービスを生み出したリーダーのケースは少なくない。その様々な事例は本章で具体的に紹介する。

オフィスの会議室で新規事業や新製品の開発に関する議論をしても何も見つからない。時間の壮大な無駄であるという真理に早く気づく必要がある。


第6章［働き方改革2］青年・壮年・熟年社員のチームワーク

理想のプロジェクトの体制について説明する。

ヒエラルキーには階層が必要だが、プロジェクトには階層は無用だ。機会や脅威を見る感性は青年の強みだ。ゼロから1の発見である。アインシュタインが１９０５年に特殊相対性理論を含む三部作を発表したのは26歳のときだった。ＧＡＦＡの創業メンバーも皆、20歳前後でイノベーションの閃きを得ている。アラビア海に面したインドの大都市ムンバイ（旧名ボンベイ）では古びた宿をチェーン化し、改装の標準化を行い、ＯＹＯ《オヨ》という格安ホテルの巨大チェーン（客室数は世界5位）を築き上げたリテシュ・アガルワルという若者がいる。彼は19歳で起業し、まだ26歳だ。

1を10にするためには、リーダーシップが必要だ。ヒエラルキーの運営には権力とマネジメントが必要だが、プロジェクトの運営には権限ではなく、人間力で人を動かすリーダーシップが必要となる。リーダーシップは壮年社員の強みといえる。青年社員ではリーダーシップを発揮するベースになる社内外での人間関係がまだ育っていないからだ。

壮年社員はヒエラルキーのなかのマネジメントに加えて、プロジェクトを運営するリーダーシップの型を会得する必要がある。リーダーシップは強ければよいのではなく、そのスタイルが状況に合っているかが重要となる。

そして10を１００にするためには、組織力を使う必要がある。しかし、組織はヒエラルキーを生み、創造を破壊する。熟年社員の強みは、ヒエラルキーの怖さを知り、ヒエラルキーを使いこなす知恵と経験を備えていることだ。単に熟年であればよいのではなく、そのような力量をもつ熟年社員が必要ということだ。

マクドナルドはレイ・クロックが50代で実質的に創業した会社だが、ファストフードという事業モデルを開発したのは彼ではなく、リチャードとモーリスのマクドナルド兄弟だった。クロックはこの兄弟のアイデアと事業モデルを巨大なビジネスに発展させたのだ。ケンタッキー・フライドチキンのフランチャイズモデルを実質的に創業したのはカーネル・サンダースが60代のときだった。世界最大のバイオ医薬品企業アムジェンのゴードン・バインダー、インテルのアンディー・グローブ、アップルのジム・クックが事業を飛躍的に拡大させたのは40代を超えたときである。彼らは10を100にしたというよりも、10を1000にしたというべきだろう。

米国サンフランシスコ・ベイエリア（シリコンバレーの拡大版）の新興企業の成長は、スタートアップの青年起業家と熟年のベンチャーキャピタリストがタッグを組んで成し遂げている。

理想のプロジェクトはその発展段階に応じてリーダーが変わり、それぞれ異なる能力をもつ多様なメンバーが入れ替わり立ち替わり役割を果たすという体制である。そのためにはプロジェクト運営のスキルとノウハウの獲得も必要になる。特に重要なのはチームワークの本質を学び、社内の人材だけでなく、多様な人材をメンバーとして活用するダイバーシティのマネジメントである。プロジェクトマネジメントの真髄は、ステップ図や工程表の作成ではない。

第7章　［働き方改革3］外国人社員の力

日本企業に共通の課題である外国人社員の活用について提案する。

日本人には特有の強みがある。製造業であれば、エンジニアリングとマニュファクチャリングの分野では日本人の集団力の強みが発揮される。

しかし、マーケティングやファイナンス、ＩＴのような集団力ではなく個人力が問われる分野では、日本人には優位性はない。多くの日本企業は中国で苦戦しているが、その原因の一つはマーケティング力の不足である。ＩＴが経営に甚大な影響力をもつ時代では日本人だけに頼ることはできない。外国人、とりわけインド人材を無視することはできない。

Ｍ＆Ａの世界でも日本企業は苦戦している。それは本当のＣＦＯがいないからである。個人力が問われる世界で日本人に優位性があるのは、職人としての匠の技術を発揮する工作の分野だけだろう。

また、もう一つの問題は、日本人のグローバル人材が枯渇していることだ。日本企業は１９９０年以降、現地化のスローガンのもとで日本人の海外勤務や留学への投資を抑制してきた。その結果、日本の本社で働く日本人はグローバルマインドを育む機会を失ってしまった。日本人のグローバル人材の育成を再開する必要があることは当然だが、もはや日本人だけに頼る時間の余裕はない。

一方、現状では外国人社員もヒエラルキーのなかで仕事をしている。彼らのなかの逸材を発掘し、ヒエラルキーを超えてプロジェクトで活用する場をつくることが重要となる。

日本人社員の人事異動の延長で外国人社員を異動させる国際間人事異動制度を始める必要はない。所属はいまのままで、臨機応変にグローバルなプロジェクトに参加させればよいのだ。会社が負担する追加コストは航空券と宿泊費用であり、国際間人事異動制度に関わるコスト、住居、家族手当、税金補填に比べれば格段に小さな金額だ。ただし、外国人が活躍できる環境をつくるために、メリトクラシー（meritocracy：実力主義）の文化を醸成することが重要であることを認識する必要がある。

第8章　成長のための組織ケイパビリティ

未来を創る経営者に必要な資質を説明する。

日本企業の多くの経営者は、経営者の役割を狭く定義しているように思える。部門や部署に課題を与え、提案を待ち、上がってきた提案を判断し決断するという役割に過度に傾斜しているように見える。そして、実行は部門、部署の責任であるという認識をもっているようだ。ヒエラルキーのシステムでは、この形は当然の帰結となる。

しかし、未来に繋がる新たな事業を創造するというテーマにおいては、部門からの提案を受け、決断し、実行は部門に任せるということでは成果は生まれない。経営者は実行に責任をもつ必要があるのだ。

なぜなら、新たな事業は新たな組織ケイパビリティを求めるからだ。ヒエラルキーのなかにいる部門ではこの問題は解決できない。経営者だけがヒエラルキーを超える自由度をもっている。成長の実現には、それを可能とする組織ケイパビリティが必要なのである。

しかし、日本企業の多くの経営者は「実行」はラインの仕事であると考え、組織ケイパビリティの意味を理解せず、したがってその開発には関心をもっていないように見える。

組織ケイパビリティは目に見えない曖昧模糊としたものだ。本章では組織ケイパビリティというテーマに取り組んだマッキンゼーの先駆的な研究（1980年代）を紹介し、GEやIBMなどの企業が行ってきた取り組みを紹介する。そのうえで、高い業績を上げる企業の組織ケイパビリティの特徴を整理し、現在の多くの日本企業の課題を指摘する。

経営者と第一線の社員との距離、経営者と変化の震源との距離、経営者と顧客との距離の長さ、グローバル運営の不在、過大な間接部門の存在、年功序列的人事運営の存続など解決するべき重要なテーマが山積している。

そして最大の問題は、組織ケイパビリティ開発への危機意識がなく、その指令塔も存在しないということである。

第9章　本社・本部の解体

企業組織の歴史的な変遷を振り返り、2020年代の成長のために必要な組織構造のあり方を提案する。

組織構造の原点は、機能別組織だ。企業運営を開発・生産・販売などの機能に分割し、機能の専門性を深めるアプローチである。この考え方は経済学の始祖といわれる英国人のアダム・スミスが著した『国富論』第1章「分業」にその源流がある。アダム・スミスは規模の経済が想定される大規模な事業であれば、分業により効率と生産性が向上するという考えを提唱した。

『国富論』の出版は1776年だが、この考え方は数世紀にわたって経済人に継承される。しかし、1900年代になると新しい考え方が生まれる。それが、米国のゼネラル・モーターズやかつての松下電器産業が1920～1930年代に採用した事業部制だ。事業部制は効率と生産性よりも、顧客に対する価値創造を優先する考え方である。

そして1960年代～1980年代の東西冷戦の時代には市場が分断され、規模の経済が妨げられた結果、機能軸を薄める多国籍・地域別の組織が生まれたが、1990年代には機能別組織はグローバル機能別組織という形で復活する。冷戦が終わり、均質な世界市場が生まれ、規模の経済という条件が成り立つという想定があった。

しかし、空から見れば均質に見える市場も実際に降り立ってみれば、それぞれ異なる地形があり、一様ではなかった。その結果、2000年代に入ると、「機能軸」「事業軸」「地域軸」を統合するグローバルマトリクス運営に多くの企業が取り組むことになる。機能軸による効率・生産性と顧客・市場軸による顧客価値の追求という二律背反する可能性がある目的を同時に実現しようとするアプローチだ。

グローバルマトリクス運営は容易ではない。第一線のマネジャーへの責任の委譲、彼らの判断力とリーダーシップが成功の条件となるため、悪しきヒエラルキーに染まった組織ではマトリクス運営は不可能なアプローチである。しかし、不可能と諦めては未来はない。不退転の覚悟で取り組まなければならないのだ。

日本企業が成長する試金石のもう一つは、日本企業に固有な大きな本社・本部の解体だ。巨大で複雑な本社・本部は第一線の力を削ぎ、マトリクス組織運営を妨げるだけでなく、優秀な人材を本社・本部に閉じ込め、企業にとって大きな無駄を発生させる。彼らの力を解放し、事業の成長という最重要のテーマに貢献する場を提供する必要がある。

第10章　人事部長と組織ケイパビリティ

人事部の役割とスタッフの能力改造の必要を提案する。

人事の役割というテーマで先導的な役割を果たしたのは、ミシガン大学教授を務めたデーブ・ウルリヒ氏であろう。彼は人事の役割を「人事実務のエキスパート」「社員の庇護者」「ビジネスパートナー」「人的資本の開発者」という4つの象限に分類する。

しかし、これからの日本企業の人事の役割はこの4つの分類を超えなければならない。人事部門は人事の領域を超え、企業運営そのものの改革に取り組む必要があるということだ。

人事部はこれまでヒエラルキーを守ることに貢献してきた。これまでの日本企業では日本人の新卒採用と終身雇用が前提だったため、会社は社員のキャリア開発に責任をもたなければならなかった。定例の人事評価、昇進の管理やローテーションは極めて重要度の高い仕事だった。人事部員は3千人の社員の顔と名前が一致するくらい社員を知らなければならないと言われることもあった。それもあってか、多くの企業では優秀な社員が人事部門に配属されてきた。

また、階層別のマネジメント研修も重要な役割を果たしてきた。階層別研修はヒエラルキーを運営する中核になる管理者に必要な力量を秩序立てて開発するプログラムだからだ。

しかし、昭和時代と令和時代とでは人口構成が完全に変化している。多数の若者が大きな裾野をつくる富士山型の形はなくなり、筒形の構成になっていくのだ。

もう一つの決定的な違いは、グローバリゼーションが進み、日本人だけでは戦えないという時代に入っていることだ。1960年から1980年の成長を導いた日本人男性中心の新卒採用、終身雇用のパラダイムは歴史的な使命を完全に終えたのだ。

そこで、本章では新しいパラダイムについて構想していく。確固たるパラダイムが確立しているわけではないが、「グローバル市場原理」のパラダイムへの方向に進んでいる。企業のニーズ（必要な役割の充足）と人材のニーズ（生活のための報酬から自己実現まで）がグローバルレベルで最適に適合する状態の実現だ。

グローバル市場原理のパラダイムでは、会社と社員の関係は対等になる。社員が自動的に会社に従属することは期待できない。会社は社員の会社への積極的な帰属意識、つまりエンゲージメントの向上と社員が良い仕事ができる環境の開発の2つのテーマに本気で取り組まなければならない。このことができない会社は市場から撤退を迫られ、社会から見放され、その寿命を終えることになる。多くの企業が社員意識調査を実施しているが、組織ケイパビリティの開発という、大きな視野で体系的に取り組む企業は非常に少ないというのが実際のところである。

これからは新しいパラダイムのなかで会社と社員の成長をドライブすることが人事部門の重要な役割になる。単年度の人員計画だけでなく、会社の戦略を実現するためのＳＷＰ（Strategic Workforce Plan：戦略的人員計画）を策定する必要がある。これはコーポレートと事業、あるいは地域の3つの単位で行う必要がある。マーケティング、ＩＴ、ファイナンスなどのミッションクリティカルな役割を担う人材の獲得は極めて重要な役割となる。エグゼクティブ報酬、サクセッションプラン、幹部開発のあり方、社員エンゲージメントの開発などテーマは山積している。幹部開発については従来の企業内大学、コンピテンシーに限定したアセスメント、社内に限定した人事異動というアプローチを根本的に変える必要がある。

組織ケイパビリティの守護神としてのＣＨＲＯ（Chief Human Resourse Officer：最高人事責任者）の役割はますます重要になる。つまり、ＣＥＯ、ＣＦＯに加えて、ＣＨＲＯが経営トップチームを構成できることが重要となるのだ。

ＣＨＲＯを支える人事スタッフはエキスパートになる必要がある。ヒエラルキーを超えて活躍する人材の開発を支援することが人事部の役割になる。その役割を果たすためには人事部のスタッフはプロ集団にならなければならない。プロジェクトで活躍する人材の発掘力、リーダーシップ強化のアドバイザリーやコーチングのスキル、組織開発のためのファシリテーションスキルが求められる。最近ではＭ＆ＡにおけるＰＭＩ（Post-merger Integration：経営統合プロセス）のスキルも重要になっている。そのためには、人事部のスタッフは会社の成長に貢献するという意志をもち、事業を理解し、事業のリーダーの思いや悩みに共感できる必要がある。

しかし、忘れてはならない重要な視点がある。人事部の新しい役割は重要だが、ヒエラルキーを守り、ヒエラルキーを超える、新しいパラダイムをつくる責任者は経営者自身だ。人事部に任せ、人事部に指示することで一件落着ではない。このテーマは人事部の守備範囲を大きく超えるものだ。

ただ、人事部はこのテーマを主導できる部署だ。組織ケイパビリティの中核は人だからだ。日本企業の未来の成長への組織ケイパビリティの開発のために経営者をサポートすることは人事部が果たす最大の役割である。

第11章　マネジメントプロセスの改造

日本に品質管理を伝え、「品質管理の父」と称されるエドワード・デミング博士は「良いプロセスは良い成果を生む。悪いプロセスは悪い結果を生む」という有名な言葉を遺した。１９８２年に出版された *Out of the Crisis*（世界中で翻訳されたが、なぜか日本では現在のところ翻訳されず）という著書のなかで語られているものだ。デミング博士の教えをしっかりと継承したトヨタ自動車には「人を責めるな、仕組みを責めろ」という言葉がある。マッキンゼーの実質的な創業者であるマービン・バウワー氏は著書 *The Will to Manage*（邦訳：『マッキンゼー 経営の本質　意思と仕組み』ダイヤモンド社）で「経営者の最重要の仕事はマネジメントプロセスをつくることであり、そのためには時間の70％を使うべき」と述べている。

本章では、シャープなヒエラルキーを維持するためのマネジメントプロセスのあり方を紹介する。そのうえで事業を創造するためのマネジメントプロセスの設計と運営には前者とは大きく異なる別のプロセスが必要であることを電子部品業界の世界の優良企業であるエマソン社の事例を使って紹介する。さらにマネジメントプロセスを設計するにあたり、障害になる日本のエグゼクティブの特徴、過度の分析思考、システム思考の不在、チーム学習力の不在、などの問題を紹介する。

第12章　良いガバナンスによる事業の成長

会社の成長を支援するガバナンス、そのための取締役会の活性化の必要を提案する。

日本企業の自律的な成長を促す目的でコーポレートガバナンス・コードが導入されたにもかかわら

ず、現在の取締役会の役割がいまを守るための短期目標や財務目標の管理及び企業の不祥事を避けるコンプライアンスのガバナンスやリスク管理に傾斜し、事業や企業の成長のガバナンスが充分に行われていない様子を説明する。

経営幹部の業績目標は短期目標と財務目標が中心になっているが、事業の成長のための目標とKPIを設定し、その達成を監督する必要がある。

そのうえで、企業の成長を基軸とした経営目標の達成に応じた経営幹部のフェアな報酬政策を策定する必要がある。経営幹部登用のアセスメントも従来の基準でなく、成長をドライブできるかという新たな基準が求められる。そして、その一環として社内だけでなく、社外に目を向け、最適な人材を獲得することが重要である。エグゼクティブサーチパートナーの本格的な活用も重要である。

このような新たなガバナンスを行うためには、取締役会メンバーの資質が重要になる。行政や法律の専門家やアカデミア出身者だけでなく、事業創造の経験者、外国人の経営者など多様なメンバーでの構成が必要になる。

第13章　成長のための企業文化

ヒエラルキーを守り、ヒエラルキーを超える企業文化、自由と規律が共存する企業文化を社員全員でつくり上げていくことの大切さを説明する。「自由と規律」は大英帝国を築いた英国の青年教育について説いた池田潔・元慶応大学教授の名著のタイトルだ。この2つは共存できる。

多くの企業が社員の意識調査を行い、その結果に関心を寄せている。ヒエラルキーの力が社員を圧殺し、明日を考える余裕がない状況が広がっている。若手社員の企業への帰属意識は急速に低下している。

よって、経営者と社員が一丸になって対策を考え、実行することが急務だ。良き企業文化の継承者がCEOになり業績をドライブする理想の状態を目指し、粘り強く、行動を継続することが必要となる。「グーグルのCEOは私ではなく、グーグルの文化そのものだ」というのはグーグルを大規模な企業に育てたエリック・シュミット前CEOが様々なところで語っている有名な言葉だ。

企業文化は、漠然として捉えがたい空気のような存在だ。しかし、ある程度の整理はできる。私は企業文化を3つの階層に分けて考えている。

第1の階層は、企業の誕生の原点にある思いだ。その企業が存在する理由ともいえよう。食品業界の世界の王者ネスレは1800年代半ば、普仏戦争の最中に母乳を飲めない赤ん坊を救うための代用乳をつくり出したアンリ・ネスレの思いをいまも大切にし、繰り返し社員に伝えている。味の素はうま味成分を発見した池田菊苗博士がドイツに留学し、ドイツ人と比べて日本人の貧弱な体格を心配し、その理由が粗末な食事にあると考え、「おいしく食べて健康づくり」を創業の志とした思いを大切に守っている。同社のコーポレートスローガン〝Eat Well, Live Well.〟はその思いを表現している。

成長する企業にはその原点に清冽な地下水脈、遺伝子がある。

第2の階層は、現場の社員を取り巻く組織風土である。業界や規模に関係なく、成長する企業には活力のある風土が存在する。指示された仕事をこなすだけの社員が疎外される仕事主義の風土から社員が自発的に高い水準に挑戦し、チームとして協力し、高い成果主義を実現する風土まで大きな違いがある。成長する企業には後者の成果主義の風土が色濃く存在する。

第3の階層は、事業の環境、戦略の内容を支える社員の働き方である。安定した品質やサービスを提供するためには良い意味でのヒエラルキーが必要となる。そこで、自らの役割を真面目にしっかりと果たす規律ある働き方が求められる。市場や顧客の見えないニーズを見出し、機能を超えて解決に挑むプロジェクト活動にはヒエラルキーを超える働き方が求められる。新興企業には、素早く取り組み、早く結果を出す時間ベースの働き方がある。そしてオープンイノベーションを追求する企業ではネットワークを重視する働き方がある。

このような整理を行ったうえで自社のあるべき姿を確認し、現状把握を行い、改善のための努力を愚直に継続することが大切だ。

経営者は経営者でなければできない問題の解決、社員は現場での草の根運動で解決できる問題への取り組みを継続する。

現状把握に有効な手段の一つが社員意識調査だ。

しかし、重要なことは調査から始めるのではなく、あるべき姿を定め、調査を通じてその姿がどれだけ実現されているのかを見る、ギャップを明確化し、解決に取り組むという順番である。

本章の最後では強い企業文化をつくるための経営者への7つの提言をまとめている。

第1部

なぜ日本企業は成長から取り残されたのか

第1章

短期志向・財務志向に陥った日本企業

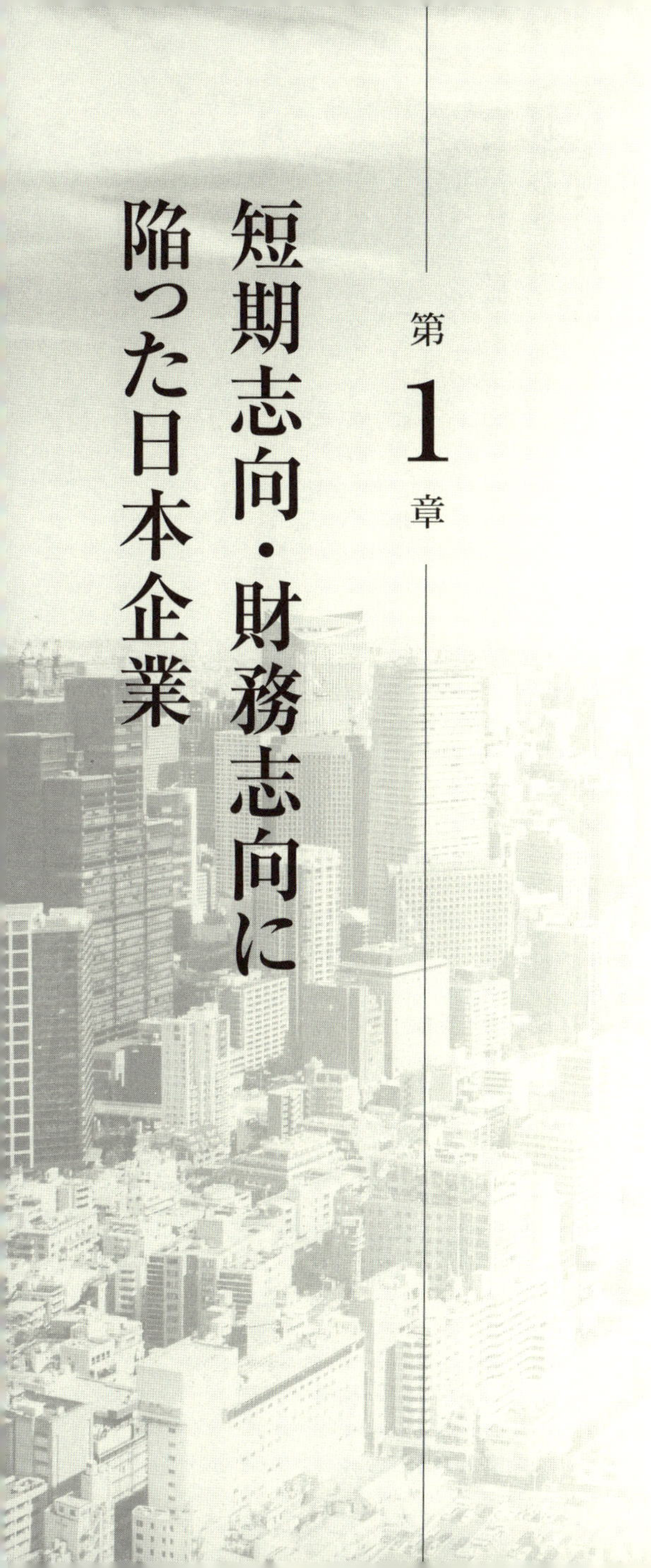

いまからおよそ30年前の1988年、日本のGDPは394兆円だった（図表2）。1998年には528兆円となり、10年間で34％増加する。この増加率を維持していれば、現在の日本のGDPは1千兆円に迫り、中国と世界2位の座を争っていたはずだが、実際は中国の半分の水準にとどまり、大きな差がついた。

2008年のGDPは520兆円となり、10年前の水準を下回るという惨状を経験する。2018年には少し回復し、548兆円になるが、過去20年間の成長率はわずか5・6％、年率に換算するとわずか0・27％という悲劇的な結果である。欧州や南米の主要国、そして韓国ではGDPは20年間で倍増している。日本だけが「長い冬眠状態に入っている」ともいえる状況だ。

1990年代はバブル崩壊後の「失われた10年」と呼ばれたが、日本経済はまだ、成長をしていたのだ。本当に成長が止まったのは2000年以降の20年だ。1990年代にはまだ1980年代までの余熱が残っていた。しかし、1990年代の日本企業の姿勢と行動が2000年代以降の20年間の停滞を招いたといえる。

中央研究所が解体され、先端研究を放棄する

1980年代までの日本企業は研究・開発・生産・販売のプロセスを垂直に統合して行ってきた。中央研究所が先進的な研究を担い、シーズを生み、それを社内で開発して製品に仕上げ、自ら生産・販売するというビジネスモデルだ。これは日本企業に特有ということではなく、世界の企業も同様のアプローチを採っていた。米国のベル研究所やデュポンの中央研究所は事実上、国立研究所のような

図表2　日本、米国、中国のGDPの推移（1988年－2018年）

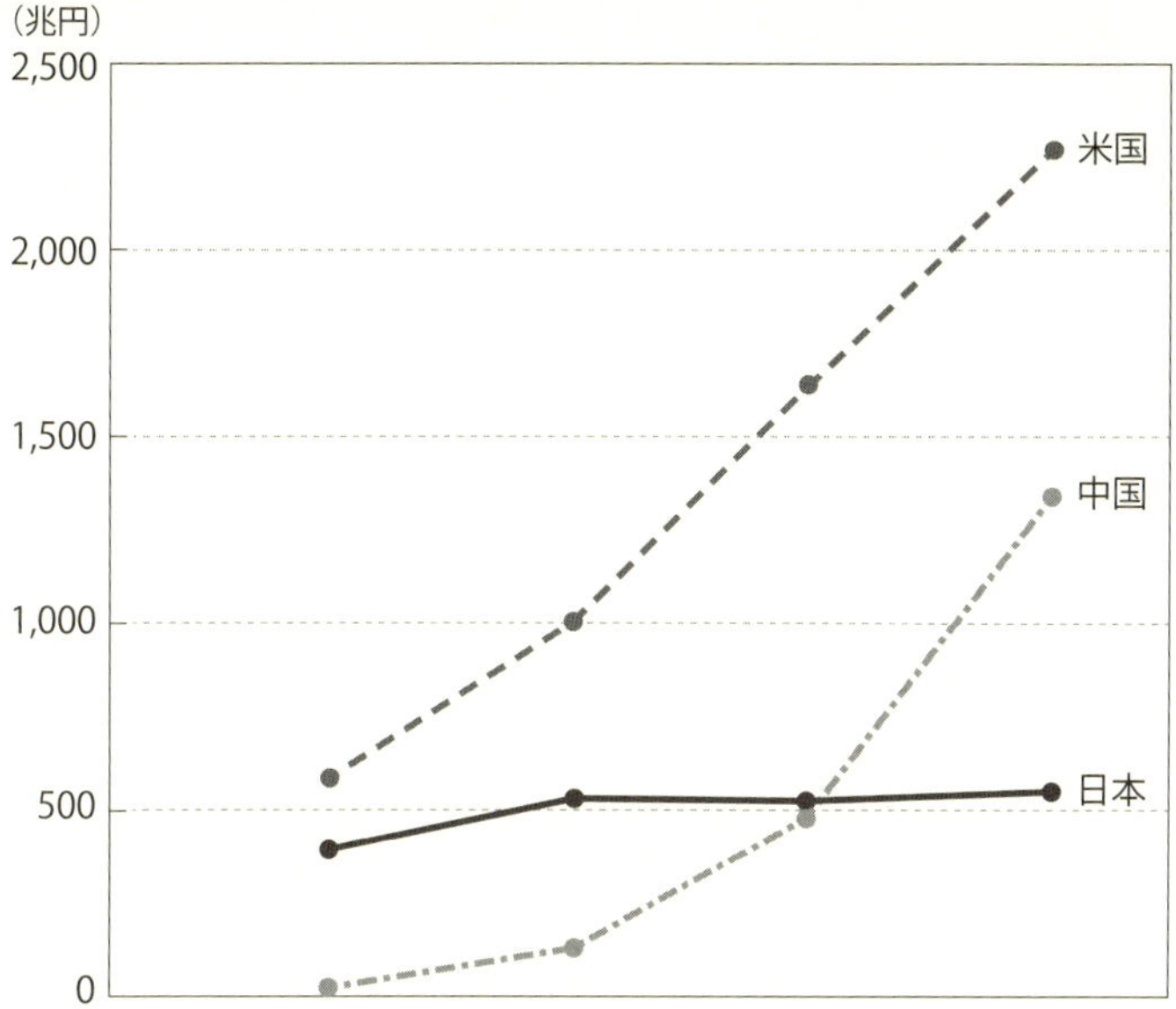

	1988年	1998年	2008年	2018年
米国	5兆2,260億ドル	9兆620億ドル	14兆7,120億ドル	20兆4,940億ドル
	580兆円	1,006兆円	1,633兆円	2,274兆円
中国	1兆5,330億元	8兆5,480億元	31兆9,930億元	88兆7,020億元
	23兆円	129兆円	483兆円	1,339兆円
日本	394兆円	528兆円	520兆円	548兆円

出典：IMFWorld Economic Outlook2019

役割を果たしていた。ＰＡＲＣと呼ばれたゼロックスのパロアルト研究所はマウスを使って作成した資料を電子メールで送るというパソコン時代の先駆的な研究を行っていたことで有名だ。

多くの日本企業も未来志向の中央研究所をつくった。本田技研工業は中央研究所を本田技術研究所という独立法人にしたほどである。多くの人々に商品を通じて喜びを提供したいという企業理念をもとに、人間と次世代の社会を考える。そのためには事業部門の短期志向の影響を排除するというのが狙いだった。

この研究所から世界発の低公害型のＣＶＣＣエンジンが生まれる。39歳のリーダーが率いる平均年齢27歳の４００人の若手研究者が成し遂げた快挙だ。最初は米国で自動車による大気汚染が大きな社会問題になったとき、それに気づいた若手技術者の提案で生まれた小さなプロジェクトだった。

その後、米国の議会は大気浄化法改正法、通称マスキー法を成立させる。排気ガスの量を10分の1にするというビッグスリー（ゼネラル・モーターズ、フォード、クライスラー）も不可能と主張して抵抗した高いハードルを自動車メーカーに課す。この厳しい基準を世界で初めてクリアすることに成功したのがホンダの若きエンジニアチームだった。プロジェクトの名称は「硫黄島《いおうとう》上陸作戦」だった。南海の孤島である硫黄島は第二次世界大戦で日本の制空権の最前線だったが、米軍の上陸を許し、本土空爆による日本の敗戦の引きがねになった。ホンダのチームはこの言葉を逆手にとり、アメリカへの上陸を目指した。本田宗一郎氏は自らの存在や考え方がチームの障害になると考え、プロジェクトから距離を置いたといわれる。

このような中央研究所の活躍はホンダだけでなく、１９８０年代までは多くの日本企業で見られた。

パナソニックは1953年、東レは1956年、ソニーは1961年に中央研究所を設立している、ソニーの研究所からはCCDが生まれている。

しかし、1990年代に入ると自前の先端研究の効率の悪さが指摘され、大学や他の企業と共同して研究を行うというオープンイノベーションが始まる。その先陣を切った会社の一つがプロクター・アンド・ギャンブルだった。同社では研究開発を表す言葉をR&DではなくC&Dとした。社内外の様々なR（Research：研究）をConnect（接続）し、開発に結び付けるという思いの象徴だ。オープンイノベーションは情報技術革新の時代には決定的に重要なアプローチになる。これにより、中央研究所の時代の終焉を迎えることになる。

世界の潮流と歩調を合わせ、日本企業も中央研究所の縮小および解体を始める。しかし、欧米企業との大きな違いは先端研究を縮小するだけで、オープンイノベーションの積極的な開拓、そのためのマネジメントプロセスの開発を行わなかった。バブル崩壊後の構造改革や経費節減の時代において、先端研究の縮小は誰も異論を唱えるものではなかった。

この頃、金融機関の傘下にある独立の総合研究所は企業からの先端研究の依頼を受け、ビジネスが隆盛していた。多くの日本企業は自前の研究からオープンイノベーションに舵を切るのではなく、当時ブームになったアウトソーシングに方向を向けたのだった。アウトソーシングは間接業務や標準的な作業を外部に委託し、外部のベンダーは規模の経済を活かして低コストで作業を行うというものだ。よって、規模の経済とは無縁の先端研究にはアウトソーシングは不向きだ。

日本企業の多くは、意図したわけではないものの、未来を志向する研究を停止してしまったのである。

ＩＴ投資を抑制し、25年前の水準にとどまる

１９９０年代に日本企業が行った２つめの愚行は、ＩＴ投資の抑制である。１９９０年代は世界の企業が生産性向上と効率化への科学的な努力を始めた時代だった。

ＩＢＭのドイツ法人で働いていた４人の技術者が創業したＳＡＰ社が開発したＥＲＰ（Enterprises Resources Planning：統合業務基幹システム）という経営リソース配分のグローバルな最適化を支援するソフトウェアは一気に世界を席巻するが、日本企業はあまり関心をもたなかった。まだ無名で規模も小さかった韓国のサムスン電子がＥＲＰの大規模な導入を進めたときも日本のエレクトロニクスメーカーは事実上、無視したように見える。

なぜ、そのようなことになったのか。

根本の原因は、日本企業がグローバル化の意味を理解しなかったことにある。グローバル化とは地球規模で経営資源の最適な配分を行い、企業活動の生産性と効率を最大化する試みだ。自国でつくった製品を海外に輸出するという国際化や、進出国のインサイダーとして開発・生産・販売を丸ごと行う多国籍化とは全く別なものだ。グローバル運営を可能にするソフトウェアがＳＡＰ社のＥＲＰだった。グローバル運営の本質を理解しなかった日本企業が関心をもたなかったのは自然なことだったのかもしれない。

日本企業の経営者の多くは、ＩＴを経営の道具とは考えなかったのだ。狭い意味での事務合理化を超える発想をする経営者は少なかったということだ。ＩＴを経営の道具、事業の競争力を高める道具

と考えた経営者としては小松製作所の坂根正弘元CEO、セブン－イレブンの鈴木敏文前CEO、セコムの飯田亮元CEOなどがいるが、全体としては例外だ。

坂根正弘氏は日本企業として早期にERPを導入した経営者だが、その目的がコマツのグローバル化であったこと、そのために世界中の社員が同じプラットフォームで働くことを可能にするERPを導入されたことを述べている。セブン－イレブンは店舗での販売状況を瞬時に把握するPOSシステムをいち早く導入し、売れる商品を探すための活動に社員の時間を投入する努力をする。飯田亮氏は日本警備保障というガードマンによる警備会社をセコムという情報通信技術を駆使するテクノロジーの会社に塗り替える。

一方、欧米の経営者はITを経営の必須の武器と考えた。私は1999年のGEのアニュアルレポートの巻頭言を読んだときのことをいまでもよく覚えている。この年はジャック・ウェルチCEOの20年にわたる統治の最後の年だった。彼は巻頭言で逆メンター制度の導入を宣言する。経営陣に若手社員がメンターとなり、ITの知見を提供するというプログラムだ。

このような学習を通じて欧米の経営者はITを経営の道具であるだけでなく、2000年代以降のイノベーションのエンジンとなることを想像した可能性がある。1993年にはアル・ゴア米国副大統領が「情報スーパーハイウェイ構想」を発表した。すべてのパソコンを高速通信回線で結び、金融や電子商取引に活用するというビジョンだった。しかし、これを真剣に考えた日本企業の経営者は少なかった。

そうしたなか、1995年にソニーのCEOに抜擢された出井伸之氏は「デジタル・ドリーム・

キッズ」というスローガンを打ち出したり、日本興業銀行の社員であった三木谷浩史氏が電子商取引空間の楽天を創業したりしたが、このような経営者は日本では例外であった。

ＩＴが経営者にとって重要な関心事でなければ、結果は明らかだ。１９９０年代の経費節減の時代にＩＴ投資は抑制されるが、そのまま２０００年代、２０１０年代の20年間、前年実績の踏襲が続く。総務省による『平成30年版 情報通信白書』によれば、１９９５年を１００とした指数は現在も１００の前後を推移している。システムは老朽化し、未来への大きな不安材料になっている。20年間成長しなかったＧＤＰと20年間増加しなかったＩＴ投資が不気味な相関を示している（図表3）。

若手社員の海外留学を抑制する

１９９０年代に日本企業がとった3つめの愚行は、若手社員の海外留学の抑制だ。

世界的にはまだ無名で小規模な企業であったサムスン電子がＥＲＰの本格的な導入を行ったと先述したが、１９９０年代に同社は画期的な社員育成プログラムを始める。海外遊学のプログラムの「現地社員制度」だ。毎年、新入社員の1割程度を世界各国に派遣し、1年間、その国の社会に溶け込み、人々の生活を学ぶという制度である。その後、新入社員だけでなく、若手の幹部社員も対象になる。１９９０年代を通じて延べ2千人ほどの社員が派遣された。社会や生活を学ぶことが目的のため、その国にある事業の拠点で仕事をすることは求めず、むしろ禁止した。自社の拠点で先輩社員の下働きをする、日本企業に一般的であったトレイニープログラムとは全く異なるものである。

図表3　日米のICT投資額の推移

20年間、拡大しない情報資産への投資は20年間成長しない
日本のGDP（図表2）と不気味な相関を示している。

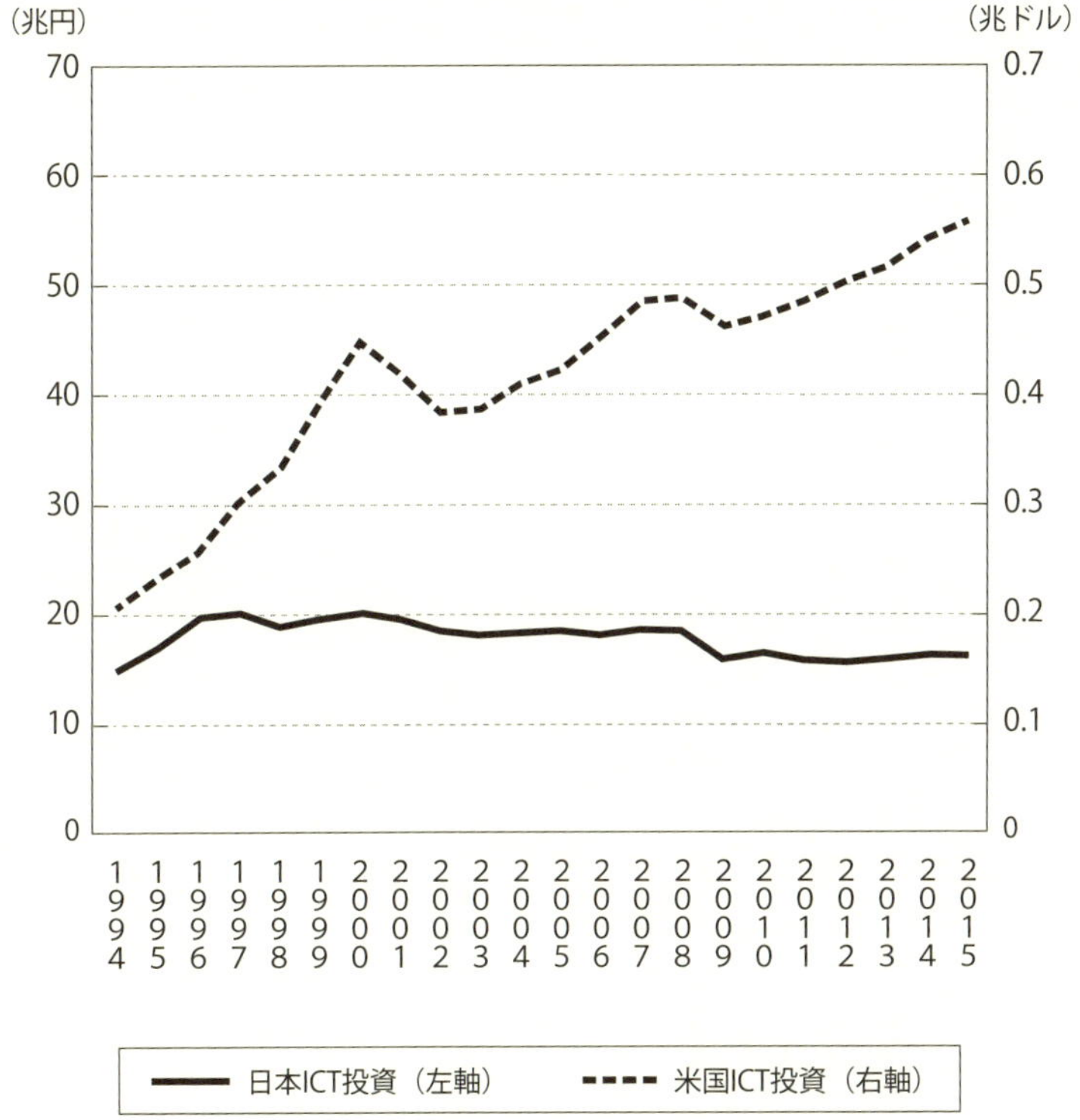

出典：『平成30年版情報通信白書』総務省

留学とは外国で学ぶことだ。自社の拠点に派遣する日本企業のトレイニープログラムは結局、外国のなかの日本で日本人と仕事をすることになりがちだ。

1980年代までの日本企業は若手社員の海外留学プログラムを熱心に行っていた。海外のMBA大学院への社費による派遣は大判振る舞いといえるものだった。学費だけでなく、渡航費と生活費の支給、期間中も休職ではなく有給扱いにするというプログラムが一般的だった。ハーバード大学、スタンフォード大学、ミシガン大学、コロンビア大学、ペンシルベニア大学ウォートンスクールなど米国の一流の経営大学院には毎年、多くの日本人留学生が派遣されていた。アジア人留学生に占める日本人の比率は100％に近い水準だった。特に金融機関は熱心だった。野村證券などは最盛期には毎年30人もの社員を海外に留学させていた。

1990年代に入ると海外留学制度は急速に抑制される。経費節減が大きな理由だが、同時に留学から帰国してもその知識を活用できない、せっかく留学させたのに退職をしてしまうといった効果への疑問も背景にあった。留学は未来への投資のため、即効的な効果を期待することはできないが、1990年代の日本企業はそれを求めざるを得ない状況にあった。

問題は、2000年代以降、日本企業は留学制度をなぜ復活させなかったのかということだ。

第1の理由は、海外拠点の現地化が進んだということだ。日本企業の海外拠点は進出国の現地社員で運営できるという体制が整ったため、海外で働く日本人を育成する必要がなくなったということである。日本企業の海外留学制度の目的は、経営者の育成ではなく、日本企業の海外進出を支援することにあったため、その必要がなくなったと多くの企業は考えたのだろう。

留学制度を復活させなかった第2の理由は、他律的なものだ。

2000年代に入ると、中国や韓国、最近ではインドなどアジア諸国から欧米への留学希望者が急速に増加する。その結果、日本企業が自社の社員を留学させたくても、アジア勢の優秀な人たちに太刀打ちできずに入学試験をパスできないという悲しい現実が生まれている。特に一次スクリーニングで課される知力のテストで自国での厳しい受験戦争を闘ってきた中国やインドの精鋭に日本人の若手社員が勝てないという状況がある。

日本企業の留学制度は海外に進出し、市場を開拓するという国際化の時代には大きな力を発揮した。しかし、グローバル化の時代を担う経営人材の育成という新しいテーマに留学プログラムを使うという発想がないままに30年を経てしまったというのが現実である。

社内運動会や社員旅行をやめる

日本経済新聞（2011年10月31日）のコラム「経営の視点」に面白いことが書かれていた。当時の経営者がしなくなったこととして、「長期経営計画」「新卒大量採用」「社内運動会」の3つがあるというのだ。ただ、2010年代以降に「新卒採用」だけは残っている。

日本企業が新卒採用を維持しなければならない理由は明白だ。日本の大企業は実質的に終身雇用を維持しているので、組織の新陳代謝を計画的に行う必要がある。代謝を促すメカニズムが定年制度であり、新陳を促すメカニズムが新卒採用である。そして新人は組織のヒエラルキーの最下層の仕事を余儀なくされるので、報酬は低い水準に抑えることができる。新卒採用は総人件費を管理するためにも必要な制度なのだ。

新卒採用からすれば、社内運動会をやめることは容易だ。社内運動会は会社の短期的な業績には影響を及ぼさない。1990年代の経費節減の対象に選ばれるのは自然なことだったのだ。社内運動会と同じように社員旅行も廃止される。東京近郊の箱根や熱海などの温泉街が寂《さび》れていった最大の原因は社員旅行の廃止だった。

この背景には、多くの社員が社内運動会や社員旅行の廃止を歓迎したこともあった。1990年代に就職する第二次ベビーブーマーは、「団塊の世代」と呼ばれた第一次ベビーブーマーとは異なり、会社に滅私奉公するという価値観をもっていない。団塊の世代が現場で活躍していた頃は日本企業の社内運動会や社員旅行は会社が社員に結束を求める手段であり、参加することは当然の社員の義務であるという空気が漂っていた。

社内運動会や社員旅行の廃止は会社にとっては経費を節約できる、社員にとっては会社の束縛から逃れることができるという両得の関係が成立したのだった。

社内運動会や社員旅行は2000年代には絶滅に近いところに追い詰められる。しかし、世界の潮流はどうか。

私が海外に出張するとき、時折ホテルの部屋が取れない、仮に取れても部屋代が異常に高いことがある。ローマやサンフランシスコ、ハワイ、シンガポールなどでそのような経験をすることが多い。その場合の犯人は大規模なグローバル企業である。リゾート全体のホテルの部屋を借り上げ、家族を含めると千人を超える集団が終結している。中国をはじめアジア諸国では社員旅行は社員のエンゲージメントを保つための重要なプログラムになっているようだ。

日本でもこうした取り組みに熱心な会社はある。空調機器の製造・販売・サービスで世界トップ企業のダイキン工業だ。2019年3月期の売上は2兆4800億円、営業利益は2700億円（営業利益率11％）、海外売上比率76％という好業績のグローバル企業だ。2000年頃はダイキン工業でなくダメキン工業と揶揄され、当時の松下電器産業（現在のパナソニック）を仰ぎ見る大阪の小さな企業だった。それが2000年以降の黄金時代を築いたのにはどのような理由があったのだろうか。

ある経営幹部に理由を聞くと想像もしない冗談のような答えが返ってきた。「ダイキンオーキッドレディス」「盆踊り」「誕生月会」という答えだ。

ダイキンオーキッドレディスは沖縄で開催される女子ゴルフのイベントである。ゴルフイベントを主催する企業はたくさんあるが、ダイキンの特徴はその運営を外部に託すのではなく、社員総出で行うということだ。部長といった役職者もこの日は空港で招待客の世話係になる。盆踊り大会とはダイキンの海外進出先で行う日本的な盆踊りのことだ。オランダ・アムステルダムでは盆踊りに感動したあまりに街の人々が会場の通りを「ダイキン通り」と名付けたほどだ。誕生月会は工場などで毎月開催され、同じ誕生月の社員が地位や年齢、肩書に関係なく集うイベントだ。

社員を束縛するイベントは無用だが、社員のエンゲージメントを高めるイベントは企業の未来を創造するためには捨ててはいけなかったことかもしれない。

長期経営計画をやめる

多くの日本企業には中期経営計画があるが、長期経営計画は絶滅寸前のようだ。1980年代までの日本企業は長期経営計画の策定に一生懸命に取り組んだ。キヤノンは1988年、創業51年の年を第二の創業とし、グローバル優良企業グループ構想を策定した。このときCEOだった賀来龍三郎氏がリーダーシップを発揮した。1977年に社長に就任した賀来氏は「キヤノン中興の祖」といわれ、同社を精密機器の世界的メーカーに飛躍させた経営者であり、同社会長退任後は経済同友会の副代表幹事を務め、著書『新しい国造りの構図』（東洋経済新報社）で日本国のあるべき姿を描き、「財界の良心」とも称された。

同社のグローバル優良企業グループ構想の取り組みは「共生」という永続的・普遍的な経営理念の定義から始まる。その理念を実現するため、3つの企業目的を設定した。「真のグローバル企業の確立」「世界一の品質の製品をつくるパイオニアとしての責任」「キヤノングループ全員の幸福の追求」だ。いわゆる骨太の長期経営計画であった。

キヤノンはダイキン工業と同じく、2000年代にも成長を継続した数少ない日本企業の1社である。2018年12月期の売上は3兆9千億円、営業利益は3430億円に到達している。

ニューヨーク証券取引所やロンドン証券取引所に上場する欧米企業は4半期決算を義務づけられ、ウォールストリートやシティーの証券アナリストや機関投資家から厳しい注文を付けられる。事実、多くの経営者は短期志向の経営を迫られ、そのプレッシャーから長期の視点を貫くことが難しいとの意見を表明している。

しかし、長期視点を重視する会社もある。アマゾンやAT&T、ユニリーバといった企業だ。マッキンゼー・グローバル・インスティテュートが２０１７年に実施した調査では、半数以上の経営者が短期志向に傾斜していること、しかし長期志向の会社は存在し、そのような会社の業績、売上や利益の成長は普通の会社を上回ることが示されている。

２０１３年頃、人口増加の幾何級数的な伸びに危機感を抱いた欧米の大企業の経営者から「２０３０年問題」という言葉が発信された。英国の経済学者トマス・ロバート・マルサスが『人口論』を書いて人口増加が食料の供給を上回り貧困が増加するという問題、いわゆるマルサスの罠を提起したのは１７９８年のことだ。そのときの世界の人口は10億人。それから１４０年後の１９１０年、世界の人口は17億人になる。そして、35億人になるのは70年後の１９８０年だった。２０１３年には世界の人口が70億人に到達する。人口が倍になるまでの期間は丁度、半分の35年間だった。

ギリシャやローマが世界に君臨した時代の世界人口は2億人から3億人といわれるが、要するに人口が倍になるための期間が2分の1になるという指数関数の法則が働いているということである。

ということは、あと17年で世界の人口は倍増し、２０３０年の世界人口は１４０億人になるという計算だ。２０２０年代は人類の膨張圧力と地球環境の最終戦争の時代になる、そのときに存在意義をもつ企業はどこか、こんなことが欧米では話題になっていたのだ。

いま日本でも企業の長期的な成長を目指すためにＥＳＧ経営への取り組みが盛んになっている。ＥＳＧとはEnvironment（環境）、Society（社会）、Governance（企業統治）の頭文字を取ったものだが、欧米で高まりつつある長期的視点での経営への強い関心が日本でも無視できなくなってきているのだ。

経営者の目標は短期の財務指標が中心になる

しかし、日本企業は2000年以降、長期経営計画をやめ、3年間の中期経営計画に変更していく。その中身は3年後の財務目標の設定が中心になっている。そして3年後の数値目標から逆算して毎年の予算目標が設定される。

そうしたなか、各業界を代表する次のような会社（33社）を選び、2018年11月から12月にかけて長期経営計画への取り組み状況を調べてみた。

- 自動車業界：トヨタ自動車、日産自動車、本田技研工業
- 電気・電機業界：日立製作所、パナソニック、富士通、日本電気、ソニー
- 精密機械：キヤノン、リコー、コニカミノルタ
- 住宅・住設機器：大和ハウス、ダイキン工業、LIXIL
- 医薬品：武田薬品工業、アステラス製薬
- 化学業界：三菱化学、住友化学、積水化学
- 日用品業界：花王、ユニ・チャーム、ライオン
- 銀行業界：三菱UFJ、三井住友、みずほ
- 損保業界：東京海上、MS&AD、損保ジャパン日本興亜

● 総合商社：三菱商事、三井物産、伊藤忠商事
● 流通：セブン＆アイ、イオン

その結果、大半が長期計画を策定していないことがわかった。5年以上の長期経営計画を策定しているのはキヤノン、ダイキン工業及び損保ジャパン日本興亜の3社だった。ダイキン工業では5年ごとに「戦略経営計画『FUSION』（計画と実行の融合）」を策定し、キヤノンも5年ごとに「グローバル優良企業グループ構想」が策定されるとのことだった。

そして、日本企業で最も長いスパンで長期計画を策定しているのが、トヨタ自動車と花王だった。2017年にトヨタ自動車が発表した長期戦略は2030年頃の世界を想定した同社自身「これまでにないアプローチ」というほどの長期ビジョンである。

花王は「2030年までに達成したい姿」を中期経営計画の前提として発表している。「グローバルで存在感のある会社『Kao』」という表題は深い思索を反映するものだ。人類と地球環境の共生時代に生き残る会社は「存在する意義・理由」がある会社だけだと思うからだ。

上記4社以外の中期経営計画のみを策定している会社の経営者の業績目標を調査したところ、武田薬品工業以外は売上と利益などの単年度の財務目標が中心というのが実態だった。同社では中期計画の達成度が業績評価の対象になり、長期インセンティブが支給される仕組みを取り入れている。

この調査結果を見るかぎり、日本企業には長期視点での経営を求めるガバナンスのメカニズムが弱いということだ。

日本企業の経営者の報酬を国際比較すると米国企業の10分の1、欧州企業の5分の1が相場である。その大きな差の要因は長期インセンティブの低さだ。しかし、長期インセンティブは長期の業績に報いる報酬なので、長期の業績の責任をもたない日本の経営者の長期インセンティブが低いのは合理的なことだといえる。

バランスト・スコアカードは不人気のまま

バランスト・スコアカードは日本のビジネス社会にはあまり浸透していない。経営者に伺っても「それはなんですか?」という答えが返ってくることが少なくない。

バランスト・スコアカードの概念を提唱したのは1992年、ハーバード大学のR・S・キャプラン教授とデビッド・P・ノートン教授だ。彼らは、米国企業の経営者の目標が1980年代を通じて、短期的な財務業績指標、売上・利益に偏重してきた傾向を批判し、長期視点での経営を進めるための経営者の業績評価指標を提唱した。

バランスト・スコアカードは財務業績を無視するものではなく、顧客への価値提供、それを推進する業務プロセス、業務プロセスを担う社員の学習・成長という4つのカテゴリーに沿って戦略を実現する組織能力を計画的に開発するという企業変革のツールである。

バランスト・スコアカードの考え方は極めて当然のことだったため、欧米企業には急速に浸透していく。経営者の業績目標の設定、評価に活用できるため、米国企業のプロキシレポート(日本の有価証券報告書のようなもの）を見ると、経営者の業績評価の一般的なフレームワークとして定着していることが窺われる。

バランスト・スコアカードのベースになるカテゴリーは「社員の学習・成長」だが、その成果を測る指標として社員エンゲージメント調査が多くの企業に導入されたのは１９９０年代だった。経営者や幹部社員のボーナスの一部は社員意識調査の結果で決まる、という極端なケースもあった。

一方、日本企業の経営者はバブル崩壊による資産不況と格闘していたため、長期視点での経営を考える余裕がなかった。

そして、２０００年代に入ってもバランスト・スコアカードが日の目を見ることはなかった。２００７年に米国ボストンでバランスト・スコアカードの運営に関するカンファレンスが開催されたが、日本企業の参加は三菱ＵＦＪ銀行、キヤノンなど数社にとどまった。

バランスト・スコアカードと並行して１９９０年代の欧米企業に影響を与えた業績指標であるＥＶＡ（Economic Value Added：経済的付加価値）も日本ではそれほど浸透していない。このツールは、損益計算書で示される利益から株主資本のコストを差し引いた値で企業が一定の期間に生み出した価値を測定する。米スタン・スチュワート社が開発し、ＥＶＡは登録商標になっている。

ＥＶＡも経費の圧縮だけに集中する経営者に株主というステークホルダーを意識させ、経営者に価値創造を求める業績指標だが、上記の調査対象とした会社でＥＶＡを活用しているのは、花王、ダイキン工業、パナソニック、武田薬品工業、ソニーなど少数だった。

リエンジニアリングは未消化に終わる

バランスト・スコアカードが生まれた1992年、*Reengineering the corporation*という1冊の本が出版される（邦訳：『リエンジニアリング革命』日本経済新聞社）。著者はマサチューセッツ工科大学のコンピュータサイエンスの教授であったマイケル・ハマーとジェイムズ・チャンピーの2人だ。この本は世界的なベストセラーになった。

欧米企業はそれまでヒエラルキーによる機能別の企業運営をしてきた。リエンジニアリングとはヒエラルキーを横断する顧客起点の業務プロセスを中心に企業を運営するという考え方である。簡単に言えば、「縦」を「横」にするということ。そして、業務プロセスのスピードと効率を高めるためにIT技術を活用するというものである。SAP社がソフトウェアを経営の道具にするという改革を進めたのに対し、リエンジニアリングはソフトウェアを事業の競争力強化の道具にしようとした試みだった。

縦を横にすることで企業の改革を行うという考え方を日本企業として真剣に取り入れたのがトヨタ自動車だった。まず事務部門で導入し、機能の縦方向ではなく、機能を横断するプロジェクトを結成する。これは「BR（Business Reform）プロジェクト」と呼ばれた。1993年のことだ。

改善は機能の現場で行う、改革は機能を横断するプロジェクトで行うというのがトヨタの考え方だった。まさに、リエンジニアリングの本質を捉えたものだ。1993年から25年を経て、BRはトヨタグループ全体に広がった。1998年に始まったグローバル人事プロジェクト（地球規模での人材の適所適材を進めるプラットフォームの策定）もＢＲだった。今日でもグループ全体で数多くのＢＲが走っている。

キヤノンもリエンジニアリングの思想を理解した1社である。グローバル優良企業グループ構想の展開の具体的なアクションとして生産プロセス、開発プロセスの改革に取り組む。機能の流れで生産するのではなく、機能を統合したチームで生産するセル生産のアプローチなどの開発がそれである。韓国のサムスン電子は会社を挙げて業務プロセス改革に挑戦する。グローバルマーケティングを縦割りの部署とするのではなく、部署や地域を横断するプロセスとして捉え、その効果・効率の最大化を目指した。

日本企業全体を見たとき、組織や機能を横断するプロセスの重要性に着眼し、プロセスのオーナーを定め、効果と効率の向上に散り組んだ会社はそれほど多くないように見える。多くの企業は横のプロセスでなく、縦の機能のなかで考え、行動しているようだ。私が参加しているコーン・フェリー・ジャパンは多くの日本企業から社員意識調査を受託しているが、機能を横断した横方向の連携が弱いことが課題だとする会社からの相談が多い。

ラーニングオーガニゼーションの意味を誤解

ラーニングオーガニゼーション（Learning organization）は１９９０年にマサチューセッツ工科大学のピーター・センゲ教授が出版した本から生まれた言葉である。著書の題名は *The Fifth Discipline*

The Art and Practice of the Learning Organization（邦訳は『最強組織の法則』徳間書店と『学習する組織』英治出版がある）。この本の主題は、もはや1人の偉大な経営者がビジョンを発信し、組織を統率し、変革することは不可能である、組織が変化に反応し、自然に変化する組織をつくるしかない、というものだ。カリスマリーダーやビジョナリーリーダーの終焉を伝える画期的な考え方だった。

ラーニングオーガニゼーションとは、文字どおり組織が学習するという意味である。経営者が指示をしなくても、組織の第一線が変化を感じ、自然に変化に対応するということだ。同書がいう「5番目の規律」とは、第一線の社員が自分の領域、自分の仕事の枠を超えて機会や課題の全体像をシステムとして捉え、真の問題を発見し、協力して解決するというものだ。しかし、この概念を正確に理解することは容易ではない。多くの日本人は「組織が学習する」という抽象的な概念をイメージすることができず、「社員が学習する」「社員が勉強する」と捉えてしまった。本書では「学習する組織」という言葉は使わず、ラーニングオーガニゼーションと片仮名で表記することにする。

私にとっても記憶に残る体験がある。私はピーター・センゲ氏が設立したイノベーション・アソシエイツ社と協力し、この考え方を日本に導入する活動に関与していたのだが、そのなかで日本企業の幹部の方々を対象にしたセミナーの講師としてラーニングオーガニゼーションに関する説明をした。そのとき、受講者の一人が「要するに私たち社員は何を勉強すればよいのか、具体的に説明してほしい」という質問があった。私は「社員ではなく組織が学習するのです」と回答するとその方は、「でも、組織は人間ではない……」と怪訝な顔をされたのだった。

もう一つの体験は、日本を代表する企業の人事責任者との会話である。その頃の米国企業の人事のトップはそれまでのDirector of Human ResourcesからChief Learning Officerという肩書に変えていった。その日本企業の人事責任者は、夕方、米国の有名な企業の人事のトップとの会合があると楽しそうに語っていた。たまたま、同じ日の夜にその人と会う機会があり、夕方の会合の様子を伺うと、予想外の答えが返ってきた。

「本当に失礼な会社だ。人事のトップと聞いていたが、彼は研修部長だった」というのだ。名刺をもっておられたので拝見するとChief Learning Officerと書かれていた。文字どおり、会社をラーニングオーガニゼーションに変革する役割をもつ人事のトップなのだが、その方はその肩書きを研修部長と誤解してしまったのだ。

１９９０年代初頭に生まれた人と組織に関する画期的な思想であったラーニングオーガニゼーションは日本にはその意味も充分に伝わらないまま、30年が経過した。私たち日本人は具体的なものを好み、抽象的なものを嫌う傾向があるようだ。バランスト・スコアカード、ＥＶＡ、リエンジニアリングと比べても抽象度の高いラーニングオーガニゼーションという概念を咀嚼し、導入を進めた日本企業は存在しないかもしれない。欧米企業を見ても本当にそれを実現した大手企業は見つからない。見果てぬ夢、未踏の挑戦なのかもしれない。

しかし、日本企業にとっては希望がある。ピーター・センゲ氏の思想に大きな影響を与えた人物が日本の製造業ではよく知られるエドワード・デミング博士だからだ。彼は１９６０年代の日本に科学的品質管理の思想を紹介し、優れた製造品質をもつ会社を表彰するデミング賞に名前を冠する人である。現場の社員が横方向に連携し、チームになって問題を発見し、解決するボトムアップの改善運動こそラーニングオーガニゼーションの源流なのだ。そのように歴史を振り返れば、日本企業にとってラーニングオーガニゼーションへの進化は不可能な挑戦ではない。

企業の生産性は低迷する

日本企業の経営の効率、生産性は低迷を続けている。多くの日本企業は株主の期待を意識してROE（投下資本利益率）という財務指標を重視している。ROEは資本構成（レバレッジ）、資産回転率、売上高利益率の3つの項目の掛け算である。

● 資本構成＝資産／自己資本：借入を含む資産の調達力（集める）
● 資産回転率＝売上／資産：資産活用の効率（回す）
● 売上高利益率＝利益／売上：オペレーションの効率（稼ぐ）

少し古いが日経ビジネス2014年7月21日号特集「新・利益革命」に掲載された経済産業省の研究会のデータによれば、2012年の日本の上場企業のROEは米国企業の22％、欧州企業の15％に対して5％という低い水準にある。この違いを3つの要素ごとに見ると、資本構成の効率は日本企業が2・5に対して米国企業2・7、欧州企業2・8で大きな差はない。資産回転率は日本企業0・96に対して米国企業も0・96、欧州企業は0・87でこれもほとんど違いは見られない。大きく相違が認められるのがオペレーションの効率だ。売上利益率は米国企業の10・5%、欧州企業の8・9%に対して、日本企業は3・8%だった。

業界ごとに代表的な日本企業と米国企業の売上高営業利益率を比較すると2018年度においても日米の格差は埋まっていないことがわかる。次ページの**図表4**に見られるとおり、歴然と差があるのは製薬業界で、ファイザーの29・3%に対して武田薬品工業は9・8%だ。

いずれにしても、すべての業界で米国企業が日本企業をほぼダブルスコアで上回っている。生産部門における効率・生産性では他社を寄せ付けないトヨタ自動車が、会社全体の効率・生産性でもGMを上回っていることが嬉しい。ただし、2017年度ではGMは8・6%で、トヨタの8・1%を上回っていたので安心できない。

日本企業は1990年以降、短期志向・財務志向に大きく傾斜したのだが、売上高営業利益率という最もシンプルで基本的な財務指標において米国企業に大きな差をつけられている理由は何だろうか。日本企業はなぜ稼ぐ力が弱いのだろうか。選択と集中が不十分で不採算な事業が残っている可能性はある。

GEのジャック・ウェルチ氏が「世界でのシェアが1位か2位でなければ撤退する」と言ったとき、日本企業のある経営者は「それは厳しい。3位、4位でもよいのではないか」と言った。

欧米企業がグローバル経営を進め、同じ業務であれば求める品質を達成できる世界で一番人件費の安い場所で行うという業務の世界的な再配分を行ったとき、日本企業の動きは鈍かった。

生産においては海外移転を積極的に行った日本企業だが、開発部門や本社間接部門の海外移転には

図表4　日米主要企業の売上高営業利益率の比較（2018年度）

業界	米国		日本	
コンピュータ	IBM	15.4%	富士通	3.3%
通信	AT&T	18.5%	NTT	14.3%
機械・機器	ユナイテッド・テクノロジー	13.3%	日立製作所	5.5%
電気・電子機器	エマソン	16.7%	日本電産	9.1%
化学	ダウ・デュポン	12.9%	三菱ケミカル	7.6%
製薬	ファイザー	29.3%	武田薬品工業	9.8%
日用品	プロクター&ギャンブル	22.1%	花王	13.8%
スナック・菓子	ペプシ	16.4%	明治ホールディングス	7.8%
自動車	GM	4.6%	トヨタ自動車	8.2%
建設機械	キャタピラー	15.2%	コマツ	14.6%
ガラス	コーニング	14.1%	AGC	8.0%
資源	エクソンモービル	7.7%	JXTG	4.8%
ネット通販	イーベイ	21.4%	楽天	15.5%

出典：『会社四季報2019年3集夏号』（東洋経済新報社）
『米国会社四季報2019年夏号』（東洋経済新報社）

消極的だった。生産性と効率を上げるという意識は生産部門にしかなかったというのがその理由なのだろう。日本企業の経営者は「我々は雇用を守る義務がある」とは言うが、それではなぜ、生産部門では雇用を守らなかったのだろうか。

多くの大企業は30年間、成長が停滞する

2000年以降、日本のGDPの成長は停滞した。日本に基盤をもつ大企業にとっては海外市場に成長の活路を見出すしかなかった。

しかし、日本企業の海外進出は1980年代までは破竹の勢いだったが、その後は急停止する。この快進撃を継続した代表的な会社がトヨタ自動車だった。1998年の海外売上は4兆円だったが、2007年には20兆円と10年間で500%の成長を実現する。

エレクトロニクス業界の代表的企業であるソニー、パナソニック、日立製作所の海外売上の成長は停滞した。この業界では韓国のサムスン電子が数千億円の規模から20兆円へと急激な成長を果たすなか、日本のエレクトロニクスメーカーは別の道を歩んだ。サムスン電子にできたことがなぜ日本のエレクトロニクスメーカーはできなかったのだろうか。

その理由は、多くの日本企業が前節で述べた「グローバル化」の意味を理解しなかったことにあると私は考えている。世界の企業の進化の歴史は「国際化」「多国籍化」「グローバル化」の3つのフェーズに整理できる。

国際化は、自国で開発・生産した製品を海外市場に輸出するというアプローチだ。要するに貿易をするということである。その歴史は古代メソポタミアの時代にさかのぼることができる。

多国籍化は、国際化と比べれば非常に新しいアプローチである。1964年に米国の経済誌ビジネスウィークが特集記事を掲載し、それがきっかけになって世界に広まったといわれている。多国籍化とは、進出国で開発・生産・販売を一気通貫で行い、その国の企業になるということである。身近な例で言えば、日本IBMだろう。同社は日本の会社であり、英語を話す必要はない、とかつて経営者が語っていた。日本企業では日産自動車が1980年代、石原俊社長のリーダーシップのもとで多国籍化を進めた。ただ残念ながら、多国籍化の寿命は短いものだった。

1990年代になると、グローバル企業運営という考え方が生まれる。グローバル化とは、経営資源の配分を地球規模で最適化するというものである。グローバル化というアプローチを本格的に採用した会社はIBMであった。

IBMは1990年代前半、企業存亡の危機に遭遇する。コンピュータのダウンサイジングの巨大潮流に飲み込まれ、破滅への道を歩み始めたIBMの取締役会は終身雇用、内部登用が常識であった同社に外部からCEOを招くという決断をする。CEOに選ばれたのはマッキンゼーのコンサルタントからアメリカン・エクスプレス、ナビスコのCEOを経験したルイス・ガースナー氏だった。ガースナー氏はIBMをグローバルサービスカンパニーにすることに再生の活路を見出す。国ごとの部分最適ではなく、地球規模での全体最適を追求していくことになる。

こうして世界の企業はグローバル化に一気に舵を切り出す。2000年に誕生したエクソン・モービルは各国の拠点を利益責任の単位とするやり方をやめる。正確に言えば、国ごとの社長ポストを廃止し、開発・生産・販売の機能ごとの責任者がグローバル本社に直接報告する形をとる。これは、機能ごとにノウハウの高速移転を行い、世界の最適な場所で業務運営を行うというアプローチだ。

また、商品のローンチも従来の国ごとに順番に投入するのではなく、世界同時立ち上げを行う。グローバルアプローチの採用は既成の大企業だけでなく、新興企業も追随した。

２０００年代以降に海外で成長した企業の多くは、このグローバルアプローチを採用する。日本企業でグローバル化の意味を正しく認識し、採用したのはトヨタ自動車、キヤノン、コマツ、ダイキン工業などごく限られていた。そしてこれらの企業だけが２０００年代も海外での成長を継続している。

株価は30年前の半分の水準。しかし、米国株式は15倍に成長

１９８９年、世界における時価総額の企業番付の1位はＮＴＴ、２位は日本興行銀行、３位は住友銀行だった。**図表5**に見られるように、ベスト10に日本の企業が7社含まれていた。ちなみに11位はトヨタ自動車、12位はＧＥだ。20位までを見ると15社は日本企業である。日立製作所、旧松下電器産業、東芝、新日本製鐵、三和銀行、野村證券の各社が含まれていた。

30年後の２０１８年12月末の最終取引日のランキングでは上位50社に入ったのはトヨタ自動車のみだった。時価総額は１９３９億ドルで35位である。トヨタ自動車の時価総額は１９８９年の水準と比較すると4倍に成長しているが、世界の企業の成長がトヨタ自動車の成長をはるかに上回ったという

ことである。1位はアップルで9409億ドル、2位はアマゾンで8800億ドル。上位10社にはアルファベット、マイクロソフト、フェイスブック、中国のアリババとテンセントが入る。JPモルガンチェースもランキング入りし、他の銀行株も高い地位にいる。

日経平均株価は1989年12月29日の大納会でつけた3万8915円から大きく下落し、2019年8月30日の終値は2万704円だ。30年前の半分の水準である。

現在、日本株の6割以上が海外ファンドなどの外国人投資家によって売買されている。外国人投資家の保有比率は1989年には4・2%だったが、2016年は30・1%だ。外国人の機関投資家は世界の企業との比較で日本企業の将来性を評価する。1980年代後半の投機に踊った日本全国津々浦々の個人投資家とは違う。生産性が低く、成長性の低い日本企業の株式への評価が低いのは彼らにとっては合理的な判断だ。

米国の株価は1987年10月6日のブラックマンデーの1500ドルを切る水準から現在は2万5千ドル前後であり、約15倍の水準への成長を遂げている。日本企業は生産性を上げ、成長力を取り戻す必要があるということだ。

若手社員の転職願望は米国と中国を抜いて世界一に

企業が生産性を上げ、成長するためには経営者の努力だけではなく、すべての社員の会社への積極的な帰属意識、貢献意識が必要だ。指示された仕事をするのではなく、求められる以上の仕事をし、

図表5　時価総額のランキング

順位	1989年末		2018年末	
	企業名	時価総額	企業名	時価総額
1	NTT	1,638	アップル	9,409
2	日本興業銀行	715	アマゾン	8,800
3	住友銀行	695	アルファベット	8,336
4	富士銀行	670	マイクロソフト	8,158
5	第一勧業銀行	661	フェイスブック	6,092
6	IBM	646	バークシャー・ハサウェイ	4,925
7	三菱銀行	592	アリババ	4,795
8	エクソン	549	テンセント	4,557
9	東京電力	544	JPモルガンチェース	3,740
10	ロイヤル・ダッチ・シェル	543	エクソン・モービル	3,446
11	トヨタ自動車	541	ジョンソン&ジョンソン	3,375
12	GE	493	ビザ	3,143
13	三和銀行	492	バンク・オブ・アメリカ	3, 016
14	野村證券	444	ロイヤル・ダッチ・シェル	2,899
15	新日本製鐵	414	中国工商銀行	2,870
16	AT&T	381	サムスン電子	2,842
17	日立製作所	358	ウェルズ・ファーゴ	2,735
18	松下電器産業	357	ウォルマート	2,598
19	フィリップ・モリス	321	中国建設銀行	2,502
20	東芝	309	ネスレ	2,455

単位：億ドル

会社に貢献し、誇りとやりがいを感じる状態が重要となる。このような状態のことを「エンゲージメントが高い」という。

エンゲージメントに関して、コーン・フェリー・ジャパンが日本を含む全世界の企業から受託している社員意識調査で興味深い結果が出ている（図表6）。

日本企業全体の平均をとると、エンゲージメントが高いと計測される社員の割合は2012年が33％で、2017年には27％に低下する。いま、日本企業は4分の1の社員が会社を成長させるモーターがついた機関車で4分の3の社員は客車になっているということだ。世界との比較をすると米国が50％、欧州が42％、中南米が55％、中東・アフリカが50％、アジアが49％。日本の27％という水準は異常な低さであり、しかも低落傾向にあることは深刻だ。

会社への継続勤務の願望について、終身雇用や長期雇用を推進してきた日本企業の社員は欧米と比較して高い、というのが私たち日本人の通念だった。

しかし、明らかな変調が見えている。20代の社員に絞って継続勤務意向が2年未満の社員の割合を見ると30％という数字になる（図表7）。これは2016年の調査だが、同じ時期の世界の企業の平均は27％、米国は26％、中国は25％だった。日本の30％は極端にいえば世界1位となる。2012年の調査では21％だったので、5年間で10％ポイント増加したことになる。経営者だけでなく、社員も短期志向になっているようだ。

若手社員の多くは現場の第一線で働く社員だ。このままでは日本企業が誇ってきた現場力が喪失されるということになる。そうなると、日本企業が生産性を上げ、成長力を取り戻すことは難しい。

図表6　地域別の社員エンゲージメントの推移（2012－2017年）（元気な社員の割合）

元気な社員とは仕事にやりがいを感じ、会社や事業に
積極的な貢献ができると感じる/ある程度感じる社員

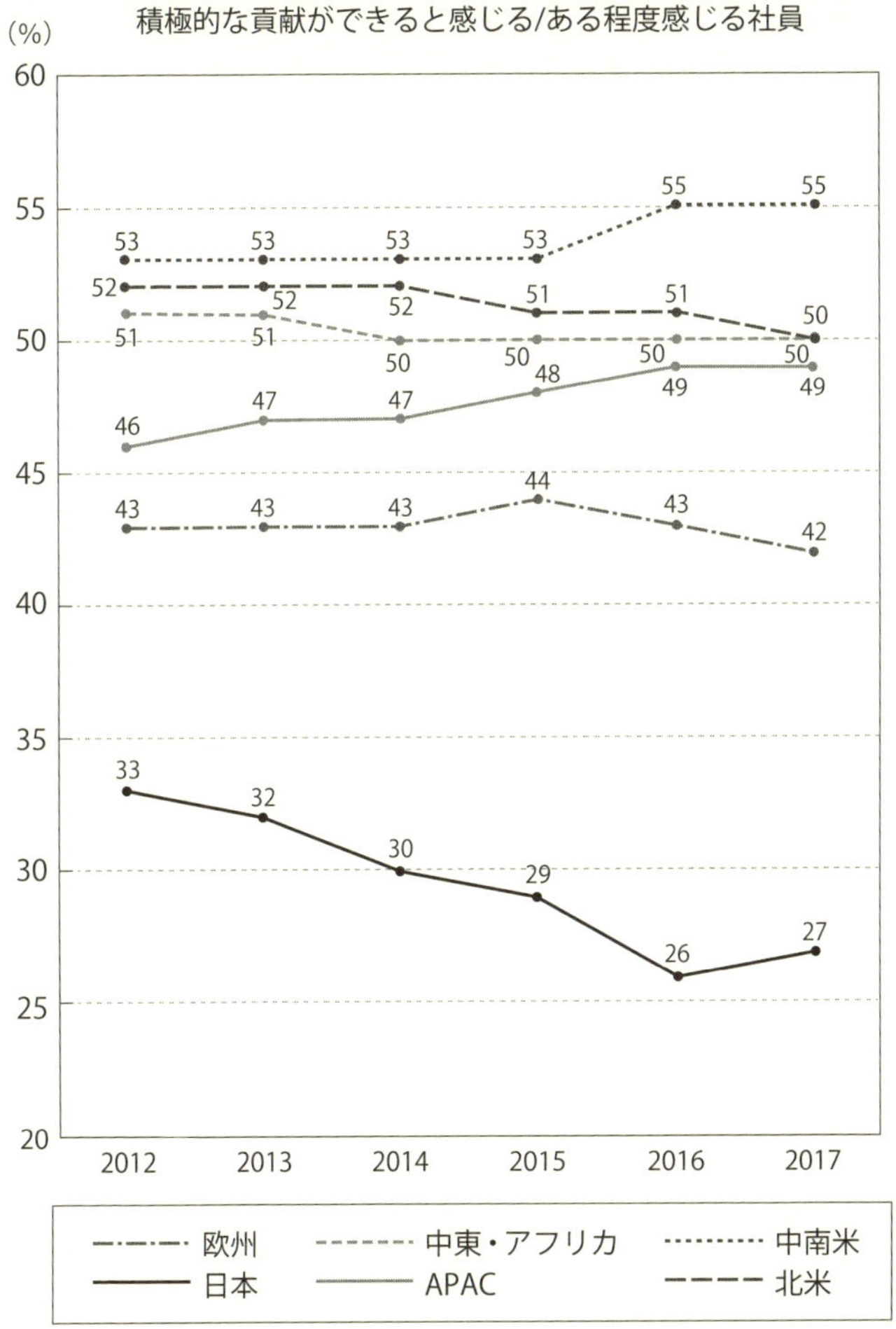

出典：柴田彰『エンゲージメント経営』（日本能率協会マネジメントセンター）

短期志向が成長を妨げ、必死にいまを守る悪魔のサイクルに陥る

英語に"Virtuous cycle and vicious cycle"という言葉がある。virtuous cycleは恩恵を生み出すサイクルであり、vicious cycleは残忍で暴力的、性悪な結果を生み出すサイクルのことだ。日本語では好循環と悪循環となるのだが、私は好循環を「天使のサイクル」、悪循環を「悪魔のサイクル」と呼んでいる。

日本企業は２０００年代からの20年間、悪魔のサイクルに陥っている。１９９０年代の資産不況と戦うなかで、経営者も社員も不良資産と経費の削減に邁進する。その結果、外を見ることができず、世界の潮流を見ることへの関心が薄まり、グローバル化、ラーニングオーガニゼーション、バランスト・スコアカード、ＥＶＡなど組織運営のモデルの大改革の潮流を掴むことができなかった。

そして１９９０年代に学習をしなかったつけを２０００年代以降に払うことになる。ＩＴや人材への投資の抑制が進み、生産性が低下する。低い生産性は成長の足を引っぱるが、成長しなければ規模の経済を失う。その結果、稼ぐ力が停滞する。稼ぐ力が上がらなければ、未来への投資ができない。未来への投資ができなければ、成長は生まれない。

ちなみに、「悪魔のサイクル」という言葉は大前研一氏が１９７３年に出版した処女作のタイトルだ。大前氏はその本で、日本人のよりかかり的ものの見方や考え方、その場の空気に影響を受け、自ら考え、行動し、結果に責任をもつことを避ける状況を描写し、日本の未来に警鐘を鳴らした。その危惧は１９９０年代に的中し、その結果が２０００年代以降の苦境を生み出したといえる。

図表7　継続勤務意向が2年未満の20代社員の割合（2011－2016年）

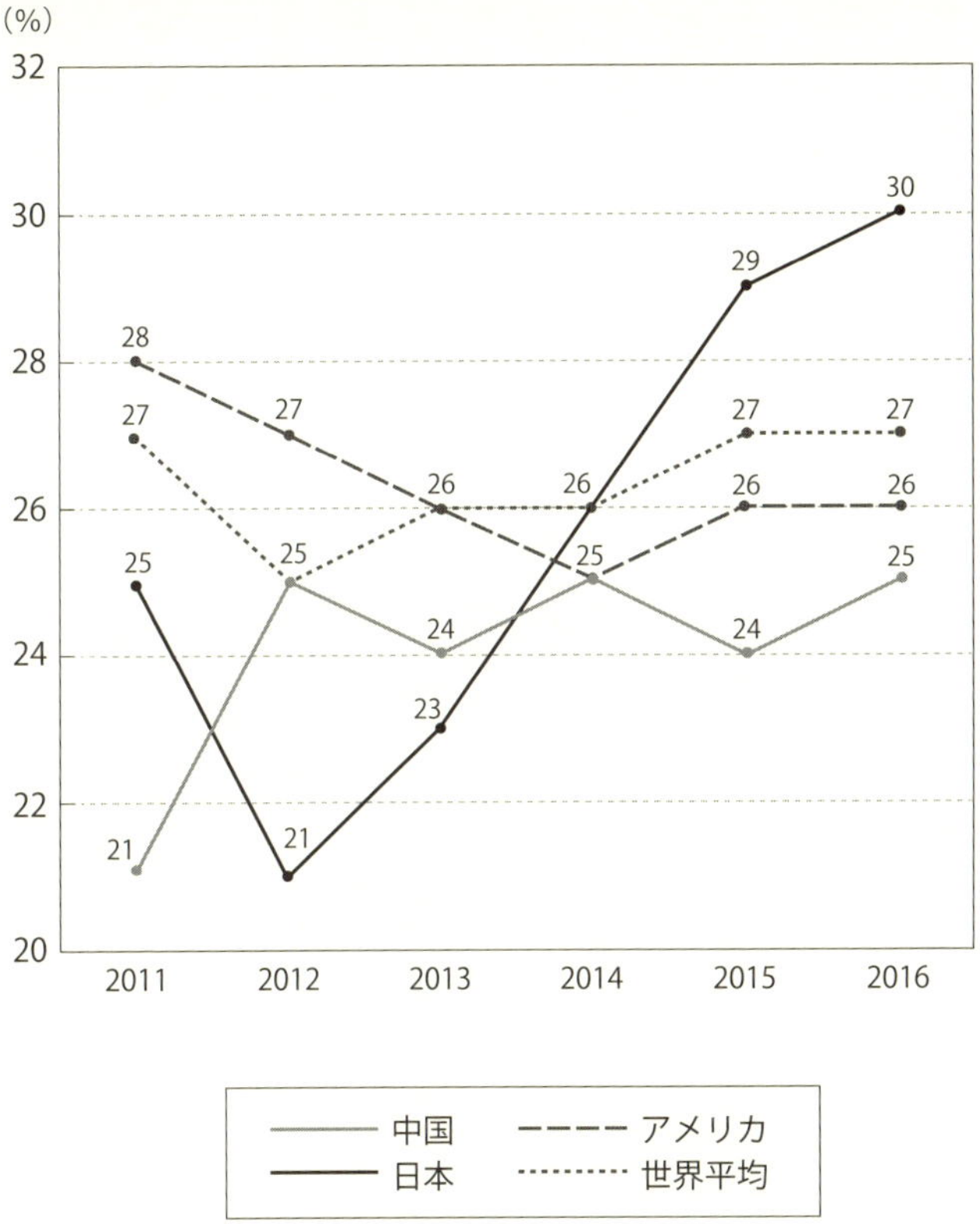

出典：柴田彰『エンゲージメント経営』（日本能率協会マネジメントセンター）

この本の警鐘が１９９０年代に生かされていれば、いまの日本は違った姿になっていたかもしれない。

あのGEもいま苦境に立つ

２０１８年10月１日、米国のゼネラル・エレクトリック（GE）のジョン・フラナリー氏がわずか１年の任期でCEOを退任するとのニュースに接した。GEといえば、トーマス・エジソンを源流とし、20世紀の１００年間、超一流企業として繁栄を続け、世界に君臨した会社だ。GEは財務的な業績の高さだけでなく、優れた経営者の育成機関としても圧倒的な名声を博した。ニューヨークのハドソン河に沿った町、クロトンビルにある研修センターには多くの企業が訪れ、GEから人材育成のノウハウを学ぼうとしたものだ。そのGEの挫折は一企業の問題だけでなく、歴史と伝統を誇る世界のすべての大企業の未来に暗雲が立ち込めていることを予測させるものである。

GEはジャック・ウェルチ氏の統治下（１９８０－１９９９年）の20年間、改革を続け、20世紀最高の企業として称賛された。２０００年に後継者になったジェフ・イメルト氏も"Imagination @ Work"のスローガンを掲げ、GEのイノベーションに挑む。IoTという言葉を世界に広めたのはイメルト氏だった。リーン・スタートアップ（無駄を徹底的に排除した新事業展開）の活動も全社を挙げて展開した。

しかしその後、GEの株価は急落していく。最高値は２０００年の60・8ドル、最安値が２０１８

年の6・7ドルだ。あまりにも下がり続けたので2018年6月20日にはダウ平均構成銘柄から外れる。1900年から100年以上も続いた記録に終止符が打たれたのだ。

カギは組織と人の成長

日本企業は1990年代に改革を怠り、欧米企業は改革を推進したと先述した。しかし、2020年代を前にして伝統的な大手企業は欧米でも皆、次の時代への活路を見出すことができず、苦闘している。

ダウ・ケミカルとデュポンは統合し、それを3つに再分割する荒療治を行っている。ヒューレット・パッカードは往時の輝きを失い、IBM、フォード、GMの株価も低迷している。一時代を築いたゼロックスは存亡の危機にある。ただ、彼らは諦めてはいない。投資家も彼らがかつての輝きを取り戻すことに期待をしている。

そうしたなか、日本では銀行株は衰退産業と見なされ、株価は低迷している。しかし、米国では銀行株は高い地位にいる。製薬業界では高株価の大手企業が多く活躍している。

一方、30年間、短期志向を続け、成長のための改革を怠ってきた日本企業の未来は予断を許さない。株価を維持するため、日本銀行は日本株に投資する上場投資信託の購入を継続し、現在の保有残高は30兆円に迫り、東証一部の時価総額の5％に相当する投資家になっている。日本株投資への現在の最大の株主である年金積立金管理運用独立行政法人GPIF（日本株の6％を保有）と合わせれば、企業の株式の10％超を公的機関が保有し、株価の下支えをしているという構造だ。

1989年の日本の国債残高は281兆円（GDPの76％）だった。それが2019年4月には1325兆円（GDPの250％）に膨れ上がった。企業が成長せず、企業の所得も社員の給与も増加しなければ、所得税が低迷する。それを補うために消費増税が行われ、GDPが伸びなければ消費も伸びず、税率を上げても高齢化で増大一方の歳出を賄うことはできず、国債という政府の借金が増え続ける。ここにも悪魔のサイクルが潜んでいる。

結局、根本的な問題は日本企業の成長力の復活ということになる。これは日本が生きるか死ぬかの戦いともいえるほどのことだ。だからこそ、日本企業は成長のための乾坤一擲の勝負に挑む必要があるのだ。

この戦いの勝敗を決するカギは、バランスト・スコアカードのベースにある「組織と人の成長」に経営者と社員がどれだけ真剣に取り組むかだ。そのためには次章で述べることだが、組織と人の成長を阻む悪魔ともいえるヒエラルキーの負の側面を正しく認識し、克服することが第一歩になる。生きるか死ぬかの戦いに挑むにしては極めて地味な取り組みという印象をもたれるかもしれないが、細心の注意を払い、自社のヒエラルキーにこびりついた垢を除く作業を、意志をもって、継続していく必要がある。

「雨垂れ石を穿《うが》つ」という言葉がある。中国前漢（紀元前206年－紀元8年）のことを記した歴史書『漢書』に記された言葉だ。微力であっても諦めずに継続していけば、いつの日か、その努力が実ることを信じて、日本企業は歩みを進めなければならない。

第2章

ヒエラルキーが生んだ仕事主義

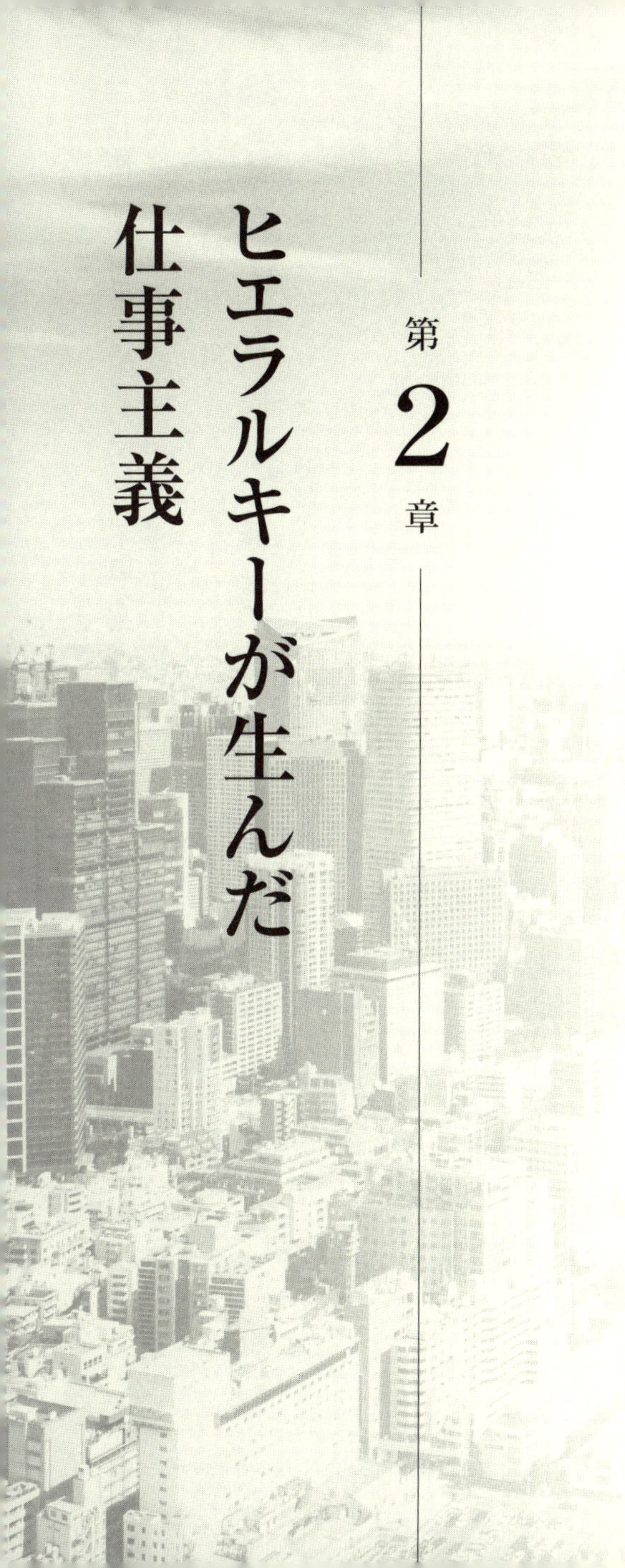

ヒエラルキーが生んだビューロクラシー

私たちが使う言葉には人類の進化とともに歩んだ長い歴史をもつものと、ごく近年に生まれた流行語がある。経済学者ヨーゼフ・シュンペーターが著書『経済発展の理論』（邦訳：岩波文庫）で使ったイノベーションという言葉の歴史は100年、人工知能は50年、インターネットは30年、グローバリゼーションは20年、ソーシャルネットワークは10年だろうか。これらの言葉と比較すると、ヒエラルキーという言葉には悠久の歴史を感じる。

魚類、両生類、爬虫類、鳥類と続く生物進化の最後のフェーズに登場する哺乳類のなかに集団行動をする猿の仲間が生まれる。現時点でその最高の進化系が私たち、ホモ・サピエンス（ラテン語で賢い人）といわれる人類だ。ゴリラ、チンパンジー、ボノボ、さらには人類の別の種で猿人（アウストラ・ロピテクス）、原人（ホモ・エレクトス）、ネアンデルタール人（ドイツのネアンデル谷で化石が発見される）とホモ・サピエンスの決定的な違いは大規模な集団を形成し、その集団の力を活用する能力である。文化人類学者の研究では一頭のボス猿が統率できる集団の規模は最大でも150頭（あるいは150人）程度ということだ。

いまから5万年前にアフリカの北東部を出発した私たちの祖先の集団は約150人、エジプト、中東からインド、アジア、ユーラシアへと放浪し、1万5千年前には狩猟採集ではなく、農耕を始める。このあたりから社会の構造が生まれ、エリートが統治するヒエラルキーが生まれる。ヒエラルキーは、好戦的で放っておけば諍いを起こし、バラバラになる集団に秩序と安定をもたらし、集団の力を発揮させるホモ・サピエンスの生命を維持するシステムだということができる。インドから欧州に移動したホモ・サピエンスが既に進出していたネアンデルタール人を絶滅に追い込んだのは、この集団の力であるという説もある。

ヒエラルキーは集団のなかで皆から一目置かれる人、力があるとみなされる人が高い地位につくことになる。当然、下克上がある。下克上があるため、実力のある順に階層や序列が形成される。

ヒエラルキーを否定することは人類の発展の歴史を否定することになる。よって、ヒエラルキーは守らなければならない。そのうえでヒエラルキーの負の側面を克服するという順番で考えることが重要となる。

ヒエラルキーの負の側面とは、ビューロクラシー（Bureaucracy）と結合しやすく、組織を滅ぼす「仕事主義」という悪性の腫瘍を生み出す可能性のことだ。ビューロクラシーはカタカナで記されずに、「官僚主義」「官僚制」と訳されることが多い（むしろ官僚主義が悪い形に変質した「お役所仕事」と訳すのが適切だろう）。

官僚制は古くは中国の隋の時代の598年に生まれた科挙制度（官吏登用制度）とともに発展した歴史をもつ。欧米ではフランス革命後に生まれる。王権ではなく、法に基づく国家の運営を優秀な官吏が司る制度であり、否定するべきものではない。『プロテスタンティズムと倫理と資本主義の精神』（邦訳：岩波文庫）を書いたマックス・ウェーバーが近代国家における官僚制の意義と効果を説いている。

日本においても1960年代までの高度経済成長期には多くの官僚が活躍している。その後、政治家に転身した官僚は池田勇人、岸信介、佐藤栄作、福田赳夫、中曽根康弘など限りなく多い。ということで本書では「官僚制」という言葉ではなく、「お役所仕事」という言葉を使いたい。日本の高度経済成長に貢献した官僚、中国やシンガポールの優れた官僚に失礼だと思うからである。

ヒエラルキーは技能を伝承し蓄積する

1990年代に「組織のフラット化」という言葉が流行した。トップダウンの執行を強化するという目的と現場の第一線の管理者に責任・権限をもたせるという目的を同時に達成するため、経営トップと現場の管理者の距離を縮めるというアプローチだった。ピラミッド型ではなく、文鎮のような形の組織をつくろうというものである。文鎮型の組織はコンサルティングファームや投資銀行などの比較的小規模で個人力が問われるプロフェッショナル集団にはよく機能する。

しかし、多くの製造業においてはあまり機能しなかった。トヨタ自動車などはフラット化に異を唱えていたほどだ。その理由は、人材の育成ができないからだった。製造業の現場における人材育成はOJTを通じて上司が部下に蓄積した知恵や技を伝承するプロセスが基本だ。いわば、マニュアルを超えたアナログ資産を伝承するものである。

OJTの起源は1910年頃の米国にある。第一次世界大戦が勃発し、米国の造船所では船舶の製造能力を10倍程度に高める必要が生じた。当時の技能訓練ではとても間に合わないため、OJTが開発された。OJTは「勝手にやらせて自分で学べ」ではなく、系統的に技能を開発する手法だ。訓練プログラムの責任者に任命されたチャールズ・アレンという人が専門家の協力を得ながら開発した手法であり、以下のステップが定められた。

●新人を配置し、安心させる：新人が事前に知っていることを確かめ、学習への興味をもたせる。
●作業をして見せる：注意深く、根気よく説明する。キーポイントを強調する。理解をしたかを確認する。彼らがマスターできる限度を越えてはいけない。
●効果を確認する：彼らに実際に仕事をやらせる。彼らにキーポイントを説明させ、実践できるかを確認する。
●フォローする：実際の作業のなかで頻繁にチェックし、常に質問することを求める。誰に質問したらよいかを明確に伝える。

このアプローチは中世以来の徒弟制度（弟子は仕事と関係のない雑務から始め、師匠の補助をし、数十年をかけて師匠の技を盗んでいく）とは全く異なるやり方である。ＯＪＴをしっかり行うためには、上司と新人のヒエラルキーが必要となる。ヒエラルキーのないＯＪＴは徒弟制度に近く、最悪の場合は勝手にやらせるという放任主義になる。

近年ではあまり話題に上ることはないが、日本の製造業やサービス業の人材育成の現場では「5S」という言葉が使われている。５Ｓとは「整理（Seiri）」「整頓（Seiton）」「清掃（Seisou）」「清潔（Seiketsu）」「躾（Shitsuke）」の５つの言葉の頭文字である。現場での改善運動の出発点になる標語である。こうした標語を使って、上司は部下にどのように働くのかを丁寧に教えていく。

伝統のある大規模な組織が安全・安心な商品を安定的に供給し、顧客の信頼を継続するためには、大企業になるまでに蓄積した技と知恵を伝承する仕組みが不可欠であり、上下の師弟関係や序列はその重要な要素なのだ。大企業の優位性は蓄積した技能であり、それを生かすことができなければ、新興企業に対する競争優位を保つことができなくなる。

ヒエラルキーは実行力を生む

ヒエラルキーのもう一つの効用は、大規模な集団が一つの目的を達成するための秩序（諍いを起こさない）と求心力（決まったことは素早く、確実に整然と実行する）にある。

古代ローマの皇帝、アウグストスが西ローマ帝国終焉の5世紀に定めたローマ・カトリック教会はヒエラルキーの力で人種を超えた「世界への布教」という大目的を達成した。そのローマ・カトリック教会ではローマ教皇、枢機卿、司教、司祭、助祭の5つの階層がある。プロテスタント教会では宗派によって違いがあるが、牧師、長老、執事という3階層が一般的である。軍隊では地中海全域を支配した古代ローマ帝国、ユーラシア大陸に覇権を築いた中世の蒙古帝国、いずれの軍隊にも十人隊長、百人隊長、千人隊長という階層があった。

ところで、ピラミッド型組織がヒエラルキーではない。組織図の形ではなく、経営者の決断が実行されるシステムがヒエラルキーである。創業期の企業であれば、経営者のカリスマが実行の力になる。しかし、伝統的な大手企業では経営者のカリスマに依存することはできない。

以前、GEの人事部門で働く幹部の方にお伺いした話だが、GEの強みは経営者の決断を一気呵成に実行するヒエラルキーの力にあるとのことだった。私はGEの人材開発への取り組みに関心をもち、その歴史を見てきた。1986年に始まったワークアウト（不要な仕事をやめる）、ベストプラクティス（世界の最優良企業から学ぶ）、6《シックス》シグマ（顧客起点の業務改革）、GEコンピテンシーの導入と頻繁な変更、リーン・スタートアップなどの活動がセッションCと呼ばれる経営最高レベルの会議の決定をもとに各ラインの長による号令により、ライン組織が短期間で整然と実行する様子を感嘆の想いで見ていた。

日本企業では2000年代前半にトヨタウェイを世界に一気に浸透させるトヨタ自動車のラインの力も強く印象に残る。

ヒエラルキーは階層と規律を求める

ヒエラルキーは階層と序列を求める。階層と序列を定めるうえでの重要な判断は職責の定義だ。職責が適切に定義されないとヒエラルキーの効果や効率は上がらない。通常、職責によるヒエラルキーは次のようになる。

● CEO：事業戦略を策定し、経営資源を配分する。戦略とは戦いを省くことだ。競合のいないホワイトスペース、ブルーオーシャンを見定めることがCEOの職責となる。

● **部門長**：戦術を策定し、実行計画を策定し、進捗を管理する。戦術とはお客様、競合、自社のトライアングルのなかで有利な戦いの技を見極め、成功のカギを定め、それを測定するＫＰＩ（Key Performance Indicator：重要業績評価指標）を定めることである。

- **部長**：担当機能の実行計画を策定し、計画目標を組織に配分し、目標とＫＰＩの達成を管理する。
- **課長**：配分された計画目標を担当者に配分し、目標の達成を管理する。
- **担当者**：計画目標を自らの活動を通じて達成する。

ヒエラルキーとは職責の階層であり、序列だ。ヒエラルキーはすべての社員に職責を果たすという規律を求める。

規律はルールとなり、ルールは人を縛る

ヒエラルキーは規律を求めるが、ルールを求めるものではない。ヒエラルキーの意図とは別に、規律がルールとなる理由は何だろうか。

実はここにヒエラルキーが意味ある形で残るのか、意図しない悪性の腫瘍に体を蝕まれるかの分岐点がある。悪性の腫瘍とはビューロクラシー（Bureaucracy：お役所仕事）のことだ。Bureaucracyは元々はフランス語のBureau（机）から転じて事務所を意味し、煩雑な手続き、多数の書類、無機的で機械的な作業をイメージする言葉である。

規律は標準や原則を示すものだ。ルイス・ガースナー氏がＩＢＭに入社したとき、社員の服装が皆、

濃紺のスーツにマリンブルーのネクタイで統一されていることに驚いた。それは暗黙のルールになっていたようなのだ。もともとの原則はお客様に合わせようということだった。これは意味のある原則といえる。

しかし、お客様がジーンズとポロシャツで仕事をしているのにＩＢＭの社員が濃紺のスーツで訪問するというのは違和感がある。お客様に合わせるのであれば、こちらもカジュアルな服装のほうが合理的だが、当時のＩＢＭの社員はそのようには考えなかった。

日本では大企業の採用シーズンに男性は紺のスーツ、女性はグレーのスーツで面接に向かう光景も暗黙のルールのなせる業なのかもしれない。

なぜ、人は暗黙のルールを好むのだろうか。

その理由の一つが、考えなくてもよいからだ。原則に従うという場合は、抽象的なものを具体的な行動にするために考えることが求められる。ＩＢＭには"THINK"という有名な規律がある。トーマス・ワトソン・ジュニアが工場の正門のアーチに"THINK"という文字を刻んだことは多くのＩＢＭの社員は知っている。しかし、人間は易きに流れるという習性をもっている。

人が暗黙のルールに従うもう一つの理由は、そうすることが無難だからだ。コーン・フェリーの創業メンバーにデイビット・マクレランドという心理学者がいる。彼は働く社員のモチベーションの研究やコンピテンシー理論の構築において卓越した業績を残したハーバード大学の教授だった。マクレランドによれば、働く社員には４つの動機のパターンがあるという。「達成動機」「親和動機」「パワー動機」「回避動機」の４つだ。

「達成動機」は困難に挑戦し、成果を上げたいというもの。「親和動機」は同僚や顧客と良い関係をつくりたいというもの。「パワー動機」は組織や社会にインパクトを与えたいというもの。この3つの動機は組織にとっても良好な結果をもたらす。

しかし、4番目の「回避動機」は良好な結果を生み出すものではない。無難であることを選ぶことは回避動機がなせるものである。

いったん、ルールとして共有されれば、状況に関係なく、同じ姿勢や行動を続けることになる。ルールは手段であったはずだが、ルールが自己目的になる。そしてルールは社員の行動を縛っていく。

働き方もルール化される

ルールが服装を定める程度であればよいが、ルール至上という悪性の腫瘍は転移し、企業活動の全体に蔓延していく。易きに流れ、無難であろうとする人間の弱みを徹底的に攻撃していく。ルールは企業活動の様々な場面で経営者、社員の仕事の仕方を縛っていく。

- 経営会議に上程する案件の選択
- 提案資料の内容、量、構成、書式
- 製品開発の手順、スケジュール、作業の内容
- 製造品質管理の手順、作業の内容、精密さの程度
- 経費の申請、承認の手順

● 営業活動のモニタリングのための情報の内容と報告のプロセス
● 社員の採用に関わる承認の手順
● 業績評価の手順、作業の内容、精密さの程度

暗黙のルールは不文律になる。書かれたルール、つまり成分律であれば変えることができる。しかし、書かれていない暗黙のルールは書き換えることができないから厄介だ。

以下のような不文律があなたの組織に存在していないだろうか。

● **完璧主義**：80対20の法則（80％の成果は20％の作業で可能。100％を目指せば5倍の作業が必要）を無視する。
● **前例主義**：前例を踏襲すれば、成果が上がらなくても許される。
● **減点主義**：成功よりも失敗を少なくするのが得策。
● **やめない主義**：これまでの仕事をやめず、継続する。
● **関与主義**：他人の仕事に関与すれば、評価される。
● **頑張り主義**：結果が出なくても、意欲と物理的努力（時間）を評価する。
● **楽観主義**：悲観的な意見は禁句。ポジティブマインドで批判を封印。

成文化されたルールに上記の不文律が加われば、仕事は無限に増殖し、会社と社員を仕事漬けにしていく。

I am my job syndrome

仕事のルール化が行き着く先はI am my job syndromeである。「私は自分の仕事だけをやる。自分の仕事以外には関心はない。私はルールのなかで仕事をしているので、成果には関心もないし、責任も感じない」という冷めた社員、諦めた社員の増加である。

第1章で紹介したコーン・フェリーが受託している社員意識調査の結果を見るとこのように仕事への熱意を失った社員の割合は2012年が36％、2017年は48％と12％ポイントも増加している（図表8）。この2017年の諸外国の数字は米国26％、欧州33％、中南米22％、中東・アフリカ27％、アジア28％であり、日本の48％は突出した高さといえる。

ヒエラルキーのなかにお役所仕事という悪性の腫瘍が張り付き、増殖しているというのが多くの日本企業の現状だろう。

50年前の日本は、マルクス経済学と近代経済学が緊張関係をもって対峙していた。資本と労働の分離という資本主義のシステムのなかで労働者が搾取され疎外されるという理論から始まった社会運動は、ソビエト連邦、中国、北朝鮮における共産主義体制という形で具体化していた。

一方、資本家の強欲を制御しながら、自由な企業活動によるイノベーションと生産性の向上に期待する近代経済学も経済の成長という果実を生み出してきた。そして1991年12月、ソビエト連邦共産党の解散という形で両陣営の戦いは決着する。しかし、それから約30年を経た現在、日本企業において労働者の疎外というカール・マルクスの亡霊が姿を現していると言わざるを得ない状況にある。

図表8　地域別の社員エンゲージメントの推移（2012－2017年）（やる気のない社員の割合）

やる気のない社員とは仕事にやりがいを感じ、
会社や事業に積極的な貢献ができると感じない／あまり感じない社員

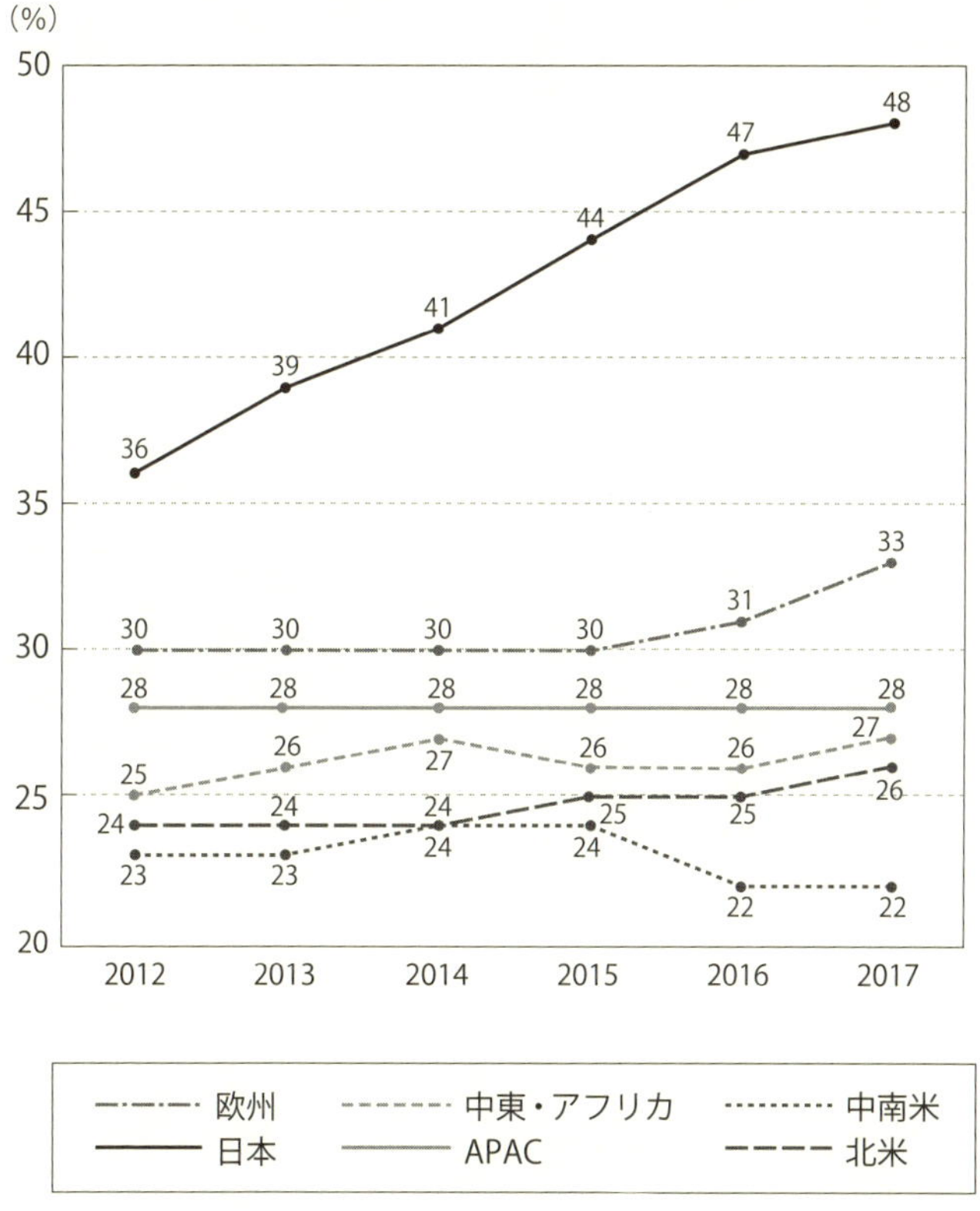

出典：柴田彰『エンゲージメント経営』（日本能率協会マネジメントセンター）

日本では、フランスの経済学者トマ・ピケティが著書『21世紀の資本』（邦訳：みすず書房）で述べた富の偏在は起きていない。経営者の報酬と社員の報酬の格差は小さく、株式で富を得る資本家もごくわずかだ。資本家も大衆も、ともに多大な富を手にできないのがいまの日本の姿だ。

この現状は誰も意図したものではなく、経営者にも社員にも罪はない。しかし、1990年代に学ぶべきことを学ばなかったという不作為の罪はあるかもしれない。

仕事主義と成果主義の闘い

欧米においても、仕事主義は伝統的な大手企業の一般的な病だった。経営者がビジョンと戦略を設定し、組織の階層を通じて実行する、その過程でヒエラルキーとお役所仕事が結合し、社員は指示された仕事をこなすという状態になる。そのため、“I am my job syndrome”などという言葉が生まれた。

1990年代になると、バランスト・スコアカード、リエンジニアリング、ラーニングオーガニゼーションなどの組織改革のアプローチが導入されるが、これらの改革は社員の責任と力量の向上を求めるものだった。社員は指示された仕事をこなすのではなく、経営者のような視点で会社の成果の実現に積極的に貢献することが期待されるようになる。

そうした意味で成果主義は指示された仕事をし、ヒエラルキーのなかで疎外されていた社員を解放するという、明るくポジティブな側面をもつものといえる。機械の歯車になっていた社員、歯車に巻き込まれた社員（「モダン・タイムズ」で描かれたチャールズ・チャップリン）に人間として貢献できるという未来（チャールズ・チャップリンが恋人となった同僚の女性と朝の太陽が照らす道を歩いていく後姿を描写し、この映画は終わる）を指し示すものだった。

やがて成果主義の考え方は日本にも導入される。しかし残念ながら、正しい、本来の形での導入が進まなかった。1990年代の経費節減の時代において、人件費という経費も節減の対象になる。日本企業には職責ではなく、職能に基づいて報酬を支給する職能資格制度という仕組みがあった。しかし、職能の評価は難しく、評価する必要がない年功序列制度に変質していく。年功と能力が相関するのは、未経験の新人が入社してから2年から3年の期間だ。その後は、ほとんどの職務では能力と年功の相関はない。それにもかかわらず、年功の高い社員に高い報酬を支払った結果、報酬がインフレ化するという状態が一般化する。

一方、欧米では成果主義は業績給という報酬制度を生み出す。職責の大きさと成果に応じて報酬を支給するという考え方だ。そして、その前提として、「職責とは何か」「業績とは何か」を社員が理解するための研修が徹底的に行われた。

日本企業の場合、成果主義を導入すれば、人件費を抑制できると考えた。確かに、人件費は抑制されるケースが多かったのだが、この部分が強調されると成果主義ではなく、仕事が値付けされ、仕事主義が助長される残念な結果となってしまう。ヒエラルキーは職責の序列であり、能力や年功に代わる職責という概念を開発する良いチャンスだったが、そうはならなかったケースが多発した。

2004年に『虚妄の成果主義』（高橋伸夫著、日経BP）という本が出版された。この本は成果主義を①できるだけ客観的にこれまでの成果を測ろうと努め、②成果に連動した賃金体系で動機づけを図ろうとする、いずれかまたは両方の試みを成果主義と定義し、一刀両断に否定するものだった。本当の成果主義、などという言い逃れを許さない、迫力のある内容だった。

ただし、この本は業績給を成果主義と定義し、この考え方を社員全員にあまねく適用することを批判している。その限りにおいて、異論はない。しかし、欧米の成果主義は仕事主義に対立する概念であって、日本的な職能資格制度や年功序列に対立する概念ではないことは注意する必要がある。

そのため、「本来の成果主義」という言葉は控えるが、多くの日本企業が業績給を成果主義と定義してしまったことは反省すべきだろう。

武田薬品工業は業績給から入るのではなく、成果主義を導入しようとした数少ない会社の一つだ。これは1993年のことで、導入の目的は高い成果を上げ、武田薬品の株価を3倍にして海外のメガファーマから買収されない会社にしたいということだった。大きな成果に挑むハイパフォーマーがハッピーになる制度をつくることが目的であった。人件費の抑制という目的から入った多くの日本企業とはまったく別の入り口だ。適用の対象は経営者と管理者であり、一般社員にはコンピテンシーをベースとした能力資格制度を維持した。

2004年5月の武田薬品工業の業績は売上が1兆1000億円、経常利益が4470億円という圧倒的な水準を記録していた。株価は5000円を超え、1993年の1000円前後に対して5倍の上昇である。

コンピテンシーに乗り換えた日本企業

日本企業は仕事主義を克服し、成果主義の道を切り開く闘いには参加しなかったといえる。いわゆる成果主義の導入ブームが一段落するとコンピテンシー導入のブームが始まる。

コンピテンシーは、「高い成果を安定的に生み出す職務遂行能力」と定義される。高業績者の行動様式を調査し、その人たちは普通の人と何が違うのかを明らかにしようとする試みである。そして、その違いをモデル化し、模倣することで普通の社員を高業績者にしようというアプローチだ。

しかし、表面的に模倣しようとする試みは意味をもたない。成果主義を実現する手段の一つがコンピテンシーであり、定められたコンピテンシーに沿って行動することが自己目的ではない。

世界の企業は1990年代、日本の企業は2000年代に一斉にコンピテンシーの導入を始める。ほとんどの企業には何かの形でコンピテンシーモデルが存在する。それについて印象に残る会社が2つある。GEとトヨタ自動車だ。

GEがコンピテンシーを導入したのは1986年のことで、ビジネス界では相当に早い段階だった。最初のモデルに示された行動様式は非常に簡潔な以下の3つだった。

- **Simple**：単純でなければ社員は理解できない。理解できなければ実行できない。
- **Speed**：実行するのであれば、早く、速く行動せよ。時代と競争に先駆けよ。
- **Self-confidence**：自信をもて。すべての社員の可能性を信じよう。

ＧＥはコンピテンシーモデルの内容を時代とともに改定していく。巨大な企業において一度つくったモデルを変え、社員に浸透させることは至難の業だがＧＥはその挑戦を続けた。１９９３年のモデルの項目は以下のとおりだ。第1条に「Bureaucracy（お役所仕事）を憎め」とある。

- Have a Passion for Excellence and Hate Bureaucracy（優秀であることへの熱い思いをもて。お役所仕事を憎め）
- Are Open to Ideas from Anywhere…and Committed to Work-Out（どんなアイデアも受け入れろ…そして無駄と非効率を除け）
- Live Quality…and Drive Cost and Speed for Competitive Advantage（質に魂を入れろ…そしてコストとスピードで競争に勝て）
- Have the Self-Confidence to Involve Everyone and Behave In a Boundaryless Fashion（どんな人間も引き入れるだけの自信をもて。そして壁を越えて行動せよ）
- Create a Clear, Simple, Reality-Based Vision…and Communicate It to All Constituencies（単純で明快、リアリティーのあるビジョンをもて…そしてすべての関係者に伝えろ）
- Have Enormous Energy and the Ability to Energize Others（人を鼓舞する圧倒的なエネルギーと能力をもて）
- Stretch…Set Aggressive Goals…Reward Progress…Yet Understand Accountability and Commitment（大胆なゴールを掲げ、…進歩をたたえ、…責任をもってやり遂げよ）
- See Change as Opportunity…Not Threat（変化は機会だ…脅威ではない）

● Have Global Brains…and Build Diverse and Global Teams（地球規模で考えよ…多様なグローバルチームをつくれ）

● GE Leaders…Always with Unyielding Integrity（そしてGEのリーダーは…ゆるぎない高潔を保て）

英語表現はそのまま残し、私の言葉で翻訳した。英語表現は当時のCEO、ジャック・ウェルチ氏の思いが込められた檄文のようになっており、是非、英文を読んでいただきたい。私は多くの企業のコンピテンシーモデルを見ているが、GEの1993年版はそのなかでも秀逸といえる。

GEは2000年以降のイメルトCEOの時代の2004年と2009年に改定を行ったが、2009年が最後となった。コンピテンシーモデルは実在する高業績者の行動だが、2010年代に新たなモデルが策定されなかったのは模範になる高業績者はもはや存在しないという判断があったのだろう。

2015年にGEビリーフ（信念）が策定されるが、これはGE社内の高業績者の行動を集約したものではなく、GEが生き残るためにはこうありたい、という期待を表明するものであり、コンピテンシーモデルではない。

トヨタ自動車は2001年、「トヨタウェイ」を発表する。そして社員に求める具体的な行動として10ディメンションというコンピテンシーモデルを策定する。これは20年変わらず、世界の多くの地域で使われている。そのエッセンスを私の言葉で語ると次のようになる。

●問題の真因を探せ。真因を見つけたら喜べ
●真因を見つけても取り組む前に全体を見ろ
●問題を横に共有せよ
●問題を見つけた当事者が解決のリーダーになれ
●解決するまで戻ってくるな
●良い仕事のプロセスをつくれ
●あなたの判断に部下を参加させよ
●そのうえで部下の業務を定めよ
●毎日、フィードバックをせよ
●そうすれば人望あるリーダーになれる

成果主義の導入への闘いの本質は、著書『虚妄の成果主義』のなかで高橋伸夫教授が批判された業績給ではなく、成果を上げる力量の開発である。そのように考えれば、コンピテンシーモデルの作成はその一つのステップに過ぎず、より根本的な闘いがある。仕事主義が勝利すれば、社員は成果を求めることをやめる。

そうなれば、成果を上げるための行動様式は意味がなくなるのだ。なすべきことは仕事主義との対峙である。

この根本的な闘いに挑んだ企業は多くはない。ゆえに、ＧＥとトヨタ自動車はこの闘いに参加した

数少ない企業であるといえるのだ。

GEには「ポストは問題を解決するために存在する」という言葉がある。問題がなくなれば、ポストがなくなるということだ。社員は一生懸命に問題を見つけ、解決するための方法を考え、その結果として仕事が生まれるということである。トヨタ自動車にも「現地現物」という問題発見を求める言葉がある。GEやトヨタ自動車では、社員は問題の発見と解決のプロセスにおいて、コンピテンシーを発揮する機会を得るのだ。このような場が提供されない組織においてはコンピテンシーモデルは無用な長物となる。

仕事主義はサイロの文化を生み出す

サイロとは、放牧する牛の餌になる牧草を貯める石やレンガでできた円筒型の貯蔵施設のことである。冬場に備え、飼料を生に近い状態で貯蔵することが目的である。その後、牛の餌だけではなく、小麦・とうもろこし・大豆など人間の食糧も貯蔵する倉庫になった。工場で粉や粒体の材料や製品を包装する前に貯蔵するタンクや、敵の攻撃からミサイルを守るための地下格納倉庫もサイロと呼ばれる。サイロの共通の特徴は窓がない施設であるということである。

仕事主義とは自分の仕事にしか関心をもたず、仕事の成果や自分の周りの仕事に関心を寄せない文化のため、外を見ないことになる。欧米のビジネス界では、そのような文化を円筒形の筒にたとえて「サイロ化」と呼ぶようになった。

日本では北海道を除くと平野が少なく、牛の放牧は進まなかった。むしろ、四方を海で囲まれた島国であり、漁業が発達したため、サイロ化に代わって「蛸壺《たこつぼ》化」という言葉が使われた。蛸壺は昼寝をするタコの住処だ。

組織がサイロ化や蛸壺化になれば、ヒエラルキーのなかでの指示や情報の流れに目詰まりを起こすことになり、ヒエラルキーが機能不全に陥る。上位下達の流れも伝言ゲームのように、経営トップの意図が現場に伝わらないということになる。逆に、現場からのフィードバックは経営トップに届かないということにもなる。

サイロ化は企業不祥事の温床であり、顧客価値の創造とイノベーションを阻む強大な敵だ。近年、日本のいくつかの歴史のある大企業で起きている不祥事は、部署で行われていることが部署の秘密になり、気づかないうちに病巣が拡大するサイロ化が一因にあるのではないだろうか。

また、部署のサイロ化は企業全体のサイロ化に繋がり、時代の潮流であるオープンイノベーションの遂行を不可能にする。部署は同質化し、多様性を排除し、イノベーションの遂行を阻む。サイロ化には全くメリットはないが、残念ながら多くの企業にはびこり、増殖する悪性の腫瘍のような存在である。

サイロ化や蛸壺化はヒエラルキーを機能不全にするだけでなく、組織部署の縦方向、横方向の連携を妨げる。部署間の情報共有が遅れ、経営トップの目的や意図を実行する組織全体の整然とした行動を阻害し、目標の達成を遅らせ、未達の状態をつくり出すのである。

鉛筆の芯は黒煙という物質でできている。炭素原子6個が平面的に六角形に結びついているのだが、結合力が弱く、すぐに剥がれていく。鉛筆はその特性を使った道具である。

しかし、同じ炭素原子でできているダイヤモンドは天然の最も堅い物質である。炭素原子が平面的（二次元）でなく、立体的（三次元）に結合しているからだ。ヒエラルキーの本質は求心力であると述べたが、それが実現できていれば、日本企業は組織として結束して経営が求める目的と目標を達成できたはずである。

シャープなヒエラルキーを守る、職責の階層が適切に設計され、お役所仕事との結合を注意深く排除し、実力ある人材が職責を担うという状態を守る決意が日本企業の成長を復活する最初の関門だ。

サイロ化はゆでガエル現象を起こす

ヒエラルキーにお役所仕事が寄生することを阻まなければ、最後には「ゆでガエル現象」という企業の死を招く病に至る。ゆでガエル現象とは英語でFrog in the boiled waterと呼ばれる。日本語と英語で全く同じだということは興味深い。カエルは世界で6500種が存在し、水辺があればどこでも生息する。世界地図でカエルの生息地域を調べるとアフリカのサハラ砂漠、中東のアラビア砂漠、北極と南極以外、水辺のあるところにはすべてに生息している。だから世界中で同じ表現が使われるのだろう。

「ゆでガエル現象」とは、カエルを水の入った鍋のなかで泳がし、少しずつその水を温めていくと鍋から飛び出す機会を逸し、ゆで上がってしまう現象だと先述した。ゆるやかに、漸進的に進む変化は変革の機会を失わせる。日本の過去30年を振り返ると、百貨店、総合スーパー、銀行、電気・電機、自動車等の業界では数年前まで、大きな変革が進まないまま、現在に至る。経営者も社員もサイロのなかに入り、組織として結束して動くことができなくなったのだ。

日本企業固有のヒエラルキーがもつ圧力

ヒエラルキーは職責に基づく序列を求めるものだが、日本企業では序列がもつ圧力が欧米企業と比較して大きいという特徴がある。

第二次世界大戦後の日本経済の高度成長の結果、終身雇用と年功序列が生まれる。企業の成長の結果、社員はその企業に働き続け、気がついたら一生その企業に勤めていた、ということになる。終身雇用と年功序列は高度経済成長の原因ではなく、高度経済成長のなかでの企業の長期間にわたる成長の結果として終身雇用と年功序列が生まれたというのが実際のところだ（明治・大正時代には終身雇用も年功序列もなかった）。

また、日本企業の成長の中心は製造業だったため、年功は技能に相関する。したがって、年功に基づく序列が意味をもつ。その結果、日本企業において、ヒエラルキーは次第に職責の序列であるだけでなく、身分による序列という側面が加わり、序列の圧力が高まることとなった。

身分による序列はインドのカースト制度、日本の江戸時代の士農工商などがある。身分制度の特徴は、序列の固定化と実力主義の否定である。

多くの日本の大企業にはもう一つの特徴がある。大きな本部スタッフ組織の存在だ。スタッフ組織はヒエラルキーの階層には入らない。ヒエラルキーはライン組織に特有のものである。しかし、実際は経営幹部と現場の部門との間にスタッフ部門が介入し、ヒエラルキーが重層化されているという状況がある。

よって、ラインとスタッフは峻別して考える必要がある。経営企画部や財務部は経営者のスタッフだが、これらの部署が経営者とラインの間に入って調整を始めると面倒なことになる。GEのジャック・ウェルチ氏がCEO就任間もない1882年に経営企画部を解体したのは慧眼だった。当時の経営企画部には200人ものハーバード大学やペンシルベニア大学ウォートンスクールの経営大学院を卒業した優秀なスタッフがいた。

日本企業におけるヒエラルキーには職責の序列に身分による序列が混合し、さらにヒエラルキーのなかに本部スタッフ組織が介入し、ヒエラルキーの圧力が高いという特徴がある。その結果、上位下達の力が高まり、社員は指示に従う、そして仕事主義の文化が強化されるという状況があるのだ。

昨今の誰もが知る一流企業の現場で発生した品質データの改ざんや不適切な会計処理の問題は、生産性の向上や利益の確保が至上命題になり、現場は企業のあるべき姿や理念を忘れ、仕事だけに没頭したことが背景にある。日本企業におけるヒエラルキーの圧力をあらためて印象づける事件ともいえる。

近年、「働き方改革」のスローガンのもとで勤務時間の短縮が強制的に進んでいるが、強制せざるを得ないほど仕事主義の文化が岩盤のように存在する。

そうした意味で、働き方改革の趣旨が達成されるためには仕事主義を退治し、成果主義の文化を開発することが本質的な挑戦テーマとなろう。

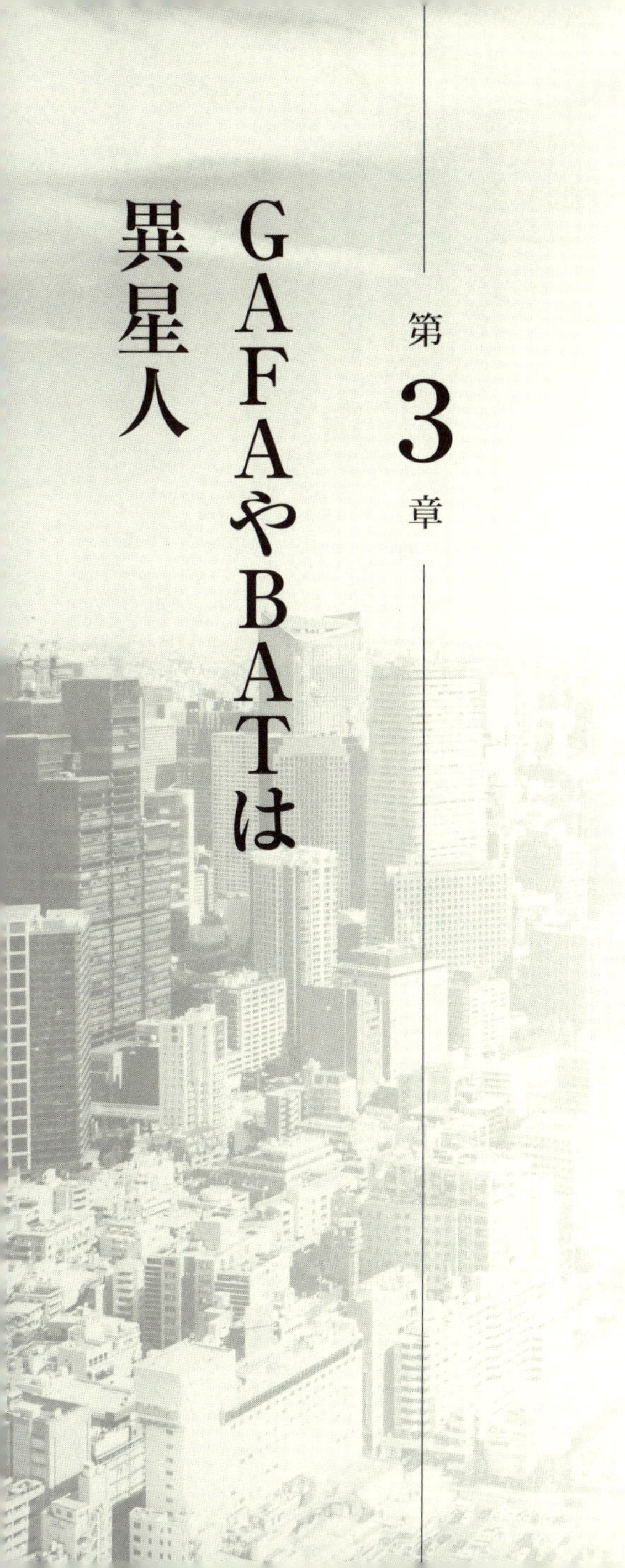

第3章

GAFAやBATは異星人

第一次異星人の到来、コンピュータ業界の1990年代

ＧＡＦＡは米国のグーグル、アップル、フェイスブック、アマゾンの頭文字から、ＢＡＴは中国のバイドゥ、アリババ、テンセントの頭文字から取った言葉だ。伝統的な大手企業は時代の変わり目に常に新参者の攻撃を受け、敗退するという歴史を繰り返してきた。

20世紀の１００年を見れば、時代の変わり目は技術の変わり目だった。20世紀の前半は、石油を採掘し活用する技術が世界の産業を塗り替えていった。石油から繊維やプラスチックをつくる巨大な石油化学産業が生まれ、石油が蒸気に替わるエンジンという内燃機関のエネルギー源になることで発電や自動車産業、航空機産業が飛躍した。

20世紀後半は電子データを貯め、加工し、計算し、意味ある情報を生み出すコンピュータ産業（電子計算機と言ったほうが正確かもしれない）で大きな変革が進んだ。

そして、従来の電信・電話網に代わるインターネットの商用化、電子よりもさらにミクロの物質である量子の性質を利用するコンピュータの開発が進む２０２０年代に入るいま、習得され蓄積する情報そのものが資源としての石油の地位を代替しつつある。

こうした変動のなかで伝統的な大手企業は、新たな技術を先取りした新興企業の攻撃を受けてきている。

世界で最初に人々が目にしたコンピュータは１９４５年、米国のペンシルベニア大学で開発されたＥＮＩＡＣ《エニアック》であるとされる。弾道計算に使うという軍事的な目的で開発されたのだった。約１万７５

００本の真空管を使用し、床面積は１００平方メートル、重量は30トンという代物だった。

それから30年後の１９７４年、私は同じペンシルベニア大学の経営大学院であるウォートンスクールに留学するが、最初の必修コースがプログラミング言語のＦＯＲＴＲＡＮ《フォートラン》の学習だった。入力はパンチカードで行うので、相当の手作業が必要だった。このコースをパスしないと次の学科に登録できなかったため、プログラミングとは何かの初級編を知ることができた。

さらに15年後の１９８９年に東芝が世界発のノートパソコン「ダイナブック」を発表する。30トンの初代コンピュータはついに膝の上に乗る小型で軽量なものになった。同年、パソコン通信がインターネットに繋がる。

コンピュータ業界の１９９０年代は伝統的な大手企業が新興企業に攻勢を受けた時代だった。ＩＢＭ、コントロール・データ・コーポレーション、バロース、ハネウェル、デジタル・エクイップメントなど大型や中型のコンピュータを製造してきた大企業が巨象に群がる蟻の群れのような集団「グリーン・フィールド・コンペティター（草原の競争企業）」に襲われはじめた。デル・コンピュータ、コンパック、ゲートウェイ２０００、サン・マイクロシステムズ、オラクル、アップル、マイクロソフトなどだ。

コンピュータ業界以外では、小売り・流通業界にも大きな変化があった。

アーカンソー州ベネトンビルという田舎の村（住人4万人）に本社を置くウォルマートは小さな田舎のスーパーマーケットだった。１９８０年、日本のダイエーの売上が1兆円に達したとき、ウォルマートの売上はその5分の1の２０００億円だった。それが１９９０年には3兆円、２０００年には

9兆円へと成長する（現在では50兆円を超えている）。シアトルの靴屋からスタートしたノードストロームという百貨店もサービス力を売り物に急成長する。

一方、流通の星といわれたシアーズ・ローバックは業績が悪化し、シカゴにあるシアーズ・タワーと呼ばれた豪華な高層ビルの本社を売却する。業界は異なるが、世界の翼といわれたパンアメリカン航空も消滅した。ニューヨークのマンハッタン、パークアベニューの44丁目にそそり立つパンナム・ビルはニューヨークの観光名所にもなっていた。ゼネラルモーターズ（GM）は破産寸前まで追い詰められていた。GMにとっての「グリーン・フィールド・コンペチター」はトヨタ、日産、ホンダだった。

伝統的な大手企業を追い詰めた新興企業は、大都市ではなく地方を拠点にしていた。当時のシリコンバレーは現在のベイエリアではなく、サンフランシスコから国道101号線を60分ほど南下する赤土色の大地だった。マイケル・デル青年が19歳で起業した創業期のデル・コンピュータはテキサス州のオースティンという小さな町に本社があった。新興企業は地方にあることに加え、伝統的な大手企業の立派な本社とは比較にならない、小規模でみすぼらしい建物が特徴だった。

また、新興企業は内面においては社員や顧客に対するSuper ordinary goal（普通ではないゴール）を目指すというこだわりがあった。ウォルマートは“Everyday Low Price”と言いながら、新聞の広告では商品ではなく、社員の笑顔を掲載するという社員のエンゲージメントへのこだわりを示した。ノードストロームは顧客の要求は必ず受け入れるなど伝説になるサービスをつくり、サービスを商品にすることに挑戦していた。

ＩＢＭは新興企業を撃退する

こうした異星人の攻撃を受けた伝統的な大手企業は覚醒し、改革に取り組む。ビジネス界だけでなくアカデミアも奮闘した。米国のアカデミアは日本と比較するとビジネス界との関わりが深い。ビジネススクールの高名な教授は企業のアドバイザーやコンサルタントを引き受けていることが普通だ。1990年代は特にアカデミアの人々が理論的な支柱になった。それにより、第1章で述べたバランスト・スコアカード、リエンジニアリング、ラーニングオーガニゼーションなど組織運営のあり方に関する抜本的見直しが進んだ。

同時に、これまでの国際化や多国籍化とは異なるグローバル運営が急速に進み、企業の生産性や効率の向上に貢献した。伝統的な大手企業は第二次異星人の攻撃をこうして凌いだのだ。

特にＩＢＭの改革は米国の歴史に残る企業再生ストーリーとしていまでも語り継がれている。1980年代までのＩＢＭは「コンピュータ業界の巨人」と呼ばれ、すべての企業が仰ぎ見る存在だった。そのＩＢＭが1990年代に入ると急速に失速し、1991年には4千億円の赤字を計上する。コンピュータのダウンサイジングの波に飲み込まれ、巨艦ＩＢＭも沈没の危機に遭遇したのだ。

そのとき、ＩＢＭの取締役会は大きな決断をする。当時のＣＥＯであったジョン・レイカー氏の後任にＩＢＭの歴史上、はじめて外部の人材であるルイス・ガースナー氏をＣＥＯに招聘したのだ。当時の米国の伝統的な大手企業は日本企業と同様、終身雇用が前提でＣＥＯは内部昇格が通例だった。

彼はマッキンゼーでコンサルタントを経験し、その後はアメックスのＣＥＯ、ＲＪＲナビスコのＣ

ＥＯを務めるプロ経営者だった。しかし、ＩＢＭ入社当初は散々の評判だった。ナビスコの主力商品の一つがポテトチップスであったため、「ガースナーはポテトチップスと半導体のチップが区別できるのか」などと揶揄した新聞記事が出たほどだ。

そうした外部の声に耳を傾けることなく、ガースナー氏は矢継ぎ早にＩＢＭの改革策を展開していった。その主なエッセンスが以下に示すものだ。

●ビジョンの封印

就任会見で大向うをうならせるビジョンは発信せず、最初の2年間は止血とキャッシュフローの維持に集中した。

●会社の分割はせず

ＩＢＭがガースナー氏を招聘した理由は彼がナビスコで事業の分割による構造改革を効果的に進めたことがある。ＩＢＭも会社を分割し、小さな企業として新興企業に立ち向かうのではないかと憶測されたが、ガースナー氏はこの考えを却下する。

●総合力に活路を見出す

分社化ではなく、「総合力」がＩＢＭ再生の活路とした。しかし、総合という名称をつけてうまくいく例はほとんどない。しかし、ガースナー氏は「ＩＢＭのようにすべての機能、すべての地域をカバーしている会社はない。ＩＢＭは世界で唯一の存在である。この力を総合し、顧客に最高のサービスを提供できればＩＢＭは生き残れる」とし、「IBM means service の原点に戻ろう」と総合力に活路を見出す。

●マトリクス運営に挑む

総合力を生かすとは、企業がもつすべての資産や能力を価値ある形で顧客に提供することだ。そのためには「地域軸」「顧客軸」「機能軸」の３つがマトリクスになって連携する必要がある。例えば私がアメックスの日本法人を担当する営業担当だとする。私がいつも時間を共有する上司は日本法人の営業部長になる。しかし、アメックスは米国の会社のため、米国にはアメックス全体に責任をもつ上司がいて、この上司にも報告する必要が出てくる。そのうえで、お客様には商品、システム、サービスを提供するので、それらの機能の長にも報告が必要になる。さらには契約のコンプライアンスに責任をもつ法務部長、価格や契約条件に関わる財務部長との関係も重要である。様々な利害関係者が存在し、利害が複雑に絡み合う組織運営であり、常識的には運営は不可能だ。

ガースナー氏はこの難しい組織運営に挑み、それを実現した。『巨象も踊る』（邦訳：日本経済新聞出版社）という回顧録のなかでその挑戦を語っている。自分が社員に向けて書いたメールの長文の文章までこの本には掲載されている。メッセージの最後の文章が印象的だ。

「マトリクスを信奉してほしい。マトリクスと戦わないでほしい。」

マトリクス運営の詳細については「第９章　本社・本部の解体」で説明する。

●組織ケイパビリティの開発

「組織ケイパビリティの開発」という言葉はガースナー氏がＣＥＯに就任してから数年後に策定したコンピテンシーモデルのなかに含まれている。組織ケイパビリティという言葉はあまり馴染みのない言葉かもしれない。実際、日本企業の経営幹部研修プログラムや日本のビジネススクールの講座目録を見ても、企業成長の原動力となる組織能力を表わすこの言葉は見当たらない。しかし、これが日本企業の成長鈍化の根本的な原因である。「第8章　成長のための組織ケイパビリティ」で詳しく説明する。

ＩＢＭはマトリクス運営を可能にする組織ケイパビリティの開発という極めて難易度の高い組織改革を成し遂げ、１９９０年代後半から２０００年代前半にかけて驚異的な業績の回復を実現する。１９９６年には２０００億円の規模であったソリューション事業は２００４年に４兆円に飛躍した。世界の歴史に残る組織改革の成果となった。

日本企業も米国企業にとっての異星人だった

日本の品質管理の父と呼ばれるエドワード・デミング氏の名を冠した、ＴＱＭ（総合的品質管理）の優秀企業を賞するデミング賞の第1回受賞企業は富士製鐵、八幡製鐵、昭和電工、田辺製薬の４社だった。１９５１年のことだ。その後、多くの日本企業が同賞受賞に挑戦する。

１９７０年には同賞受賞後に継続的にＴＱＭ活動を推進した世界最優秀企業を称える大賞が設けられ、その第1号がトヨタ自動車だった。同社の持続的改善はその後、“Continuous Improvement”と翻訳され、日本企業の競争力の源泉といわれた。

そして１９７０年代から１９８０年代にかけて、日本車は米国市場を席捲していく。デトロイトでは米国の労働者が大きなハンマーで日本車を叩き壊す光景がテレビで放映され、日本でも話題になった。米国のビッグスリーといわれたGM、フォード、クライスラーにとっては日本の自動車会社は異星人に映った。

そうしたなか、ロナルド・レーガン米国大統領は1983年、産業競争力委員会を設置する。ヒューレット・パッカード社のCEOであったJ・A・ヤング氏が委員長となり、国際競争力強化の検討を本格化する。1985年に提出された報告書には*"Global Competition The New Reality"*というタイトルがつけられ、欧州や日本企業との比較で米国製造業の競争力が低下し、それが貿易赤字と財政赤字の主たる要因であることが記された。

このように日本企業の製造品質の高さが示され、戦後間もない時期に日本でその指導を行ったデミング氏が突然、米国本国で脚光を浴びることになる。

デミング氏は80歳代の高齢になっていたが、全米のセミナー会場で講師として登壇し、専門スタッフが行う検査ではなく、現場発のボトムアップの改善運動の重要性を訴える。そして、米国は日本の水準に急速にキャッチアップするだけでなく、日本を超える活動を始める。日本企業の品質管理は製造部門が中心だが、顧客を起点にすべての機能や部門を横断するTQC（全社的品質管理）を始める。

さらに、部門や現場のレベルを超えた「経営の品質」を重視するマルコム・ボルドリッジ国家品質賞を制定する。これは、企業文化、人材、リーダーシップなど組織能力の総合的な開発が重要であるという考え方に基づいて制定された賞だ。

米国は「日本にできて、なぜ我々はできないのか」と考え、素直な心で改革を進め、1990年代には日本を追い抜いていく。

デミング賞は現在も続いているが、2000年代以降はインドやタイなどの外国企業の受賞が大半となり、日本企業の名が姿を消した。

第二次異星人が広告と小売業界で猛威を振う

第一次異星人の到来は米国企業を覚醒させ、伝統的な大手企業は異星人を撃退することができた。それには2つの理由があると考えられる。

一つめの理由は、ハーバード・ビジネス・スクールのクレイトン・クリステンセン教授が著書『イノベーションのジレンマ』(邦訳：翔泳社)で指摘しているように、新興企業は伝統的な大手企業が機能の高度化を目指すなかで見落とす顧客の基本的なニーズ、例えば安価で簡単に扱える良品や最低限必要な基本的機能に集中したことが奏功した。自動車であれば、豪華な高級車ではなく、小型で安価、良い品質の車という基本ニーズだ。実は、クリステンセン教授がこのことを主張する以前から明確に主張されていたのが大前研一氏だ。彼は1980年代の初頭、「なぜ、日本車が米国で売れるのか」というテーマの世界各国で行った講演でこのことを伝えていた。欧米人が聞き入る巧みなユーモアと冗談を交えたスピーチで脇に座る私も鼻が高い思いをしたことを覚えている。

IBMはパソコンの基本ソフトの開発は外部にまかせればよいと考え、マイクロソフトに巨大な潜在市場を明け渡した。ある意味で、伝統的な大手企業の油断や慢心が真因だった。したがって、1990年代に経営の品質、組織運営のあり方を抜本的に改革することで苦境を脱することができたのだ。

もう一つの理由は、伝統的な大手企業がもつ、規模の力を生かすグローバル運営というフロンティアがあったことだ。業務運営をグローバルに標準化し、個々の地域の部分最適ではなく、全体最適を追求することで規模の経済を生かし、生産性と効率性を向上させる道があったということだ。1980年から1999年までのGEのジャック・ウェルチCEOが主導したGEの繁栄をもたらした経営改革の中心は「生産性の向上」だった。

2000年代に始まる第二次異星人の襲来は、第一次異星人とは異なる側面をもっていた。それは伝統的な大手企業が全く想像しなかった新たなスペースに異星人が襲来したことだ。自らに痛みを感じる攻撃であれば人は反応するが、全く異なる未開の場所に彼らは襲来したということである。

グーグルが世界の図書館の情報を集め、世界の地図を電子化したとしても、IBMにとっては「それはなんだ？」ということになる。ニューヨークやシカゴ、デトロイトなど大都市ビジネス経済圏が攻撃を受ければすぐに反撃に出るだろうが、ロッキー山脈の麓でおかしなことが起きていると言われても伝統的な大手企業は行動を起こさないだろう。

アマゾンの誕生はリアル書店にとっては脅威となったが、本は扱わないウォルマートにとっては脅威とは感じられなかった。アップルがiTunesによる音楽配信を始めたとき、ソニーにとっては想像したくない世界だった。自らがもつ、音楽の著作権が脅かされることになるからだ。人間は弱い存在で人とつながらないと不安になるという心理的なスペースに事業機会を創造するフェイスブックのような会社は伝統的な大手企業のなかにはなかった。

伝統的な大手企業の経営者や社員は事実を集め、分析し、ロジカルに構想することに力を発揮するが、未来を想像し、何かを感じる直感は別のものである。

第一次異星人の襲来には、伝統的な大手企業はすぐに反撃できた。しかし、第二次異星人の襲来には、彼らが暴れまわる様子を傍観するしかなかったというのが実際のところだった。第二次異星人は、小売業界や広告業界の業界構造を大きく変えるほど、衝撃的な影響が及んだ。

全く異なる彼らの働き方

第1章で2018年末の世界の企業の時価総額のランキングを紹介した。**図表5**（91ページ）を参照してほしい。トップ10にアップル、アマゾン、アルファベット（グーグルの持株会社）、フェイスブック、アリババ、テンセントが入っている。現状ではGAFAやBATが優勢だ。

これらの会社には「はじめに」で紹介した独特の特徴がある。重要なことなので再掲する。

1. **PDCAではなくDCPA**：まずはやってみて、様子を見る。そのうえでしっかり計画し、本格的に取り組む。※PDCA：Plan（計画）、Do（実行）、Check（評価）、Act（改善）
2. **SWOTではなくOTSW**：機会と脅威を見出し、そのうえで競争企業を見る（場合によっては見ない）。※SWOT：Strength（強み）、Weaknesse（弱み）、Opportunitiy（機会）、Threat（脅威）
3. **顧客Centricではなく顧客Eccentric**：尋常ではない、狂ったような顧客起点。ゴキブリのように顧客の周りを徘徊する。

4．**「分析とロジック」ではなく「感性」**：分析とロジックはＡＩに代替される。差別化は「感性」から生まれる。

5．**「こだわり」を捨てるな**：顧客の声をすべて受け入れれば、味気のないものになる。自分のこだわりを持て。

6．**ターゲットとKPIは別**：売上、利益、顧客満足などのターゲットではなく、ターゲットに繋がるKPIを明らかにせよ。

7．**パワーポイントを廃止する**：美しく厚いパワーポイント資料の作成は深く考える力を損なう。A4一枚のワードでシャープなストーリーを書け。

8．**イノベーションは結果**：世の中は非常識に流れる。顧客と社会の課題に素直に向き合えば、結果としてイノベーションが生まれる。

9．**技術を忘れろ**：大切なのは課題の想像力。課題を解決できる技術をもつ個人や企業とのネットワーク。

10．**人を責めるな、プロセスを責めよ**：良いプロセスが先決。良いプロセスは良い結果を生む。悪いプロセスのなかでは人の努力は無益に終わる。

11．**ヒエラルキーではなくプロジェクト**：固定したヒエラルキーは無用。ポストは課題解決のためにある。ポストありきではない。

12．**80：20のルール**：大方のことは80％の完成度でよい。１００％を目指せば5倍の労力がかかる。

13．**仕事の棚卸**：仕事は無限に増殖を続ける。仕事の棚卸を行い、本当に価値ある仕事に集中せよ。

14．０－１、１－10、10－１００：イノベーションには０－１、１－10、10－１００のステージがある。ステージごとに必要な人材は異なる。

15．採用力がすべてを決める：採用は社員全員の仕事。人事だけの仕事ではない。採用を科学せよ。採用のチャンピオンを称えよ。

16．評価よりも評判：業績評価は一時のもの、過去を振り返るもの。大切なのは未来に向けて何ができるかの評判。

17．多様性は目的ではなく結果：本当の実力主義を進めれば、多様性が結果として生まれる。

18．決断力ではなく修正力：１００％正しい決断はありえない。「おかしい」と言うことができ、修正できる風土が大切。

19．全体最適ではなく部分最適：全体最適は平均化を生み、個々の事業の競争力を損なう。

20．企業文化の劣化：企業文化は常に劣化する。社員の仕事は劣化を必死にくい止めること。

私はこの20の特徴のうち、最も大切なのは「ＰＤＣＡではなくＤＣＰＡ」ではないかと思う。成長をやめた大企業の共通の特徴は、「過剰に精緻な計画」とそれを支える「見事に美しいパワーポイントの資料」だ。グーグルの成長をリードしたエリック・シュミット前ＣＥＯの著書『How Google Works』（邦訳：日本経済新聞出版社）の第２章のタイトルが面白い。Strategy－Your plan is wrong（戦略――あなたの計画は間違っている）というものだ。最初のパラグラフを私なりに翻訳して引用しよう。

「読者の皆様の事業や業界の内容はわからない。だからどのようにすれば良い事業計画をつくれるか、を教えることはできない。ただ、１００％の自信をもって言えることは、もし、あなたが事業計画をもっているのであれば、その内容は間違っているということだ。

ＭＢＡスタイルの事業計画は、どんなに創造性を発揮し、熟慮を重ねたものであっても欠陥だらけなものだ。計画を忠実に達成しようとすれば、待っているものは起業家であるエリック・リースが呼ぶ"Achieving Failure"だ。だからベンチャーキャピタリストは事業計画案に投資するのではなく、その案をつくった人とチームに投資するという格言に従うのだ。」

Achieving Failureはすごく良い表現だ。敢えて翻訳すれば、「見事に失敗する」となる。エリック・シュミット氏が社内向けに書いたメモがこの章の最後に紹介されている。その要点は以下の文章だ。

● 市場調査、競争分析はやめろ
● スライド（パワーポイント）は議論を殺す
● 部屋に集まった全員の話を聞け
● 戦略の本質はiterationだ

最後のiterationという言葉の翻訳は難しい。コンピュータが次の動作に入るたびに、少しずつ修正を加え、一連の命令を繰り返し、最終的な結果に到達する過程、という意味だ。スポーツの訓練に反復練習という言葉があるが、そのイメージだ。

さらにエリック氏は続ける。

「誰が戦略をつくるのか、これが重要だ。参加すべき者を賢く選んでくれ。会社に長くいる人、地位の高い人が参加するという人選に妥協してはならない。変化に対して敏感な感性をもつ人、ベストな想像力をもつ人が参加しなければならない。」

エリック・シュミット氏のように考えれば、立派な役員会室で経営会議のメンバーが集まり戦略を討議したり、役員合宿と称して年に1回集まり、将来を語るなどの催しは壮大な時間の無駄づかいということになる。

アマゾンもグーグルと同様に、パワーポイント禁止の会社だが、ジェフ・ベゾス氏が会社創業の初期にベンチャー投資家に見せた1枚の紙ナプキンに描いたシンプルな事業コンセプトは米国ではよく紹介される。**図表9**はその内容を記述したものだ。第2章で紹介したGEの最初のコンピテンシーモデルの3つの項目Simple, Speed, Self-confidenceの一番目の「Simple」そのものだ（115ページ参照）。

パワーポイントの弊害にこだわるのは少し異常かもしれない。しかし、小さなことのように見えて実は決定的なことかもしれない。パワーポイントは意味のない計画づくりに潜む悪魔かもしれないからだ。

20の項目のなかでもうひとつ注意が必要なのは「全体最適ではなく部分最適」というメッセージだ。通常は部分の利害でなく、全体の利益を考えよ、となる。

しかし、歴史と伝統をもつ大規模な企業、多様な事業や製品、機能をもつ企業が高い業績を上げるとはいえない。最近ではコングロマリット・ディスアドバンテージという言葉が使われる。総合メー

図表9　ベゾス氏が紙ナプキンに描いた事業コンセプト

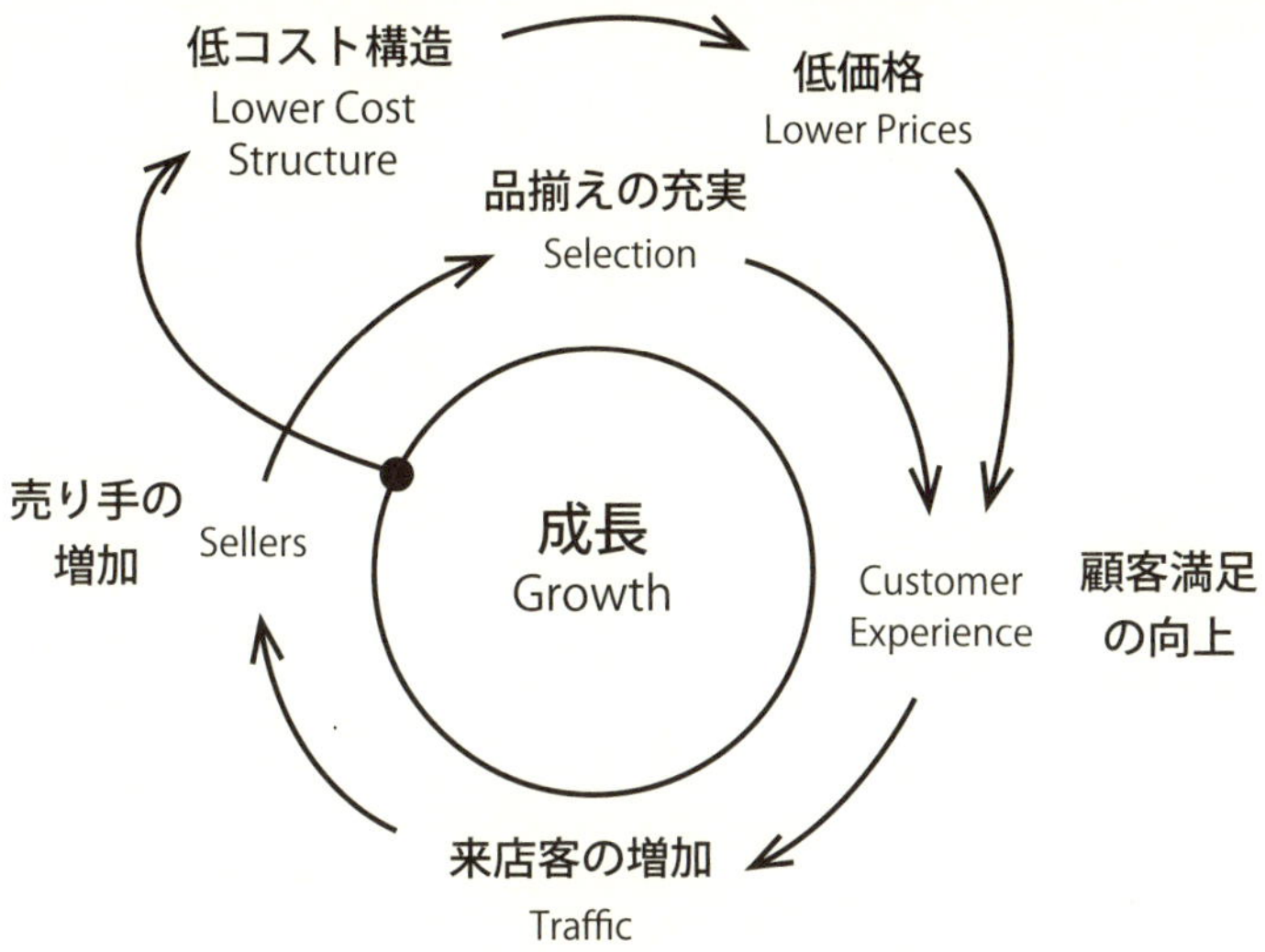

これはベゾス氏がレストランで投資家と食事をしているときに紙ナプキンに描いたと言われる有名な事業コンセプト図。
アマゾンは無配当を継続する会社として有名だが、「成長」そのものが戦略であることを単純な好循環の図として描いた。本当に良い戦略はシンプルであることの好事例。

カーの業績は専業メーカーの業績を下回るというものだ。総合小売業（百貨店）、総合商社、総合家電メーカー、総合金融機関の格別な成功例はあるだろうか。総合小売業（百貨店）の歴史はカテゴリーキラーに食い荒らされてきて悲しいいまに至る。

小売りの王者と言われた百貨店であるが、日本での市場規模は5兆円だ。カテゴリーキラーであったスーパー、コンビニはそれぞれ10兆円、近年の躍進が目覚ましいドラッグストアは6兆円である。中古品の売買を支えるフリマアプリはヤフーにもあるが、成長しているのはこの分野に特化した新興のメルカリである。空調機器に特化したダイキン工業の2020年3月期の業績予測は売上2兆7千億円、営業利益2900億円を見込む。パナソニックの家電事業全体の売上規模を超え、利益は3倍に近い。メガ銀行にはその傘下にリース会社があるが、この業界の圧倒的な勝者はオリックスだ。メガバンクのリテールビジネスの多くが低迷しているが、リテールに特化するりそな銀行だけは健全な業績を上げている。

つまり、本質的な問いは「総合化のメリットやシナジーは存在するのか？」ということだ。全体最適とは何か、本当にシナジーは存在するのか、この問いに答える必要がある。全体最適を否定するのはアマゾンである。可能性のあるビジネスチャンスであれば、そのチャンスを最大に追求する部分最適を追求するのだ。この考え方から世界最大のクラウドサービス事業AWSの成功が生まれた。

グループとしてのポートフォリオ戦略や財務戦略、人事戦略から考えるのではなく、個々の事業の最適のための戦略、財務戦略、人事戦略から考える、ということだ。第9章で「本社・本部の解体」を提案する背景にはこの考察がある。

伝統企業の創業期の姿を考えよ

彼らの姿はいまの日本企業から見れば、相当に大きな違いを感じる。しかし、米国企業からは異星人と言われた1980年代までの日本企業にはGAFAやBATの特徴と重なるところが多くあったように思う。

ソニーは、アップルを創業したスティーブ・ジョブズ氏が強く意識した会社だ。特にウォークマンにジョブズ氏は魅了された。ソニーの設立趣意書を序章で紹介（42ページ）したが、1980年代までのソニーはこの設立趣意書に強いこだわりをもっていた。GEが社員の姿勢と行動の規範を記述するコンピテンシーモデルを策定し、お役所仕事に侵された企業文化を改革したとき、ソニーもGEに関心を抱き、同様な試みをしようとしたことがあったが、実行はされなかった。設立趣意書を超えるものはできないという幹部社員の強い思いがあったからだ。

GAFAはそれぞれ異なる欲求に自分たちが存在する心理的なスペースを見つけた。アマゾンはスーパーまで車で出かけ、買い物に時間を費やしたくないという郊外の消費者の欲求に応えた。アップルはアップルストアに行って楽しい時間を過ごしたい「自分は一歩、進んでいる」という都会の若い消費者の心を捉えた。グーグルは知りたい、調べたいという人間の知的好奇心を刺激した。フェイスブックは人間の寂しさに耐えられないという感情に寄り添った。

ソニーのウォークマンはロサンゼルス・ロングビーチのローラースケーターたちの「俺たちは格好いい」という気持ちをくすぐった。創業期のソニーはアップルに似ている。

セブン-イレブンは「あいててよかった」「近くて便利」という便利さを求める人間の欲求に訴えた。アマゾンも同様だ。

ホンダの原点はスピードを求める若者の闘争心という欲求を刺激するものだった。グーグルの知的好奇心に対して、人間の動物的な本能に応えたように見える。同社は1954年、二輪車の世界最高峰のレースであったマン島（英国領でイングランドとアイルランドの間にある島）TTレースへの参加を宣言した。最初は苦戦を続けるが、1960年代には優勝を果たした。二輪車レースが花形の欧州で日本企業が勝利したのだ。ヤマハやスズキがこれに触発され、ホンダの後を追うようになる。

花札をつくっていた任天堂はコンピュータゲーム業界のリーディングカンパニーになるが、人間の「暇に耐えられない」、あるいは「勝ちたい、負けるのは悔しい」という欲求に応えてきた。

こうした視点で改めてGAFAを観察すると、ソニーやホンダ、セブン-イレブンなどの日本企業の創業期にあった特徴と重なる部分を強く感じる。

GAFAもBATもヒエラルキーを必要とする

GAFAとBATが時価総額のトップ10に君臨するなか、なぜ、もっと多くのGAFA的な会社が存在しないのか、その理由を考えてみた。成功者が1万分の1だとすると、9999の会社が成功しないことになる。

ほとんどのスタートアップ企業が成功者になれない理由は、大規模な企業を運営する力量、ヒエラルキーを使う術をもっていないということかもしれない。中国・深圳の企業を訪ねると、「スタートアップはできるが継続が難しい」「起業家精神は必要だが起業家精神だけでは続かない」という悩みをもつ新興企業が多いことに気づく。彼らも大規模なオペレーションをマネジメントするヒエラルキーの力を必要としているのだ。

米国における伝統企業、老舗企業の頑張りとGAFAやBATを目指す企業の悩みを見るにつけ、日本の伝統的な大手企業にとっての可能性や希望が少しずつ見えてくる。

小売と広告の分野はGAFAとBATに席巻されたが、日立製作所のインフラ分野、パナソニックの生活家電分野、そしてすべての製品の土台になる素材や部品の分野ではこれから戦いが始まる。GEのジェフ・イメルト氏はIoTというスローガンをつくり、産業分野でのインターネットの活用に挑んだ。この試みに成功しなかったが、ドイツのシーメンスは成果を出しつつある。日立が世界のインフラビジネスの最高峰を目指すことは不可能ではなく、パナソニックが世界の生活家電の王者になる道は閉ざされてはいない。

トヨタ自動車が挑むMobility As a Serviceの分野の戦いは始まったばかりだ。アップル、グーグル、アマゾンもこの分野に参入した。金融業界も新たな戦いが始まった。米国では金融機関は未来産業だ。日本企業が強い素材・部品産業には幅広い希望がもてる市場が広がる。

2020年代に向けて日本企業が発展する可能性は大きいと考える。この発展するスペースをどのように開拓すればよいのか、次章以降で考えていく。

第 2 部

成長のための働き方改革

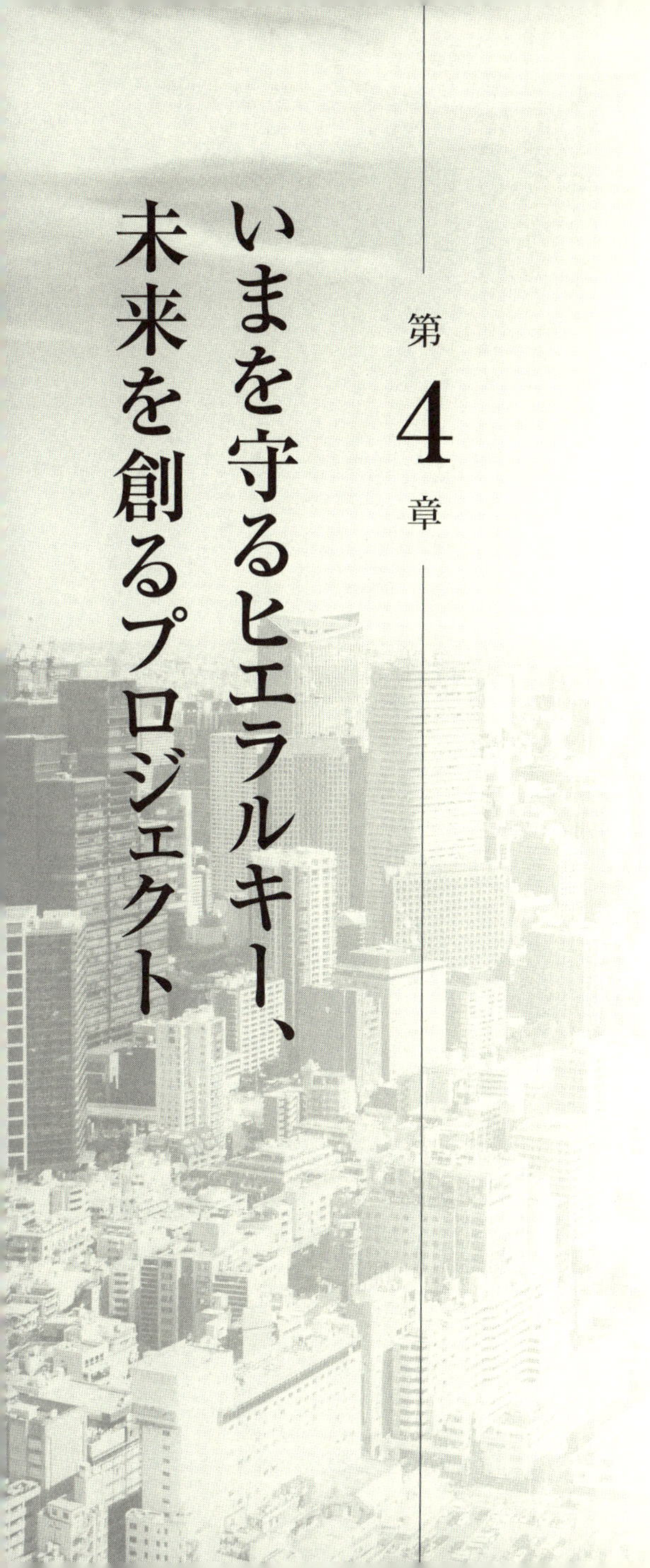

第4章

いまを守るヒエラルキー、未来を創るプロジェクト

シャープなヒエラルキーの条件は明確な優先順位と目標

第1部で述べたことは、日本企業は背水の陣を敷く必要があること、そして容易なことではないが日本企業には2020年代の成長に向けての活路があり、希望があるということだ。

本章ではシャープなヒエラルキーをつくり、社員のエネルギーを不要不急の仕事から解放し、ダイナミックなプロジェクトで未来を創るという、二兎を追う取り組みを提案する。この道の他には道はないという覚悟を示す。

二兎を追って成功するには、二律背反の罠に陥らない心構えが大切となる。今年の業績の確保という目的と業績の成長という目的は二律背反になりがちだが、それを同時に達成している会社はいくつもある。海外ではジョンソン・エンド・ジョンソン、エマソン、ネスレなどが、日本ではトヨタ自動車、花王、ダイキン工業などがその代表例だ。

二律背反に陥らないための条件は、社員がもてる時間とエネルギーを2つの目的に配分できる状態をつくることだ。本章ではそのための考え方と必要な取り組みを解説する。

QCDとはQuality（品質）、Cost（コスト）、Delivery（納期）の3つの言葉の頭文字が由来であり、製造業の生産管理における重要な概念である。そして言葉の順番にも注意が必要だ。一番目がQuality、二番目がCost、三番目がDeliveryである。

そして、この3つには三律背反ともいうべき罠がある。「良品廉価」であればよいのだが、「安かろう、悪かろう」ではお客様は見向いてくれない。納期は三番目だが、重要でないということではない。

眼鏡を購入したときの私の経験だが、少し奮発して、老舗の眼鏡店でブランド品を購入した。納期は3週間。一方、ある新興の眼鏡チェーンの前を通りかかったとき、張り出してあるメッセージに驚いた。納期は最短で30分だったからだ。3週間と30分、これだけの違いがあれば、納期もお客様の購買意欲に影響を与える。

このように三律背反する可能性があるQCDに対しては会社としての明確な方針を示し、その方針を貫徹することが重要となる。明確な方針とはQCDの3つの項目の重要性のバランスに関する方針だ。品質の重要性は当然だが、コストと納期の重要性はどのように考えるのかを明確に示す必要がある。

品質についても達成すべき水準を明確にしておかなければならない。目標の水準を明確にしておくのは、その水準がないと社員は無限に作業を続け、作業が永遠に拡大していくことになるからだ。

GEは1990年代に6シグマ運動を社内に導入した。6シグマとは業務内で発生するミスやエラー、欠陥品の確率を100万分の3・4回にすることを目標にするというものだ。シグマとは統計学における正規分布の標準偏差を意味する言葉で、1シグマは欠陥の割合が31・7%、2シグマでは4・6%、3シグマでは0・3%、そして6シグマでは0・00034%となる。飛行機事故に遭遇して乗客が死亡する確率は0・0009%なので、6シグマはその3分の1という極めて低い水準になる。ここで重要なことはゼロではないということ、無限の完璧を目指すのではないということだ。

このような方針を貫徹しようとすれば、経営者は社員に対して規律を求め、教育を行うことが必要になる。GEでは社員全員が6シグマの教師になることを求め、柔道の段位を参考に黒帯、茶帯、白帯等の階層を設けた。ヒエラルキーは身分ではなく実力による階層であるため、GEは6シグマという経営目標を実現するためにヒエラルキーを活用したことになる。

6シグマはもともと日本の品質管理の手法に源流があるのだが、1990年代に米国で発展し、2000年代に日本に逆輸入された。

野心的でビジョナリーな起業家はQCDを確保するための地味なオペレーショナルな活動は苦手なのかもしれない。GAFAもBATもソフトウェアの世界での勝者であり、複雑なハードウェアの世界での勝者ではない。アップルはそのことに気づいたことで生産をホンハイ（鴻海精密工業）に委託した。

ヒエラルキーのなかで仕事が自己増殖する問題

第1部ではヒエラルキーのなかにお役所仕事が入り込んだことで仕事主義が発生し、目的と目標を失った社員が意味のない仕事を継続する様子を描写したが、もう一つのテーマとして、仕事自体が自己増殖するという問題がある。

仕事が自己増殖する一つめの理由は、経営が定める目的や目標が時間の経過とともに希薄化し、仕事が勝手に目標を定め、仕事が継続する無限地獄に陥ってしまうことだ。そうならないためには、経営は「これ以上は求めない」ということを明確に示し続けなくてはならない。精神論としての完璧主義は誰も否定できないことなので、社員が完璧主義にはまり、無用な仕事を継続しないようにストップをかけることが大切だ。

後発企業であったグーグルが検索エンジンを開発したとき、「人間と機械のブレーンストーミングの場をつくる。単なる検索ではない」というスローガンがあった。その状態をつくるための反応時間(検索結果が表示されるまでの時間)の目標を定め、技術者たちが懸命な努力をする。そして目標が達成されるのだが、そのとき、「ご苦労様! これで充分だ! 皆さん、新しいテーマに取り組んでくれ!」と開発のリーダーが宣言したそうである。放っておけばさらなる高みに挑戦しようとするエンジニアに目的が達成されたことを伝え、新たなテーマに取り組むことを促したのだ。

仕事が増殖する2つめの理由は、社員は通常、仕事をやめる動機をもたない、やめることの動機がない、ということだ。「断行、捨行、離行」という古代インドで始まったヨーガの言葉がある。この言葉の頭文字を取り、モノに埋まった生活から解放しようとする「断捨離」というやましたひでこ氏の著作はベストセラーになった。ある企業でこの「断捨離」という言葉を働き方改革のスローガンに使っているケースを見た。新たな仕事を入れない、いまの仕事を捨てる、仕事から自分を解放するということだが、社員に仕事をやめる動機を与えることは容易ではない。そこで「断捨離」というスローガンを使っているということだった。

仕事が増殖する3つめの理由は、仕事を失うリスクを回避するという社員の思いである。

ある企業の話を紹介しよう。この会社では経営幹部への提案や報告のために精密な分析、周到なロジック、文章の体裁、言葉遣いに多大な時間を費やすという不文律があった。経営者自身がそれを望んだわけではないので、業務効率化運動の一環として簡便な報告や資料で充分なことを社員に伝えた。

しばらくは簡素化された方法が取られていたが、次第に従来の方法に戻り、報告書の厚みが増していったそうだ。報告書をつくっていれば、仕事をした気持ちになる。仕事がないことは誰にとっても恐ろしいことだ。

仕事の棚卸と廃止が決定的に重要

ジョン・ロックフェラーを源流とするエクソンとモービルが1999年に統合した米国産業界の重鎮といえる会社がエクソンモービルだ。2018年度の売上は2793億ドル（約31兆円）、営業利益は215億ドル（2兆4千億円）、ほぼトヨタ自動車と同じ規模の会社ということになる。

同社の元CEOリー・レイモンド氏は統合プロセスを成功に導いたが、その過程で派手なビジョンは打ち出さず、「技術と規律」という地味なメッセージを発信する。これは、石油・ガスの探査・採掘から燃料・化学品の精製に関わる技術の向上と継続的改善の2つを徹底させるものだった。

エクソンモービルについて、2000年代前半に私が経験した2つのことが強く印象に残っている。当時、日本での売上は約3兆円ほどだったが、その割には本社や事務所の所在地や建物の仕様が非常に地味だった。地方の拠点に至ってはガソリンスタンドに併設された質素なものだった。日本の石油会社が都心の一等地に本社をもち、地方支店は県庁所在地にある立派な建物だったので、その違いに驚かされた。

もう一つは、毎年実施する「仕事の棚卸」である。これは継続的改善において、基本中の基本となる。製品・製造機能の改善だけでなく、業務プロセスの改善も徹底して行うことを当時の日本のトップは熱く語っていた。

「仕事の棚卸」は、ジョンソン・エンド・ジョンソンの日本代表を経てカルビーのCEOを務めた松本晃氏が重視した取り組みでもある。松本氏は2009年から2016年まで7期連続の増収増益を記録されたプロ経営者だ。

日経ビジネス2017年4月24日号「実践！働き方改革」のカルビーの記事に紹介された松本氏のメッセージの要旨をここに紹介しよう。

●会社は放っておくと無駄な仕事ばかりやってしまう。そんなものをやめて必要な仕事に集中すれば短い時間で効率を上げられる。

●大事なのは仕事の効率を上げること。時短はその結果の一つに過ぎない。

●就任してすぐに始めたのは「仕事の棚卸」だ。社内の仕事を①会社にとって良いことで現在実行しているもの、②会社にとって良いことなのにできていないもの、③すぐにやめた方がよいもの、の3つに分類する活動を始めた。そのうえで①は継続、②はすぐ始める、③はすぐやめることにした

●この作業を年に2回繰り返す。幹部層が現場から意見を聞いて、仕事を細かく棚卸ししていく。

このプロセス自体はどの企業にも取り入れることができる容易なものだろう。しかし、重要なのは

効果が発揮されることだ。松本氏はそのための重要な規律を述べている。

第1の規律は、Commitment & Accountability である。仕事はすべて約束であり、結果に責任をとる。大原則は、「これだけの成果を上げる」という社員と会社の約束であり、それを達成するための働き方は社員が自由に決める。これは成果主義の真髄といえよう。

第2の規律は、No Meeting ,No Memo だ。社内会議には意味がない。資料にはもっと意味がない。顧客に集中しろ、ということである。エクソンモービルやアマゾンのパワーポイント禁止の考え方、P&Gのワンページメモ（報告書や申請書は要点を絞ってA4一枚にする）、トヨタのA3一枚方式（問題解決策を7つのステップに分けてA3用紙一枚にまとめる）と同じ考え方だ。

第3の規律は、業務の原則に関するもので、「簡素化」「透明化」「分権化」の3点の推進である。簡素化、透明化とは個々の社員の活動がよく見えるということである。簡素化、透明化が進めば、分権化も容易になる。経営者にとって何を任せるのかがはっきり見えれば、安心して分権が可能になる。分権とは任せて放置するのではなく、任せるものと任せないものを明確に区分することだからだ。

間接業務価値分析の活用

いまでこそマッキンゼーは戦略コンサルティングファームといわれるが、1980年代までは戦略だけでなく、収益性の改善や業務効率の向上の分野でも活動を行っていた。そのなかでも間接業務価値分析（Overhead Value Analysis）は重要な活動の一つだった。

間接業務とは、研究・開発・生産・営業・サービスなどの事業ライン及び経営をサポートする業務のことだ。企画・管理・財務・人事・総務・ITなどの業務がその中心になる。

単なるコスト削減ではなく、こうした部門で行っている業務の価値を評価することが出発点になる。事業ラインの場合、価値の評価は最終的に売上や利益などの事業成果に現れるので、その評価は比較的に容易だ。これが間接業務だと、価値を評価する評価者とプロセスが明確ではない。評価者とプロセスが存在しないということは結果的に評価が曖昧になり、仕事が増殖し、業務と人員が肥大化していくことになる。

その結果、間接人員の数とコストは持続的に増加する。コストが増加するだけでなく、間接部門の肥大化は良いヒエラルキーの発達を阻害する。間接部門は本部と名称を変え、ヒエラルキーにおける経営とラインの流れを遮断し、情報の流れを妨げるからだ。

そこで間接業務価値分析により、そうした弊害を阻止しなければならない。

間接業務価値分析の進め方は次のとおりである。

- **第1ステップ　業務価値の定義**：仕事ではなく、業務の価値を定義する。どんな仕事をしているかではなく、仕事を通じてどのような価値を生み出すのかを明確にする。このステップは仕事主義のマインドセットの改革にも有効である。
- **第2ステップ　受益者の定義**：業務の価値が定義されたら、その受益者を定義する。受益者は経営者、ラインの部門長、あるいは社員全員であるかもしれない。
- **第3ステップ　受益者からの価値の評価**：受益者からの価値の評価を受ける。どのように役立っているのか、何が不要なのか、何が不足しているのかの評価を定量的及び定性的に行う。

- **第4ステップ　業務の効率と生産性の評価**：価値を生み出すための時間、コストなどの生産性を評価する。
- **第5ステップ　業務の削減**：第3ステップの評価を踏まえ、不要な業務や付加価値の低い業務を削減する。
- **第6ステップ　業務プロセスの改善**：第4ステップの評価を踏まえ、仕事の仕方の改善を検討する。
- **第7ステップ　行動計画の策定**：具体的な行動計画（実行計画）を策定し、実行を約束する。
- **第8ステップ　計画の進捗管理**：目標の実行状況やボトルネックが経営者と共有され、経営者がモニタリングできる環境をつくる。特に重要なのは第3ステップの受益者からの価値の評価だ。

このステップをしっかりと行えば、業務の相当な部分が削減される。

この体系的な手法は、「仕事の棚卸」を大規模で複雑な組織、特に本社・本部が巨大化している会社で行うときに有効である。

以上がシャープなヒエラルキーをつくり、ヒエラルキーの効果を上げるためのアプローチだ。この取り組みにより企業は生産性と効率性を上げ、同時に成長のための社員の取り組みに時間的余裕を提供することができるようになる。お役所仕事に侵された悪いヒエラルキーは成長を阻害するが、お役所仕事のないシャープなヒエラルキーは成長のための資金と時間を提供する。今日の業績と明日への成長が二律背反ではなく、共存共栄の好循環になるということである。

すべての社員が創造的なプロジェクトに関わる

多くの企業が新規事業の創造やイノベーションの実現を目的にして、特別な部門や部署を設置し、治外法権的な場所をつくっている。既成の部門の価値観、姿勢、行動様式では新たな事業やビジネスモデルの開発は不可能である、と語る経営者もいる。なかなか異論を挟むのは難しいが、これには違和感がある。

これらの部門を独立させることは、「いまを守る行動」と「未来を創る行動」は別の仕事の流れであり、二律背反するものであるという考えが前提にあるからだ。本節ではヒエラルキーのなかで働く社員が良い規律を守り、同時に未来の創造と改革に貢献するプロジェクトの活用について提案する。

日本ではプロジェクトは英語をそのままカタカナに読み替えて使っているが、それを正しく日本語にした表現は見当たらない。英和辞典には「企画・計画」との翻訳が多いが、英英辞典では「特定の目的を達成するため、特に困難な目的を達成するために結成された企てあるいは請負」、要するに「起業的な活動」という意味が強く示されている。本書では、プロジェクトは「企画・計画」ではなく、「起業的な活動」のニュアンスで使っている。

日産自動車が２０００年代前半に奇跡的な企業再生に成功した原動力はクロスファンクショナル・チームという部門横断のプロジェクト活動だった。これには、「事業の発展」「購買」「製造・物流」

「研究開発」「マーケティング・販売」「一般管理費」「財務コスト」「車種削減」「組織と意思決定プロセス」という9つのテーマに、各プロジェクトのメンバーは10人程度で対処していった。活動期間は3か月、合計2千もの課題の提示と解決策の提案が行われた。その提案結果を経営委員会が判断し、決断の内容は経営の責任においてヒエラルキーを通じて実行された。

私はこのチームに参加した日産自動車の社員の方に話を聞いたことがある。「アイデアは現場にある」「社員をサイロから解放し、横につながるとイノベーションが生まれる」「リーダーであるゴーン氏に対峙するときは自らも経営者の視点をもつ必要がある」「クロスファンクショナル・チームは修羅場だが、明らかにメンバーの成長の場であった」「メンバーには実行の責任はなかった。だから委縮せず、大胆な提案ができた」「実行の責任はラインにあることが明確だった」などダイナミックなプロジェクトの典型であったといえる。

日産自動車のクロスファンクショナル・チームというプロジェクトは日本の大規模なプロジェクト運営の金字塔だ。これを超えるスケールのプロジェクトは日本企業全体を見てもその後は生まれていない。カルロス・ゴーンという、たぐいまれなビジネスリーダーと会社の危機的な状況がなされたことかもしれない。

この活動は「日産リバイバルプラン（NRP：Nissan Revivable Plan）」と呼ばれた。1999年には4千億円の赤字を出した会社が、2001年には6千億円の黒字となった。2年間で1兆円の利益改善が成し遂げられたということだ。

通常、このような検討は経営企画部が行うのだが、日産自動車ではヒエラルキーのなかで働く社員がプロジェクトに参加したわけだ。彼らはラインでの仕事をしながら、同時にプロジェクトに参加するということだった。

日産自動車はその後も1年単位でのクロスファンクショナル・プロジェクトを継続していく。「日産180」という大胆な計画も達成する。「1」は2005年までに世界の販売台数を100万台増やす、「8」は営業利益率を業界最高水準の8％以上にする、「0」は有利子負債をゼロにするという計画である。本書の主題であるヒエラルキーを守り、ヒエラルキーを超えるというアプローチを見事に実践したということである。

日産自動車のクロスファンクショナル・チームほど有名ではないが、同じような取り組みを行い、企業再生に成功した企業がある。テルモである。テルモは北里柴三郎博士をはじめとする医師が発起人になり、体温計の国産化を目指して1921年に設立された会社である。しかし、1990年代に業績が低迷する。旧富士銀行（現みずほ銀行）からテルモに移籍した和地孝氏は1995年に社長に就任、2000年代には見事に再生を果たし、医療機器の分野でのグローバル企業に発展させている。

和地氏の話を聞く機会があったが、苦境時においても、東京・渋谷区にある本社において、高尾山でも富士山でもなくエベレストを目指すという壮大な夢を全国4200人の社員と語り合い、機能を横断するクロスファンクショナル・チーム活動を展開されたことを述べておられた。

テルモがこの取り組みを始めたのは日産自動車よりも前であった。和地氏が社員に向けて書いた『テルモのこころ』（非売品）という小冊子を読むと現場社員のボトムアップのイノベーションを生み出す企業文化への強い意識が感じられる。

米国ではバンク・オブ・アメリカの劇的な再生が話題になった。2009年のリーマンショックの影響でバンク・オブ・アメリカの時価総額は1兆円まで落ち込み、会社の存続も危ぶまれる危機に遭遇したが、その10年後の2018年の時価総額は35兆円にまで復活した（図表10）。

その背景に日産自動車と同様にボトムアップの改善活動を主導するプロジェクトがあったことはよく知られている。ヒエラルキーからお役所仕事を除去する努力を継続し、本部の解体・排除などを通じてヒエラルキーをスリム化させ、プロジェクトの提案を一気呵成に実行したのだ。日産自動車やバンク・オブ・アメリカのケースと比較すると少し地味であるが、りそな銀行の再生プロジェクトも特筆できる。

りそな銀行は埼玉銀行、協和銀行、大和銀行等が合併してできた銀行であるが、2003年に危機を迎え、3兆円の公的資金が投入されている。そのとき、経営のリーダーシップを任されたのはＪＲ東日本で活躍された細谷英二氏であった。細谷氏には銀行経営の経験はなかった。だから銀行の常識は世間の非常識であることに気づかれたのだと思う。ＩＢＭの再生を成し遂げたルイス・ガースナー氏に面会を求め、意見を求める。「貴社のライバルは他の銀行ではなく、時間だ」という話を聞く。時間がライバルであれば他力を使うしかない、と判断する。そこでトヨタ自動車や花王から人材を招き、りそなの支店をトヨタの工場のように合理的にし、そこで働く社員を花王の社員のように強烈な顧客主義に染め上げていく。様々な社員が参加する様々なプロジェクトがあったと言われる。

3兆円の公的資金は2015年6月に完済する。リテールバンキングの分野に集中するユニークな金融機関であるが、異常な金利環境のなかで業績は健闘している。2019年3月期は59兆円の資産

図表10　バンク・オブ・アメリカの復活（時価総額の推移）

ボトムアップの収益改善プロジェクトで
１兆円規模の利益創出を実現

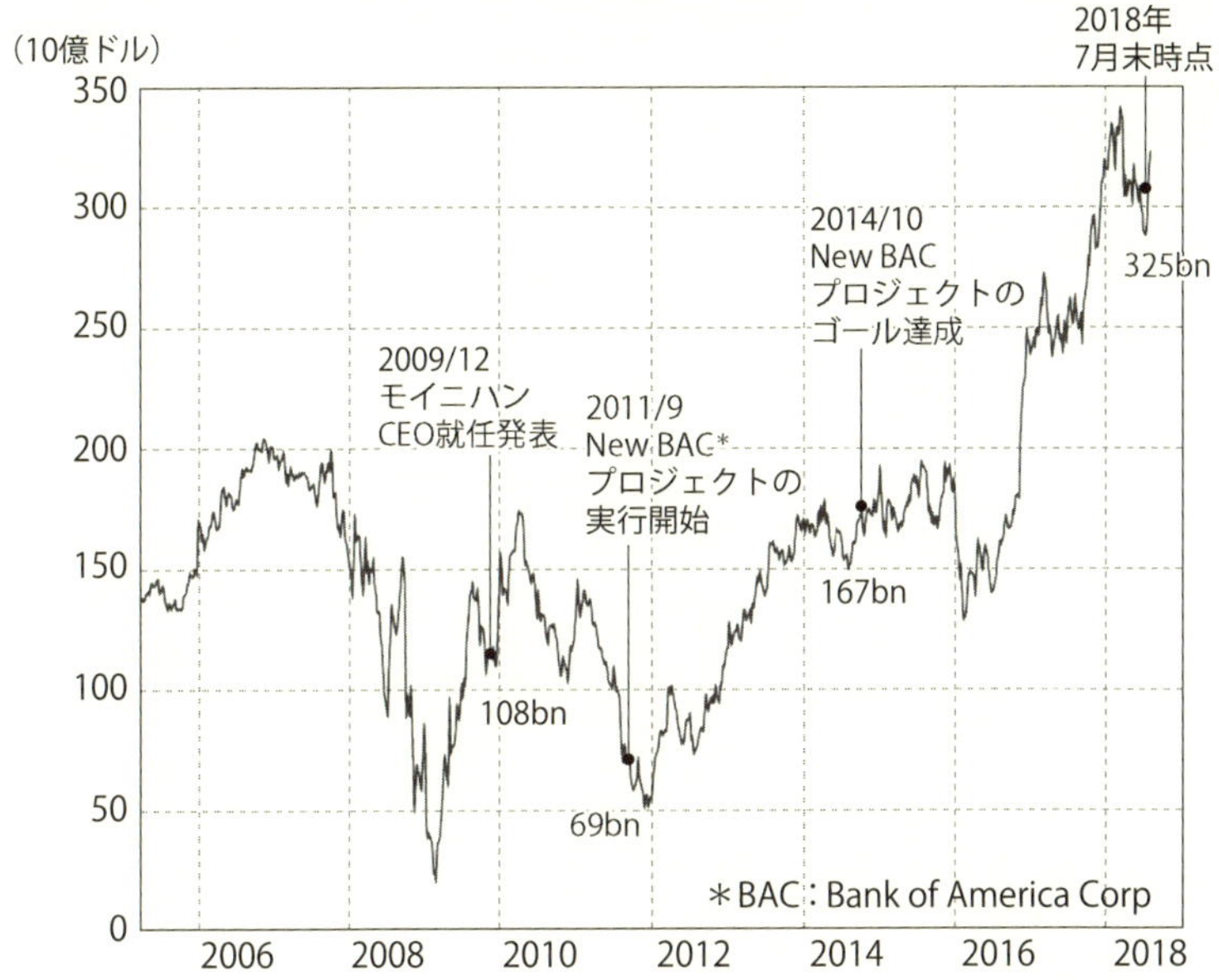

世界時価総額ランキングで、
金融機関としては
JPモルガン(9位)に次ぐ
12位 (2018年7月末)

1	アップル
2	アマゾン
3	アルファベット

9	JPモルガン
12	バンク・オブ・アメリカ

で2030億円の経常利益だ。同じ時期に三菱UFJグループが311兆円の資産で1兆3480億円の経常利益を上げているが、りそなにはモルガンスタンレーや海外での買収会社からの利益はなく、低金利下の国内リテールに特化していることを考えれば、優秀な成績である。りそな銀行の社名はラテン語のResonaの「響きわたれ」だ。りそなの改革プロジェクトは金融界に響きわたるものであった。

プロジェクトXの復活

プロジェクトXとは、NHK総合テレビで2000年3月28日から2005年12月28日まで放映されたドキュメンタリー番組「プロジェクトX 挑戦者たち」から生まれた言葉であることは先述した。番組に登場する人々は選ばれたエリートではなく、とがった天才、凄いプロフェッショナルでもない。一見すると普通の社員、普通の労働者のなかに秘めたる力がある。そのことを強く訴える作品だった。序章で紹介したホンダのCVCCエンジンの開発に挑んだ若手社員の物語もこの番組で取り上げていた。

「プロジェクトX」全191話で取り上げられた物語は昭和時代のものだ。平成の最初の10年余(1989年-1999年)はバブル崩壊による資産不況の時代だった。番組で取り上げるような成功物語が少なかったのだろう。日本長期信用銀行、北海道拓殖銀行、山一証券などの金融機関の破綻、セゾングループ、ダイエー、リクルートなどの企業が過去の不動産投資のつけを払う難局に遭遇した。

当時、社員一人あたりの負債額が1億円といわれたリクルートは、現在、完全復活を成し遂げている。売上は2兆円、営業利益は3千億円という水準だ。リクルートは出版・広告の事業体から情報システム企業に生まれ変わるために、IT人材を大量確保するプロジェクトや海外M&Aの急速展開など、成長を生み出す多くのプロジェクトを立ち上げたことが奏功したようだ。

人はプロジェクトで成長する

日本を代表し、世界に展開するある大企業のCEOの部長時代の話だ。そのとき、その方がおっしゃっていたのは、「私は部長としてラインの仕事をしているが、同時に会社を代表する特命のプロジェクトのリーダーでもある。時間の配分は前者が30%、後者が70%」ということだった。

その方はこのプロジェクトで大きな成果を上げられたが、経営者として大きく成長された方はほとんど例外なくラインの仕事をしながら、プロジェクトを経験している。プロジェクトに専任するのではなく、ラインの仕事とプロジェクトの仕事を同時に行っているのだ。

2000年代、高い業績者の行動分析からそれをモデル化して社員の規範とするコンピテンシーモデルの考え方が日本のビジネスシーンに導入された。そして2010年代になると、経営人材の開発という観点からリーダーシップコンピテンシーが開発され、アセスメントの基準としても広く活用された。私も多くの日本企業で経営人材候補のアセスメントに関与し、大勢の幹部候補者のインタビューを行ってきた。

経営者には、「いまを守る役割」と「未来を創る役割」の2つがある。前者において重要なのは「達成意欲」「組織管理力」「実行力」「ロジカルな構想力」だが、これらの力量はほとんどの候補者に共通に観察され、あまり差は見られない。

一方、未来を創るために求められる姿勢や行動で重要となる「好奇心」「想像力」「リーダーシップ（新しいことを権限の力を使わずに推進する素養や力量）」「組織開発力」などは一部の人にしか観察されない。そして、そのような力量が観察された人はほぼ例外なく、プロジェクトの経験をもっている。海外市場の開拓、破綻した事業や企業の再生、外国企業とのジョイントベンチャーの運営、M&Aの後の統合（Post Merger Integration）への参画、小規模な海外拠点でのひとり社員の経験、海外拠点や業務の統合の推進などを通じて、未来を創造するためのコンピテンシーが磨かれるのである。

先述したエクソンモービルも、プロジェクトを経営者人材の育成に積極的に活用している。機能のヒエラルキーを横断し、改革の芽を見出し、実行するのがプロジェクトの役割だが、このプロジェクトリーダーから将来の経営リーダーが生まれるという。

トヨタ自動車の開発主査もプロジェクトリーダーだ。直属の部下は数人しかいないが、リーダーシップを発揮しなければならない社員は数千人から数万人に上る。一つの車種、例えばカローラやプリウス、レクサスを担当し、開発部門の各機能を横断して車の完成への設計と開発をすることは当然だが、それに加えて担当車種のオーナーのような責任をもつ。開発の前提になるユーザーニーズの探索、開発後の量産、販売、チャネルのマネジメント、最終的には事業成果までその責任の範囲は広く、車種担当のCOOというイメージに相当する。だからだろう、同社の経営陣には開発主査の経験をもつ人が多く見られる。

トヨタのBR

トヨタ自動車には改善はヒエラルキーの現場で行い、改革はヒエラルキーを横断するプロジェクトで行うという考え方があるようだ。それを具現化しているのが、BR（Business Reform Project）だ。

１９９３年に始まったBRは、当初は全社横断型の事務部門の改革プロジェクトだった。事務というのはオペレーションの流れなので、個々の機能、個々の部署ごとの改善では限界があり、機能を横方向に横断し、全体最適を目指そうという活動だった。歴史的にはミドル・ボトムアップの性格が強かったといわれる。

全体最適に効果を示したBRはその後、活動の幅を大きく広げていく。１９９８年に始まったグローバル人事プロジェクトをBRで展開した。現在ではグループ全体に波及する活動に成長している。BRに携わることになると、名刺にBRと刷り込まれるほか、公表される幹部の役職などにも表示される。

BRの特徴は、明確な目的と期間が存在するプロジェクトであるということだ。グローバル人事プロジェクトでは、開始当初のメンバーは4名だったが２００２年には１００名体制に拡大した後、２００６年にグローバル人事部は解散する。この10年間でトヨタ自動車の海外売上は4兆円から20兆円に急成長するが、グローバル人事は初期の役割を果たしたということなのだろう。

プロジェクトマネジメントのスキルを獲得する

プロジェクトを成功させるには、３つのスキルを磨く必要がある。第1はリーダーの選別、第2はゴールの設定、第3はリソースの計画だ。

第1のリーダーの選別とは、プロジェクトリーダーに求める資質を認識し、正しい選抜を行うことである。ヒエラルキーのなかの管理者に求めるものとは異なる力量が求められる。プロジェクトは未経験の領域に乗り出すことでもある。そのため、新しいテーマに新しいやり方で取り組むことが必要になる。優れたプロジェクトリーダーには次のような特徴が見られる。

● **成果への執着**：プロジェクトはヒエラルキーのなかで求められる成果とは格段に異なる成果が期待される。強い達成動機、困難を楽しむレベルの達成動機が必要となる。

● **全体を俯瞰する鷲の目**：細部にこだわり、詳細な分析をする蟻の目ではなく、全体を見る、先の展開を見る俯瞰的な思考が必要となる。

● **人の感情に訴える**：メンバーは部下ではない。よって、権限の力で動かすことはできない。人は理屈では動かない。感情で動く。だから、感動という言葉があるのだ。

第2のゴールの設定とは、プロジェクトが成功したときのイメージを描くことである。トヨタ自動車がグローバル人事プロジェクトを始めたときのゴールは世界の社員が同じように考え、同じように行動するオペレーショナルエクセレンスの実現だった。武田薬品工業が職務給制度を導入したときのプロジェクトのゴールは、経営者と管理者が自らの成果責任を明瞭に語り、その実現にコミットする状況をつくることだった。

第3のリソースの計画とは、ゴールの達成に向けて、フェーズごとの人・物・金のリソースを計画することである。例えば、グローバル人事のプロジェクトや職務給導入のプロジェクトを例にすると「制度の設計」「制度の導入」「制度の活用」というステップになる。「制度の設計」は比較的少人数で短い期間で終了することができる。「制度の導入」には社員の認識、理解、納得を得るための広範な活動が必要になる。「制度の活用」にはさらに多くの活動が求められる。トヨタ自動車では「制度の設計」のあとの導入段階で海外を巻き込んで大量の社員を投入した。職務給導入の数少ない成功事例である武田薬品工業も導入段階での研修に多大なエネルギーを投入した。

しかし、多くの企業では設計段階にはエネルギーを投入するが、導入のフェーズに投入されるエネルギーは急速に萎む。プロジェクトは恒久の組織ではないため、活動人員、予算の確保が進まないということになる。その結果、制度の形骸だけが残るという残念な結果が多発している。

新規事業本部に潜む悪いヒエラルキー

新規事業が成功しない理由は、新規事業本部やイノベーション本部のような組織図づくりから始めてしまうことにある。新規事業本部やイノベーション本部から成功した新規事業やイノベーションが生まれたケースはあるだろうか。

1970年代は高度経済成長が終焉し、二度のオイルショック（1973年と1979年）を経験し、日本企業は未来への不安を抱えていた時期だった。多くの企業が新規事業の創造と多角化経営に乗り出した。例えば、未来事業部をつくった帝人からは医薬事業や帝人ボルボによる外国自動車事業が生まれ、ペンタゴン経営を打ち出した鐘紡からは化粧品事業が誕生した。事業多角化は多くの企業に共通のスローガンとなった。

ただ、当時の新規事業とはこれまで世の中にはなかった新規事業ではなく、自社が手がけていない新規事業ということだった。そして多くの企業ではトップダウンの指示や命令により、実施されていった。

本来、新規事業やイノベーションは「これはおかしい。これは変だ。これは面白い」といった個人の感性が出発点になり、個人の野心が少数の人々に影響し、拡大していくボトムアップの活動である。経営者がトップダウンでイノベーションを起こせと命令し、規律をもってヒエラルキーを運営して成果が出るものではない。そうしたヒエラルキーのなかにお役所仕事の芽が多く潜むものである。

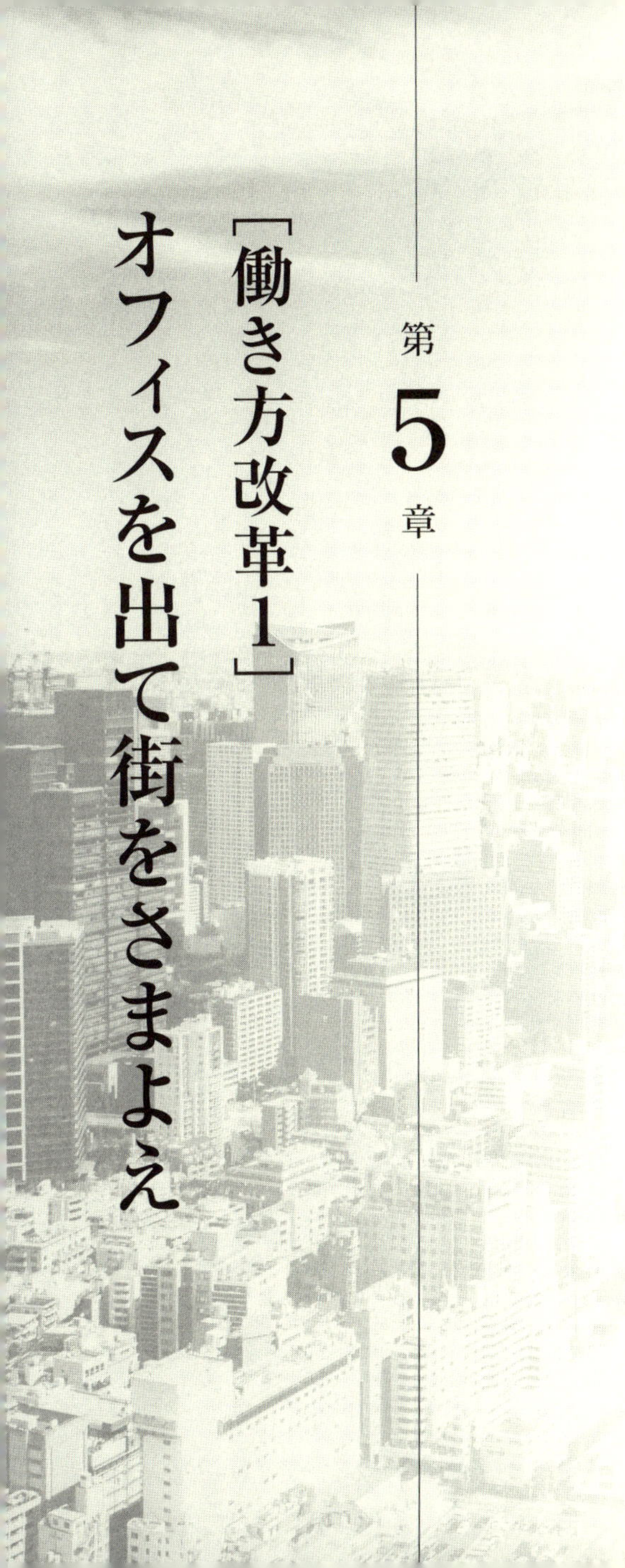

第5章

［働き方改革1］オフィスを出て街をさまよえ

「観」と「感」

阪急グループの創始者、小林一三《いちぞう》氏は日本が生んだ偉大なイノベーターといわれる。「大衆都市文化を創造する」というビジョンを描き、鉄道、住宅、百貨店を一体化し、システムとして展開した起業家だが、そのシステムの一環として宝塚歌劇団をつくった。その小林一三氏の逸話に5つの「かん」と第六勘というものがある。第六勘は武田信玄の参謀であった山本勘助の勘から取っている。

まず5つの「かん」だが、それは「観」「看」「鑑」「関」「感」だ。

- **観**：他人の目でなく自分の目で見る。真の姿を見ようとする。
- **看**：変化を見る。看護とは患者の様態の変化を見るという意味。
- **鑑**：状況を分析し、吟味する。絵画や骨董品などの美術品の真贋を鑑定する鑑。
- **関**：その状況と他の状況の関係を見る。
- **感**：そして、人の心理の動きを感じる。

この5つの「かん」があってこそ、第六勘、すなわち閃きが生まれるという。

これと似たような標語が、ＩＢＭのスローガン「THINK（考えよ）」だ。ただ、THINKの前にやるべきことがあるともしている。それは、「Read」「Listen」「Observe」「Discuss」の4つだ。

これは「過去に起きたことは本に書かれている。まずは本を読め。でもいま起きていることは書かれていない。だから人に聞け。そして、興味をもったら自分の目で見に行く。そのうえで同僚と会話する」ということだ。

この2つは、良い閃き、良い思考のためにはそこに至るステップがあることを示してくれている。顧客起点のイノベーションを起こすためには、「これは変だ。これはおかしい。これがあったらいいな」を知る「観」と「感」が重要である。本章ではそのような努力を意識してきた企業や経営者の姿を紹介し、彼らの実践から学んでいく。

ヒューレット・パッカードのManagement By Wandering Around

ヒューレット・パッカードは1939年にサンフランシスコから車で1時間くらいの距離のパロアルトという大学町（スタンフォード大学の城下町）で2人の技術者、デイブ・パッカードとビル・ヒューレットが起業した。パロアルトはシリコンバレー発祥の地とされているため、ヒューレット・パッカードがシリコンバレーをつくったともいわれている。

創業期のヒューレット・パッカードには、「MBWA（Management By Wandering Around）」という重要な行動指針があった。日本語にすると「歩き回る経営」とでもなろうか。Wanderingは「（当てもなく）歩き回る、さすらう、放浪する」という意味があるので、常軌を逸したように見えるところまで足を踏み入れ、キワモノであっても何かを探そうという意志が表された行動指針だ。

同社が生み出した人材は会社の発展に貢献しただけでなく、会社を超え、シリコンバレーそのものの事業をも創造してきた。そのなかにはアップルの2人の創業者、スティーブ・ジョブズとスティーブ・ウォズニアックをはじめ、シリコン・グラフィック、タンデム・コンピュータ、ノベルなど19

80年代に誕生した多くのコンピュータ関連企業の創業者を排出している。半導体分野ではフェアチャイルドがインテル創業者など多数の起業家を生み出したことで「フェアチャイルド大学」と呼ばれるが、ヒューレット・パッカードもシリコンバレーで同じ役割を果たしてきた。

ただ、現在のヒューレット・パッカードには往年の輝きは感じられない。1980年代は2人の創業者が経営をリードし、1990年代はジョン・ヤングCEOが長期視点での経営を実践した。しかし、2000年代にはCEOが4人交代する状況になり、結果として短期志向の経営に傾斜していく。それ以来、Management By Wandering Aroundという言葉も聞かれなくなった。

トヨタ自動車の現地現物

ヒューレット・パッカードのManagement By Wandering Aroundのような行動指針がトヨタ自動車にある。「現地現物」がそれだ。トヨタ自動車にはこれ以外にも多くのトヨタ語がある。「人を責めるな、プロセスを責めよ」「教え、教えられる」「横展《よこてん》（良い事例などを他部署にも展開して共有すること）」などだが、そうしたなかでも「現地現物」は同社の改善の根幹にある言葉である。

「現地現物」は、街をさまよい、物に触れ、「これはおかしい」「これは変だ」「これは面白い」を自然体で感じることを促す。源流には副社長として創成期の同社を支えた大野耐一氏が主導したトヨタ生産方式の考え方、機械の自動化ではなく、ニンベンのついた「自働化」がある。現場の人が自ら課題や問題、機会を見出し、改善を進めるための出発点になる行動指針である。

また、トヨタには「現地見物」という言葉もある。これは舗装された道を歩くだけ、表面だけを見て帰ってくる、という行動を表したものだ。

トヨタ自動車の副社長を経て、日野自動車の社長を務めた蛇川忠暉《じゃがわただあき》氏が日経ビジネス誌のコラム「有訓無訓」（2005年7月18日号）で「現地現物」の真髄を語っている。

それによると、蛇川氏は日野自動車の社長に就任されたとき、重要なお客様である運送会社を表敬訪問した。そのとき、運送会社の経営者への挨拶だけでなく、トラックの運転手たちとも会話をした。すると彼らは、車の基本性能については何も問題はないが荷台部分について多くの改良を求めた。そこから蛇川氏は、大きさは同じでも積載量が多いトラックの開発の気づきを得た。

蛇川氏は会社に戻るとさっそく対策の検討を始めたが、トラックメーカーには荷台をつくる部署はなく、荷台をつくるのはディーラーの仕事であることを知る。ディーラーがユーザーから要望を聞いてハコを製造し、その装着は専門業者が担う分業となっていたのだ。そこで、すぐに手を打ち、メーカーとして積載量を高めるための荷台の設計に取り組んだとのことだ。

セブン-イレブンのデータ主義と顧客目線

セブン-イレブンの「データ主義」はトヨタ自動車の「現地現物」にあたるものだ。

「データ主義」が生まれた背景には、セブン-イレブンにとっての「現場」は店舗だけではないということにある。同社にはＯＦＣ（オペレーション・フィールド・カウンセラー）と呼ばれる約３千人の店舗経営相談員が在籍するが、彼らは担当店舗の状況を観察し、課題を見つけ、解決するのが日々の活動である。ただし、店舗のなかを見るだけでは本当の問題は見つからないそうだ。

ある店舗では比較的高齢のお客様が多く、高齢者に沿った商品の品揃えに工夫をしていた。しかし、お店の周りを歩くと、若い人も多い。調査をしてみると、確かに若い人が多いことがわかった。とすれば、なぜ若い人はこのお店に来ないのか、そこにも問題があるのではないか、そこに新たな客層を開拓する機会があるのではないか、と考えるに至った。

セブン－イレブンにはかつて、「ブラブラ社員」というプログラムがあったそうだ。街をブラブラ歩き、何かを感じるという活動で、出社は1週間に一度程度でよかったそうである。これによって、小さな街では食堂が少なく、食事に困っている人が多いことに気づいた結果、お弁当というアイデアが生まれたそうだ。また、25日の給料日に銀行の支店で長い列をつくる人の姿を見て、ＡＴＭを導入したそうである。

セブン－イレブンは「あいててよかった」「近くて便利」というスローガンが示すように、本当に顧客の困りごと、不便さを研究しているように感じる。例えばＡＴＭには「カードを入れたらすぐに取引が始まる」「使えないカードはすぐに返却する」など利用時間を最短にするという姿勢が見られる。視力が弱かったり、指先が震えたりする人のためだろうか、ＡＴＭの入力ボタンは大きいうえに操作しやすい位置に設置されている。またコピー機も横に荷物を置く板をつけることで利用時の利便性を向上させる配慮がなされている。

野村不動産「プラウド・シリーズ」の生活者ヒアリング

野村不動産は野村證券系の総合不動産会社である。２０１9年3月期の売上は６７４０億円、営業利益は７７０億円は三菱地所、三井不動産、住友不動産の御三家に次ぐポジションにつけている。国内不動産業のなかで著しく成長軌道を果たしているその要因の一つが「プラウド」ブランドの高級マンションシリーズである。

高級マンションは、「都市部の一等地」「豪華な仕様」「高価格」というのが大きな特徴である。この特徴は三菱地所のパークハウス・シリーズ、三井不動産のパーク・コートシリーズなどに代表されるが、野村不動産のプラウドには「生活しやすい」という優位点を特徴に打ち出している。当たり前のことのようだが、そこに徹底的に注力したのがプラウド・シリーズなのだ。

大手不動産会社はそもそも好立地の土地を保有しているが、証券系の野村不動産はそこが弱い。当初、高級マンション事業での勝ち目はないと考えたが、このシリーズを立ち上げた元証券マンの経営者は、まずは高級マンションに住む人、特に生活時間の長い主婦を訪ね、その住み心地について徹底的にヒアリングを行った。

すると、料理好きの主婦からはキッチンが暑い、全面ガラス張りの窓は灼熱地獄になる、管理人が不愛想で用事を頼みにくい、など多くの苦情を聞くことができた。そうした苦情を一つ一つ検証し、住み心地に活かしていった。

マンションメーカーは通常は土地の確保までは自社で行うが、設計・建築・モデルルーム・販売・

メンテナンスは外注する。それを野村不動産では部屋のデザイン・モデルルーム・メンテナンスを内製している。こうした地道な活動を続けていった結果、住み心地が評価され、現在では新築物件はモデルルームをつくらなくても完売し、中古物件も市場に出る前に売れてしまうそうだ。

ヒューリックの顧客視点

旧富士銀行系不動産会社としてスタートしたヒューリックも特筆すべき1社だ。１９５７年に銀行支店の建物などを管理する不動産会社の日本橋興業として創業された同社は富士銀行出身者70名ほどで組織された。それが２００６年にみずほ銀行副頭取を務めた西浦三郎氏が社長として赴任してから、大きく変貌していく。

まず、２００７年にヒューリックに社名変更を行う。新社名の由来は、１日の大半の時間を過ごす会社での生活を快適にしたいという思いを込め、Human Life Creatorからの命名だそうだ。そして翌年の２００８年に上場を果たす。リーマンショックが起きる少し前のことだ。そこから中規模なオフィスビル、東京・銀座などの中小規模の商業施設に集中的な投資をしていく。その結果、２０１８年12月期は売上２８７５億円、営業利益７５６億円、野村不動産に肉薄するほどの業績を１６６名の社員数で叩き出した。

ヒューリックの顧客はオフィスを借りる企業だけではない。不動産を売りたいと考えているオーナー、その委託を受けた仲介業者も大切なステークホルダーとなる。彼らのニーズは即断即決である。

そこで同社は社内での検討や稟議、決済のプロセスを極端に短縮し、他社よりも不動産確保の優位性を勝ち取った。

コカ・コーラ「ジョージア」のマーケティング

現在、業績好調の資生堂は2014年までは業績が迷走していた。売上は7千億円を横這いし、利益は250億円を割り込む。2018年12月期の業績は売上1兆円、利益も1千億円を超えている。この背景には2013年に外部から同社マーケティング統括顧問に招聘され、その翌年にCEOに就任した魚谷雅彦氏の貢献があり、それにより時価総額は3兆円を超えている。この金額はNECの3倍、富士通の2倍、パナソニックの1・3倍、日立製作所の3兆3千億円に迫る。魚谷氏はライオン、シティーバンク等を経て1993年から2008年まで日本コカ・コーラで活躍された、プロ経営者だ。

魚谷氏はコカ・コーラ時代、缶コーヒーのジョージアを担当した。既に43%という高いシェアをもつジョージアの販売をさらに高めるという過酷な目標に挑む。結果は大成功。タレントの飯島直子さんを抜擢して制作した、「皆さん、お疲れでしょ」というニュアンスの癒し系の広告は、当時、資産不況と格闘するサラリーマン男性の心に響いた。こうした施策もあり、シェアを43%から53%まで伸ばした。

この発想は、缶コーヒーを飲料とだけしか考えることでは生まれなかっただろう。生活者は何に困っているか、何を求めているか、それを知るために多くの人たちの生の声を直接聞き、生活者視点での想像力があってこそのものだったのだと思う。魚谷氏は、顧客や関係者の問題解決になることを考えるマーケティングの求道者のような方だ。そこから、ジョージアを美味しさに加えて、それを飲むとき、ほっとできる癒しの時間を感じられるものとして、生活者に受け入れられることに成功したのだ。

ジョージアの成功と同様にサントリーのコーヒー飲料BOSSも商品開発担当者が街を歩き、たまたま工事現場の作業員の人たちが缶コーヒーを飲んでいる光景を見て、見過ごしていたセグメントに気づいたそうだ。そして商品コンセプトを「働く男の相棒」とし、それを具体的に訴求するプロモーションを展開していったことで、日本でも有数のブランドに成長したのだ。

街に出て、生活者のことをよく見て知ることとの大切さを考えるエピソードをもう一つ紹介しよう。『イノベーションのジレンマ』の著者クレイトン・クリステンセン教授のローマでの講演のなかでの話だ。彼はミルクシェークがよく売れるのは朝の8時頃と午後3時頃に集中していることを知る。それはなぜなのかを調査したところ、朝の顧客に多いのは車でオフィスに向かうビジネスマンだったのだが、その理由は運転中でもカップから中身がこぼれないからだった。また、午後の顧客で多かったのは子供を保育園から連れ帰るママだった。ママ友とのおしゃべりに、飲むのに少し時間がかかるミルクシェークがぴったりだというのがその理由だったとのことだ。

クレディ・セゾンの取りこぼしターゲットへの視点

流通系クレジットカードで業界首位のクレディ・セゾンは、衣料品の月賦販売を行っていた緑屋が源流だ。業績不振の緑屋をセゾングループが買収し、当時グループ代表の堤清二氏がクレジットカード事業への参入のために、現会長でCEOである林野《りんの》宏《ひろし》氏ら当時30代の若手社員が買収先に送りこまれる。1982年のことだ。

その頃のカード事業は旧三菱銀行、旧三井銀行、旧三和銀行、旧富士銀行、旧第一勧業銀行などの大手都市銀行が中心だった。こうしたなかで後発のクレディ・セゾンはどこに活路を見出すのかについて、林野氏らプロジェクトチームが奔走し、ある発見により活路を見出す。

銀行系カードは「大企業」「管理職」「男性」というカテゴリーを中心に発行されている。だが、大企業の管理職であればつけ払いがきくからこれは変だ。むしろ、ニーズがあるのは20代の若い女性ではないか。彼女たちは銀行の与信基準にはかなわないため、申し込みをしてもカードを発行してもらえない。でも、彼女たちは緑屋の月賦販売の顧客だった。与信の限度額は低く抑え、彼女たちに大量のカードを発行したらどうだろうか。

クレディ・セゾンはその後も「永久不滅ポイント」など業界に先駆ける斬新なアイデアを出し続け、成長を続けている。2000年代前半の西武百貨店などグループ企業の再生処理にも貢献している。2019年3月期の営業収益は3055億円、経常利益は510億円に達している。

リクルートの「不」の発見

リクルート創業者の江副浩正氏が遺した「自ら機会を創り出し、機会によって自らを変えよ」は創業から8年目の1968年につくられた社訓だ。いまでは社訓ではなくなったが同社社員や大勢の卒業生の拠り所の言葉として大切にされている。

この言葉に表されていることは当たり前のように聞こえるかもしれないが、実行するのは容易ではない。多くの経営者が変革の必要を訴えるが、変革のためには「機会の発見」が不可欠だ。

リクルートでは機会の発見は「不」の発見から始まると考えているそうだ。未来を予測し、こうあるべきだという論理から出発するのではなく、現在の顧客の困りごと、会社の困りごと、社会の困りごとを感じることを出発点にし、そこに不満や不便や不足などの「不」を感じたら、「あなたはどうするのか?」と社員に問うのだそうである。

情報誌という紙媒体から事業を始めた同社は、2000年代初期に紙が不要になると感じ、「どうするのか?」と考え、そこから現在のIT企業への変革が始まる。

宿泊先予約サイトであるエア・ビー・アンド・ビーの事業の創生は、リクルート同様の発想からだった。ニューヨークのホテルはいつも満室で値段も高く、観光客は困っている。でも、近郊の一般の住宅には空部屋がたくさんある。この空部屋を観光客が寝泊まりするようにできないか、という「不」の発見から始まる。

自動車配車サービスのウーバーも、タクシーが捕まらなくて困っているという地方都市の人々の困りごとが事業の出発点だ。中国の同種のサービス滴滴出行《ディディチューシン》は、既存のタクシーの運転手は乱暴で信用できないというユーザーの不信感が出発点となり、サービスが開始された。

素直な直感が差異化を生む

経営には、戦術と戦略の違いをはっきりと認識することが重要だといわれる。

戦術は、敵と戦う術であるため、敵がいることが前提になる。そして敵の強みと弱みを知り、敵に勝つ方法を探り、そのための技能を身につけることが戦術の要諦となる。

しかし、敵も同様にこちら側の強みと弱みを探し、勝つ術を磨くため、よほどの技量の差がなければ、お互いに血を流す戦いになる。いわゆる、レッドオーシャンだ。戦術とは、レッドオーシャンでの戦いで勝つ術である。だが、レッドオーシャンでの消耗戦を続ければ、どんな企業もいずれ力が尽きる。

一方の戦略の「略」には、省くという意味がある。戦略とは敵のいない場所を見つけること、敵と戦わない方法を探すことである。つまり、敵のいないブルーオーシャンを探すことだ。それでは、敵のいない場所はどのようにすれば、見つけることができるのだろうか。

万能の方法はあるのかと問えば、答えはYES。オフィスを出て街をさまよい、好奇心を燃やし、想像力を磨く、そのうえで何かを感じるということだ。

ファーストリテイリングが生まれたとき、気の利いたファッショナブルな普段着をつくるという着想をもった競争企業はなかった。同社の原点は、創業者の柳井正氏がニューヨーク・マンハッタンを歩いていたとき、何気なく立ち寄ったUnique Clothingというお店で見た、感じのよい普段着であったそうだ。その頃、日本人は外で着ることができなくなった服を普段着としていたので、全くファッショナブルではなかったそうである。そのような気の利いた普段着をつくるメーカーはなかったので自分でつくることにした、製造小売りというモデルの始まりだ。そして、日本には春夏秋冬があるので3か月ごとに新しい商品が必要になるとも考えたとのことだ。そうしたときに読んだマクドナルドの本から、マクドナルドは食材の高速加工事業であるという着眼を得て、社名を小郡商事からファーストリテイリングに変更したそうである。First（一番）ではなくFast（速い）だ。

多くのビジネスマンがプログラミングと格闘していた1980年代にパッケージソフトの流通に着眼した会社がソフトバンクだった。孫正義氏はビジネスマンたちに、「皆さん、パソコンでお困りでしょ」「良いソフトウェアがあるのです」と語りかけていた。孫氏も柳井氏も、いまは存在しない顧客ニーズ、競争企業が対応していない顧客ニーズを感じる直観力をもつCEOだといえよう。

経営者も社員も顧客の周りを這い回る

プロジェクトで未来を創るといっても哀しい現実がある。プロジェクトのテーマが見つからないからだ。本節では、プロジェクトのテーマが多く生まれるために会社は何をしたらよいのかを提案する。それは、ヒエラルキーの規律として「顧客の周りを徘徊する」ことを明確に示し、実行することである。

ある消費財メーカーの経営者に「過去1年間、顧客が御社の製品を実際に使っている場面に居た時間はどのくらいありましたか?」という質問をした。その経営者の私の唐突な質問に少しはっとしたような表情を浮かべながら、「ゼロだ」と言われた。翌日、「ゼロではなかった。家内はわが社の製品を使っているので……」という連絡が来た。

しかし、その社長は何かを思ったのだろう。数日後の経営会議で参加メンバーに同じ質問をした。答えはほとんどゼロ。今度はヒエラルキーの階段を降りながら、同じ質問を部長層、課長層へと繰り返していった。最終的にYESという回答が得られたのは顧客サービスとクレーム処理の部門であった。しかし、その両部門で顧客と実際に接していたのは、部長ではなく担当のスタッフであった。

お客様にとっては、買ったあとが大切である。メーカーはお客様に買ってもらうところまでは一生懸命になる。しかし、売ったあとは関わらず、メーカーとお客様の間には大きな川が流れているというのが実際のところだろう(図表11)。

海外では、顧客と時間を過ごすことを会社が求めるケースが少なくない。顧客起点で創業されたGAFAやBATのイノベーションがそのことを象徴している。エア・ビー・アンド・ビーでは「ゴキブリのように顧客の周りを這い回れ」という相当にドギツイ言葉が使われている。

グーグルには「テクノロジーを忘れろ」という言葉がある。グーグルのようなテクノロジー企業が「テクノロジーを忘れろ」とはどういうことなのだろうか。

前章でグーグルの検索エンジンは機械と人間のブレーンストーミングの場である、という同社幹部

図表11　企業のJobとお客様Job のギャップ

お客様第一という言葉がない企業はほとんど存在しない。

しかし、それを実践する企業もほとんど存在しない。企業のJobは売ること、お客様のJobは使って役に立たせること、あるいは意味をもたせること。両者の間には大きな河が流れている。

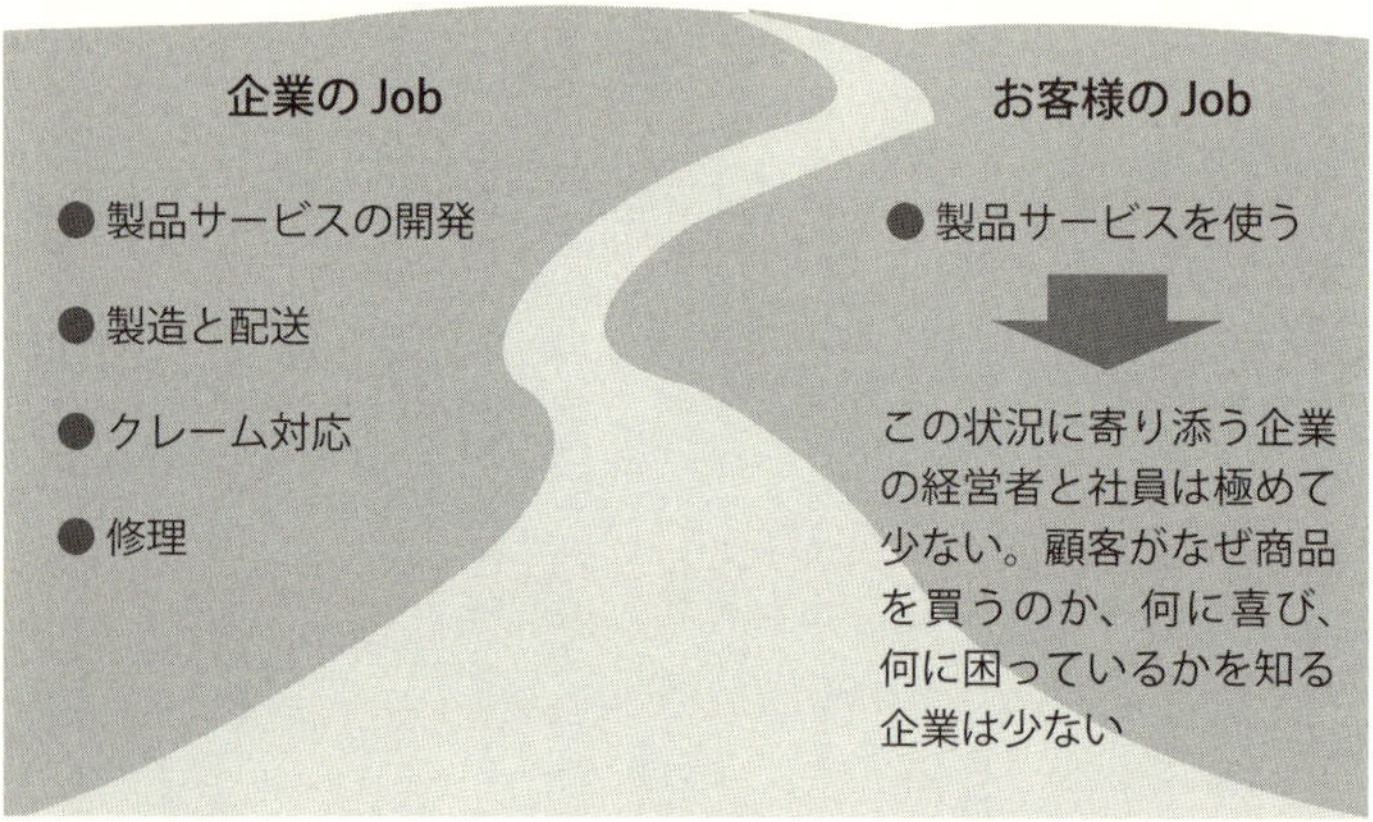

ここでいうJobという表現は『イノベーションのジレンマ』の著者**クレイトン・クリステンセン教授の最新作である**『ジョブ理論』にヒントを得ている。

の話を紹介した。私自身の実感だが、一つの言葉を検索して面白いことがわかると関連する他の言葉を検索し、それが継続するなかで何かのアイデアが生まれるときがある。グーグルはこのようなユーザー体験を求めているのだ。

そして、その問題を解決できる人や会社が世界中のどこにあるのか、それを知るネットワークを探り、すぐに連絡し、話ができる関係をつくることが重要だと言っている。そのためにはオフィスを出て街をさまよい、人に会い、人脈をつくることが必然となる。

消費者は豊かになると「役に立つ」だけでなく「意味がある」を求める。「役に立つ」は機能のことだが、「意味がある」は感情、気持ちのことだ。これからの日本企業にとって、後者の重要性が増していく。

カルビーの前ＣＥＯ松本晃氏は日本経済新聞夕刊（２０１８年5月28日）のコラム「あすへの話題」で次の英文を紹介していた。

Office is the most comfortable place, but the most dangerous place in the world.

私も一つ、英文を紹介したい。Whaleだ。

Working hard and leaning ended.

これは、懸命に働き、鯨のようにオフィスを占有し、学習が停止しているエグゼクティブを揶揄した言葉だ。

野村総合研究所が日本企業の経営者の活動に関する非常に興味深い調査と分析をしている。その調査結果は『御社の意思決定がダメな理由』（根岸正州・森沢徹著、日本経済新聞出版社）という本のなかに紹介されている。それによると、日本企業の経営者は多くのインフォメーション（情報）に囲まれているが、インテリジェンスをもてないでいるという重要な指摘をしている。ここでいうインテリジェンスは政治的、軍事的に価値ある情報、普通の人は知らない情報の蓄積という意味だ。また、知性、知力、知恵という静的なイメージではなく、意味ある情報を獲得して活用する能力という定義がある。

同書ではさらにその原因を追究し、2つの重要な結論が紹介されている。

一つは、社長の時間配分だ。「国内での社内会議が大半。国内顧客への表敬的な訪問、業界団体・財界活動が続く」「顧客との真剣な商談、投資家との会話、が圧倒的に少ない」という警鐘を鳴らしている。

もう一つは、社長の情報源である。情報源は日本語で書かれた新聞、雑誌、国内の社外人脈、業界団体・経済団体が情報源の中心である。海外の人脈、団体や英語の新聞、雑誌を情報源にする社長は極めて少数というのが実態だとしている。

いま、金融界にはフィンテックという言葉が広まっている。日経ビジネスの2015年新年号での特集記事「日本を脅かす第4次産業革命」により一斉に金融界に広まった言葉だが、世界ではずっと以前から認知されていた言葉だ。

誰もが知っている情報には意味がない。競争企業が知らない情報を獲得する、あるいは競争企業よりも早く獲得することが勝負を分ける。そのためには社長も社員もオフィスに籠らず、外に出ることが必須である。

本章のタイトルには「働き方改革1」というメッセージを付けた。いま、日本企業で進んでいる働き方改革は「働く場所」と「働く時間」の改革が中心になっている。ここには、「働く方法」についての視点とアイデアが欠けている。成長のためにはイノベーションが必要だ。顧客起点のイノベーションを起こすための働き方改革である。

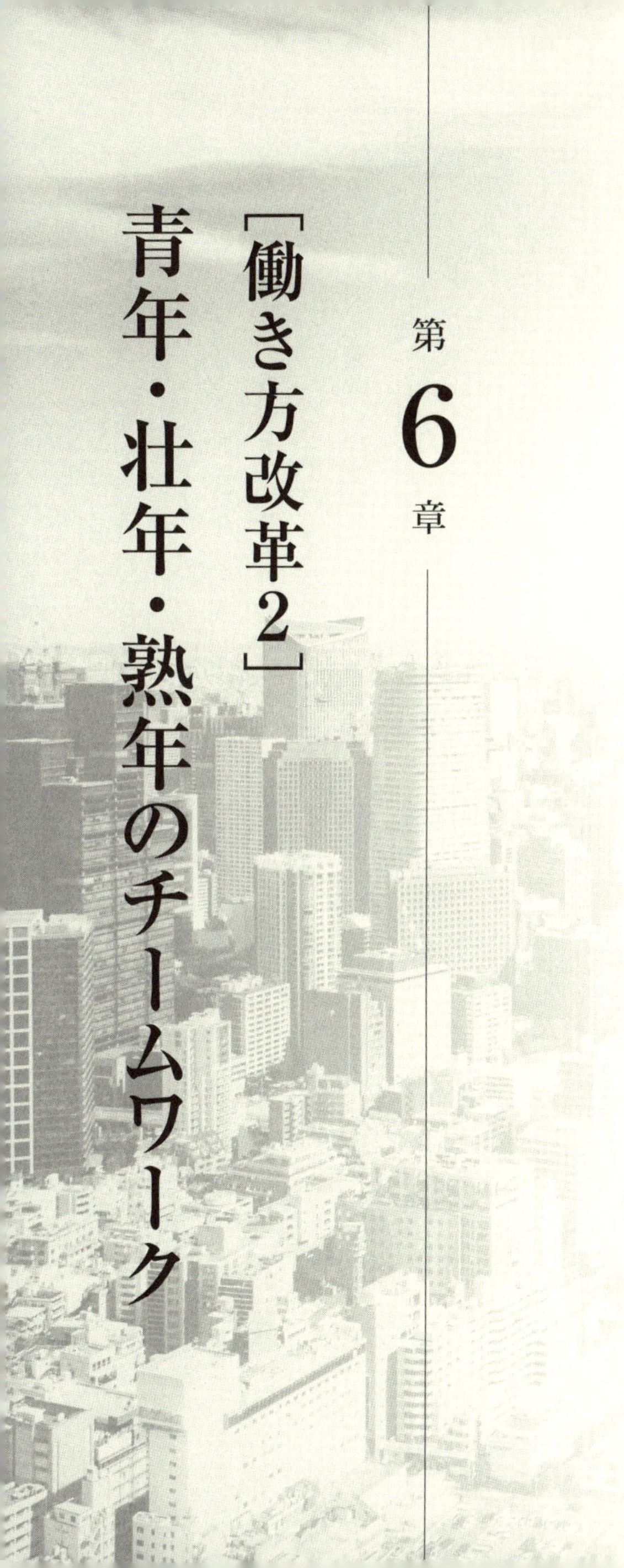

第6章

「働き方改革2」青年・壮年・熟年のチームワーク

青春の心をもつ

本章のタイトルは「青年・壮年・熟年のチームワーク」だが、その本質はヒエラルキーを守り、ヒエラルキーを超え、成長を実現するための適所適材の組織運営を行うということだ。ここでいう熟年とは、青春の心をもった青年のような熟年のことである。

戦後の日本人に勇気と希望を与え、高度経済成長の原動力の一つにもなったといわれるのがサミュエル・ウルマンの「青春の詩」だ。

青春とは人生のある期間ではなく、こころのもち方をいう。
…中略
青春とは臆病さを退ける勇気、やすきにつく気持ちを振り捨てる冒険心を意味する。
…中略
ときには20歳の青年よりも60歳の人に青春がある。
年を重ねただけでは人は老いない。理想を失うとき、はじめて老いる。
…後略

ウルマンは1840年にドイツで生まれ、家族とともに米国に移り、教育界や実業界で活躍し、1924年にアラバマ州で生涯を終える。その後、第二次世界大戦後の日本を統治したマッカーサー元帥や政財界の著名なリーダーが彼の詩を演説に引用し、多くの人々にその詩が受け継がれた。日本では1980年代、東洋紡の宇野収元社長が熱い思いで紹介したのがきっかけとなり、ビジネス界で大きな反響を呼んだ。1992年には日米親善貢献者に贈賞されるサミュエル・ウルマン賞が制定されている。

パナソニックの創業者、松下幸之助氏は70歳になった1965年にこの詩にヒントを得て座右の銘とする言葉をつくる。

青春とは心の若さである
信念と希望にあふれ
勇気にみちて日に新たな
活動をつづけるかぎり、
青春は永遠にその人のものである

本章では日本企業の成長力の復活のために「青春の心をもったすべての社員」の力を結集し、世界で戦うための方策を提案する。

チームワークの真意

ヒエラルキーには職責と実力に基づく階層や序列が必要であることは既に述べてきた。

一方、ヒエラルキーを超える活動であるプロジェクトには階層や序列は無用だ。プロジェクトを効果的に進めるための要件は、多様な人々が対話を通じて知恵を生み出す場と知恵を行動に結びつけるチームワークである。

『一万年の旅路　ネイティヴ・アメリカンの口承史』（ポーラ・アンダーウッド著、邦訳：翔泳社）という本がある。ネイティヴ・アメリカンのイロコイ族がベーリング陸橋（1万年前は氷河期の名残で水面は低く、海ではなかったようだ）を渡り、モンゴルから北米にやってきて、五大湖のほとりに永住の地を見つけるまでの歴史の口承史を纏めたものだ。

このなかにいま、私たちが日常で使うワークショップやチームワークの源流になるような知恵と行動を生む試みが記述されている。そのワークショップとは、指導者がいないとき、様々な経験をもつ多様な人々が夜、薪の火を円のように囲み（つまり序列がなく）、会話し、新たな知恵を生み出すアプローチである。

プロジェクトには、ワークショップの考え方が重要だ。

『ワークショップ』（中野民夫著、岩波新書）という本に興味深いことが記されていた。ワークショップは薪を囲んで車座になり、議論ではなく会話を求める。トーキング・スティックという棒を用意し、その棒をもつ人だけが語ることができる。異なる意見、異なる考えを傾聴し、新たな知恵を生み出す試みである。それをうまく進めるには、青年の強み、壮年の強み、熟年の強みをチームとして結合し、力にする必要がある。

チームワークとは、異なる能力をもつ人々が結集し、個々人では達成できない大きな目的や目標を達成するものだ。同じ血筋の人が集まるファミリーとは異なる。同じような仕事を一緒にする人が集まる仲間とも違う。似たような思い、価値観の人が集団をつくるグループとも異なる。

青年の感性で0から1をつくる

青年の強みは、経験がないことだ。経験はパラダイム（規範、標準）をつくり、パラダイムは新しい発想をつぶす魔力をもつ。米ミネソタ科学博物館未来学研究部長のジョエル・パーカー氏は著書『パラダイムの魔力』（邦訳：日経BP出版センター）のなかで、パラダイムがいかに新たな発想を否定するかについて興味深い事例を紹介している。

- 「蓄音機に商業的価値はまったくない」トーマス・エジソン　1880年
- 「空気より重いものが空を飛ぶというのは、まったく不可能ではないにしろ、実際には役に立たず、意味がない」サイモン・ニューカム（天文学者）1902年
- 「分別があり、責任感のある女性は参政権を要求しない」グロバー・クリーブランド（22代、24代米国大統領）1905年
- 「長距離移動の手段として、車が鉄道に取って代わるなどと考えるのは、たわいもない夢であ

る」アメリカ道路協議会　1913年

●「人類が原子力を利用できるようになる可能性はまったくない」ロバート・ミリカン（ノーベル物理学賞受賞）1920年

●「ベーブ・ルースが、投手から打者に転向したのは、大間違いだった」トリス・スピーカー（野球殿堂入りした大打者）1921年

●「俳優の声を聞きたいと思う人など、いるわけがない」ハリー・ワーナー（ワーナー・ブラザース社長）1943年

●「世界で、コンピューターの需要は5台くらいだと思う」トーマス・J・ワトソン（IBM会長）1943年

●「個人が家庭にコンピューターを持つ理由など見当たらない」ケン・オルセン（ディジタル・イクイップメント社長）1977年

この本では1970年代のDEC社のケン・オルセンの言葉が最後のため、1980年以降のパラダイムが引き起こす弊害についての言葉を探してみた。

●「ウェブサイトをつくって運営するのはノーベル賞ものの難事業であり、若者の領分だ」ジャック・ウェルチ（GE会長）GE年次報告書の巻頭言、1999年

●「ソニーはもう一度、謙虚に米国から学ぶべきだ。」インターネットに危機感をもって……。盛田昭夫（ソニー会長）ソニー現経営幹部の話、1993年

●クラウドコンピューティングについて一時的なブームに過ぎないと強く非難し、「皆が何について語っているのか見当もつかない。それはいったい何なのだ?」ラリー・エリソン(オラクル会長)ニューズウィーク誌、2008年12月10日号

アマゾンはクラウドサービス事業で大きな成功を収めているが、ジェフ・ベゾスCEOはその理由として、7年間も競争企業がいなかった幸運に恵まれたことをテレビ番組で語っていた。AWS(Amazon Web Service)は2006年7月に公開されるが、その原型はクリス・ピンカムとクリス・ブラウンというエンジニアがクラウドの可能性を想像し、南アフリカのケープタウンの拠点で開発したものだそうである。

1970年代までのような新しいアイデアを明確に否定するものではないが、インターネットやクラウドは得体の知れないもの、よくわからないもの、というのが偉大な経営者の感想だったのだろう。このような歴史の現実を見れば、ゼロから1のステージは青年に期待するしかないと考えるのが自然ではないだろうか。GAFAやBATの創業者は皆、20代の青年だった。孫正義氏の創業は23歳、柳井正氏がUNIQUE CLOTHING WAREHOUSEと英語で書かれた看板を掲げたユニクロ1号店を広島市に出店したのは1984年、30代のことだった。ソニー・プレイステーションを開発した久夛良木健氏は20代後半にゲーム好きが高じて、ゲーム機開発の道に進んだ。三木谷浩史氏が楽天を創業したのは30歳だ。

パナソニックのPC「レッツノート」は、日本企業のPC事業の唯一の生き残りである。同社はま

た、「タフ・ブック」という建設や鉱山などの現場で使う堅牢なＰＣも製造・販売している。その開発には33歳未満という年齢制限をつけて青年社員に委任したそうだ。

ウォークマン以来の日本企業による新商品開発の成功事例とされるＮＴＴドコモのｉモードは１９９７年にサービスが開始されるが、その総責任者であった榎啓一氏は当時、リクルートで「とらばーゆ」などの編集長として活躍していた松永真理氏や夏野剛氏など若手の外部人材をスカウトし、開発の中核に据えた。

壮年のリーダーシップで1を10にする

リーダーシップとは、新たなテーマや新たなアプローチに権限の力を使わずに挑むことを意味する。いまあるオペレーションを権限の力で部下を使って動かすマネジメントとは対極にある。そこで、ヒエラルキーにはマネジメントが必要であり、イノベーションにはリーダーシップが必要とされるのである。

リーダーシップという言葉がビジネス界で使われるようになったのは１９９０年代である。第２章ではＧＥが１９９３年に改定したリーダーシップのためのコンピテンシーモデルを紹介（１１５ページ参照）したが、ＧＥだけでなくＩＢＭや多くの企業が改革に挑むなかでリーダーシップの役割に覚醒したのだ。

昨今、ＶＵＣＡ（Volatile, Uncertain, Complex, Ambiguous）という言葉をよく見聞きするようになっ

たが、１９９０年代も伝統的な大手企業が新興企業の攻勢を受け、それまでの延長では立ち行かなくなった時代だった。新しい方向や新しい方途の必然的な追求に既成の企業の経営者やビジネスパーソンが悟った時代だった。

しかし、人は誰も居心地の良い場所から踏み出すことを好まない。何か新しいことを始めるのに躊躇があるとき、一歩踏み出せば自分にとって良いことになるとの感情が焚きつけられるかが分かれ道になる。そのような思いを人の心のなかにつくることが、リーダーシップである。ケンタッキー・フライドチキンの創業者カーネル・サンダースが言ったように「人は論理で理解し、感情で行動する」ものなのである。

0から1をつくるフェーズは感性をもつ個人や少数のチームでも可能だ。メンバーには直接指示をし、自ら先頭に立って行動すれば成果を出すことができる。

しかし、1から10のフェーズは少人数では対応が困難だ。人員があまりに多くなると直接の指示は物理的に不可能だし、自ら行動し、背中を見せて人を従わせることも困難だ。私はこれまで１００人程度のチームを率いる幹部社員のアセスメントを数多く経験してきたが、そのなかでリーダーシップを発揮する人の共通項を発見した。

それは、「他者への関心や共感する心が強い」ということだ。いわゆる、心理学の親和動機が強いということである。ただ、親和動機だけだと争いは避け、居心地のよい仲間集団になり、一歩踏み出す勇気は生まれない。困難に挑み、難しい目的や目標を実現したいという達成動機が同時に必要になる。

「親和動機」「達成動機」をもちながら、リーダーシップのスタイルを学び、それを適切に使うスキルを身につけられれば、1から10を生むプロセスで活躍することが可能となる。このときの重要なスタイルには6種類ある。これは、コーン・フェリーの源流にあるヘイグループが開発した枠組みである。以下に詳しく説明しよう。

●第1のスタイル：「こうしなさい！」という指示ではなく、「こうしてほしい。そうすれば、あなたに（このような）良いことがありますよ」と伝える

例えば、メンバーに会社のビジョン、目標や戦略を説明し、自部門の役割を伝え、「頑張ろう」ではなく、メンバー自身にどんな良いことがあるのかを伝える。この方法がなぜ良いのか、東京ディズニーランドを例に説明しよう。

1983年の開業以来、順調にファンを増やし、2018年には3255万人と過去最高の来園者を記録する東京ディズニーランド。ここで働く従業員の90％がアルバイト社員だが、皆さんとても元気だ。その理由が『9割がバイトでも最高のスタッフに育つディズニーの教え方』（福島文二郎著、中経出版）という本のなかで解き明かされている。

その本のなかに印象的なメッセージがある。ディズニーランドで働くスタッフにとっては今日も昨日と変わらない1日だが、来場するゲスト（お客様）にとっては一生に一度のことかもしれない。だからリーダーは、スタッフにキビキビと姿勢よく立ち振る舞うように言う。姿勢よくと言ってもなかなか理解されず、肩・腰・膝・くるぶしを一直線にするといいと具体的に指示する。それでもうまくいかない。そこで、リーダーは姿勢をよくすれば、身体に負担がかからず、1日の立ち仕事が楽になるとスタッフにとって良いことになるアドバイスをした。そこから、皆、元気に働くようになったとのことだ。

●第2のスタイル：メンバーへの徹底的な気配り

メンバーの仕事だけではなく、生活にも寄り沿い、不安を除き、元気づける。人間関係に悩みがあれば、親身になって相談に乗る。どんなに強気な人であっても、人は潜在的に人とのつながりを求める。それが人間の脳の中心部にある動機だからだ。

●第3のスタイル：メンバーのやりがいを刺激する

メンバーに参加させ、自分は役に立っているのだと伝える。このスタイルを使うリーダーは「この仕事をしてください」ではなく、「いま、こんなことで困っている」「この問題を解決してほしい」と語りかけることをする。そして、貢献してもらった手柄を部下の手柄にする。決して自分の手柄にはしない。

●第4のスタイル：具体的に指示する

知識や経験が全く不足する新人のようなメンバーには、「何を」「どのように」「いつまでに」を具体的に、きめ細かく指示することも必要である。失敗は自信を挫く。

●第5のスタイル：率先垂範

これは部下がひるむ困難な場面、火中の栗を拾わなければならない場面で活路を開くスタイル。部下ができる仕事に手を突っ込む、部下に任せないスタイルとは似て非なるものである。日本では率先垂範は太平洋戦争における連合艦隊司令長官であった山本五十六の「やってみせ、言って聞かせ、させてみて、ほめてやらねば人は動かじ」という有名な言葉とともに語られる。

●第6のスタイル：育成を重視する

ＯＪＴをしっかりと行い、部下のキャリアの成長を支える。短期の業績ではなく、長期的な業績向上を目指すアプローチである。

この6つのスタイルのベースにある共通のコンピテンシーは、コミュニケーションの力量だ。上手なプレゼンテーションではなく、人の気持ちを理解するコンピテンシー、つまり対人理解力である。プレゼンテーションはパワーポイントの助けを借りて向上することができる。しかし、対人理解力を助けてくれるソフトウェアは世の中に存在しない。

会社はこのようなスタイルの多くを発揮できる人材を探し、1から10のプロセスのリーダーに抜擢する必要がある。青年はこのようなリーダーシップを発揮した経験がない。壮年社員であれば実績が見える。リーダーシップの力量は汎用性がある。良いリーダーほど場所や立場が変わっても上記の6つのスタイルを上手に使い分け、メンバーのエンゲージメントを高めることができる。

熟年の知恵で10を100にする

ハンバーガーチェーン・マクドナルドの創業者とされるレイ・クロックがモーリスとリチャードのマクドナルド兄弟から実質的に会社を買い取ったのは1955年、53歳のときだった。

レイ・クロックは旧チェコスロバキアで生まれ、米国に移住する。ミルクセーキをつくるミキサーや紙コップのセールスをしていたが、マクドナルド兄弟のハンバーガーショップから8台のミキサーの注文が入り、急遽、お店に向かう。運命の出会いだったのだろうか。クロックは限界まで調理作業を効率化するマクドナルド兄弟の革新的なオペレーションに衝撃を受ける。ハンバーガー、フライドポテト、飲料だけ。皿はなく紙で包む。注文したら30秒で受け取れるという高速の調理サービスモデルだ。クロックはマクドナルド・システムという会社をつくり、20年間で全米に店を広げたのち、世界のマクドナルドに成長させる。10から100ではなく、10から1000ともいうべき躍進ぶりだった。

レイ・クロックに見られるように、熟年の強みは経験である。経験は0から1の創造のブレーキになりかねないが、10から100のアクセルになり得る。成功や失敗など様々な経験を組み合わせ、大きなシステムとして事業を大規模なものにすることに熟年の力量は活かせるのだ。

ラリー・ペイジ氏とセルゲイ・ブリン氏からグーグルの経営を引き継いだエリック・シュミット元CEOも熟年パワーの代表格だ。彼がグーグルのCEOになったのは2001年、46歳だった。彼もグーグルを10から100でなく、10から1000に導いたリーダーだった。彼の熟年ならではのリーダーシップがグーグルを巨大な会社にしたオペレーションシステムと文化をつくったのだ。

日本での知名度は高くないものの、世界最大のバイオ医薬品企業として知られるのが米国カリフォルニア州にあるアムジェンだ。治療法が見つからない難病に挑むことを目的に遺伝子組み換え技術や分子生物学の技術を活用するという情熱のもと、物理化学者であったジョージ・ラスマン氏によって

1980年に創業された。以来40年近くにもわたり成長し続け、2018年の売上は約2兆5千億円、営業利益は1兆円を超える超優良企業である。

この会社の繁栄を築いたのは米国のコングロマリット企業だったリットン・インダストリーズ（現ノースロップ・グラマン）やフォード・モーターなどの大企業で経理を務めたゴードン・バインダー氏だ。彼はバイオテクノロジーのことは何も知らなかったそうだがいくつかの偶然が重なり、まだ社員数50人の同社に入社したのが46歳、そして52歳でCEOに就任した。1988年のことだ。

バインダー氏は売上200億円のベンチャー企業であったアムジェンを巨大なバイオ医薬品企業に成長させるためのマネジメントプロセスをつくり、自ら運用して同社のイノベーションを成功に導いた。1992年に私が50代後半の彼と東京で会ったとき、青春の心をもった熟年リーダーという印象を受けた。朝7時から1時間の予定の朝食会議が終了したのはお昼過ぎのこと。彼の好奇心の塊のような質問による大幅な時間オーバーだった。

アップルCEOのティム・クック氏が同社に入社したのは38歳のときだ。米国のベイエリアではこの年齢は熟年と言って差し支えない。彼はIBMなどでPC事業に携わり、アップル入社後はエンジニアでもデザイナーでもなく、オペレーション分野でキャリアを伸ばしていく。いわば裏方の仕事を通して、アップルを10から1000に飛躍させた。

テクノロジー企業インテルは、ムーアの法則で知られるゴードン・ムーア氏と天才科学者ロバート・ノイス氏によって創業された。そのインテルを世界規模の会社に成長させたのがアンディー・グローブ氏である。1987年、50歳で同社のCEOとなり、10から1000への飛躍に貢献する。

以上、10から100どころか1000にまで事業や企業を拡大させた方々を紹介してきた。10から100のフェーズでは良いヒエラルキーをつくり、ヒエラルキーを活用する力量、つまり大規模組織のマネジメントスキルが必要になる。よって、ただ熟年社員であればよいのではなく、「青春の心」と「経営の経験」がポイントになる。そのうえでプロジェクトへのかかわり方には工夫が必要になるのだが、それには米国ベイエリアで生まれたベンチャーキャピタルが参考になる。

米国のベンチャーキャピタルはボストン連銀総裁であったラルフ・フランダース氏が1946年に創設したARD（American Research and Development）が先駆けだとされる。同時期にベイエリアの投資家アーサー・ロック氏がフェアチャイルドセミコンダクター社への出資を契機にアーサー・ロック社を設立する。この会社はその後、PCメーカーのDECへの投資で大きな成功を収める。

伝統ある日本の大企業であれば、熟年社員は1－10をリードする壮年社員への良きアドバイザーになりえるだろう。彼らの多くは大きな組織のライン長としてヒエラルキーを運営する役割を果たすと同時に、時間の一定割合を社内ベンチャーキャピタリストとして使う、そのようなイメージになる。

日本人はチームワークが苦手？

日本企業のなかで日常的によく使われる言葉の一つがチームワークだ。このチームワークの「チーム」だが、ビジネス上では以下のようなニュアンスを含んでいるのではないだろうか。

● 明確な目的や目標の存在：1人では達成できない目的や目標が存在し、それが共有されている。

●挑戦的な目標の存在：個々人の成果の合計、足し算以上の成果を求める目標が存在する。営業部門であれば、個々の営業パーソンの成果目標の足し算で満足する場合、チームは不要。足し算以上を求める場合にチームが必要。

●シナジー（相乗効果の存在）：足し算以上の成果を生み出す相乗効果の可能性がビルトインされている。例えば、メンバーの個性、力量の多様性、それを結びつける工夫など。

●リーダーシップの必要：明確な目的や目標に向けてメンバーを鼓舞するリーダーシップが必要。メンバーが自発的に成果に貢献する風土を開発する必要がある。

●マネジメントの必要：メンバーが自発的に協力するモチベーション、インセンティブの仕掛け、仕組みを活用する必要がある。

●期限の存在：チームの条件は明確な目的や目標の存在である。目的や目標が達成されれば、その段階でチームの使命は終わる。

上記のニュアンスから考察すると、私たち日本人にはチームという概念は希薄で、家族や仲間あるいはグループ（集団）という概念のほうが理解されやすいのかもしれない。日本は古くから地縁を大切に育んできた民族ということもあるだろう。

ただ、グループ（集団）よりもチームのほうが現代の成果主義的なビジネスには適しているという主張がある。

しかし、これは誤解を与えやすい考え方かもしれない。それというのも、家族や仲間という言葉は相互の信頼関係を想像させるものだからだ。家族意識、仲間意識はチームを生み出す土壌のようなものだということだ。温かい家族意識や仲間意識がなければ、チームは成立しない。この考え方を前提にチームワークを活用する術を学び、獲得する必要がある。

日本企業が進める働き方改革は、従業員の働く場所と時間の自由と柔軟性を拡大していくものだ。この取り組みは価値の低い作業から働く人を解放し、個々人が本当に必要な役割の実現に集中する状態をつくることに貢献する大きな可能性をもっている。

しかし、個々人がバラバラになり、勝手気ままに活動するのでは、人と人とのつながりが切れ、チームは成立しない。

プロジェクトは会社の垣根を越えてチームアップする

最後に重要な提案をする。本章ではヒエラルキーを超えた青年・壮年・熟年のチームアップを提案したが、これには会社の垣根を超えることが重要になる。

NTTドコモがiモードの開発で松永真理氏をリクルートからスカウトしたことは英断だった。これは1990年代末の話だった。同じ時期にソニーが銀行業務への進出を計画し、プロジェクトを始める。開業は2001年。現在、ソニーのCFOを務める十時裕樹氏も若手メンバーの一人だった。十時氏は著書『ぼくたちは、銀行を作った。』（集英社）のなかでソニーの若手社員と外部から参加したメンバーによるチームアップの活動が語られている。

ソニー銀行が誕生した同じ年にセブン銀行も営業を開始した。セブンとは質屋の隠語である「七」からセブン銀行という名前になったようである。プロジェクトには元日本銀行の安斎隆氏（現代表取締役会長）など外部の人材が主要メンバーになった。

２０００年代以降、既成の大企業による会社の垣根を超えたプロジェクトのチームアップの話題はあまり聞かれない。２０００年代は世界の企業がオープンイノベーションに一斉に舵をきった時代である。この時代の潮流を日本企業だけが傍観してしまったようだ。

しかし、より根本的な問題は外部から人材を導入してプロジェクト化するような野心的なテーマが枯渇してしまったことだ。短期志向・財務志向が高まり、そうしたテーマを探索する興味が失われたのかもしれない。

そうしたなか、既成の大企業は成長のためにプロジェクトを量産するステージに入っていく必要がある。ただ、ここで注意すべきことがある。それは、0から1、1から10のステップを自社内で行わず、はじめから新興企業と提携する短絡的なオープンイノベーションだ。経営企画部や新規事業開発本部、イノベーション本部などの本社や本部組織が主導するとこのような事例が多発する。

イノベーションは内発的なものだ。最初から他社に頼るのでは、他社にノウハウや知見を利用されるだけで終わることになりかねない。Innovation の In は中、Nova はラテン語で新しいという意味だ。中が変わり、新しくならなければ他力本願的に外部と提携しても成果は上がらない。

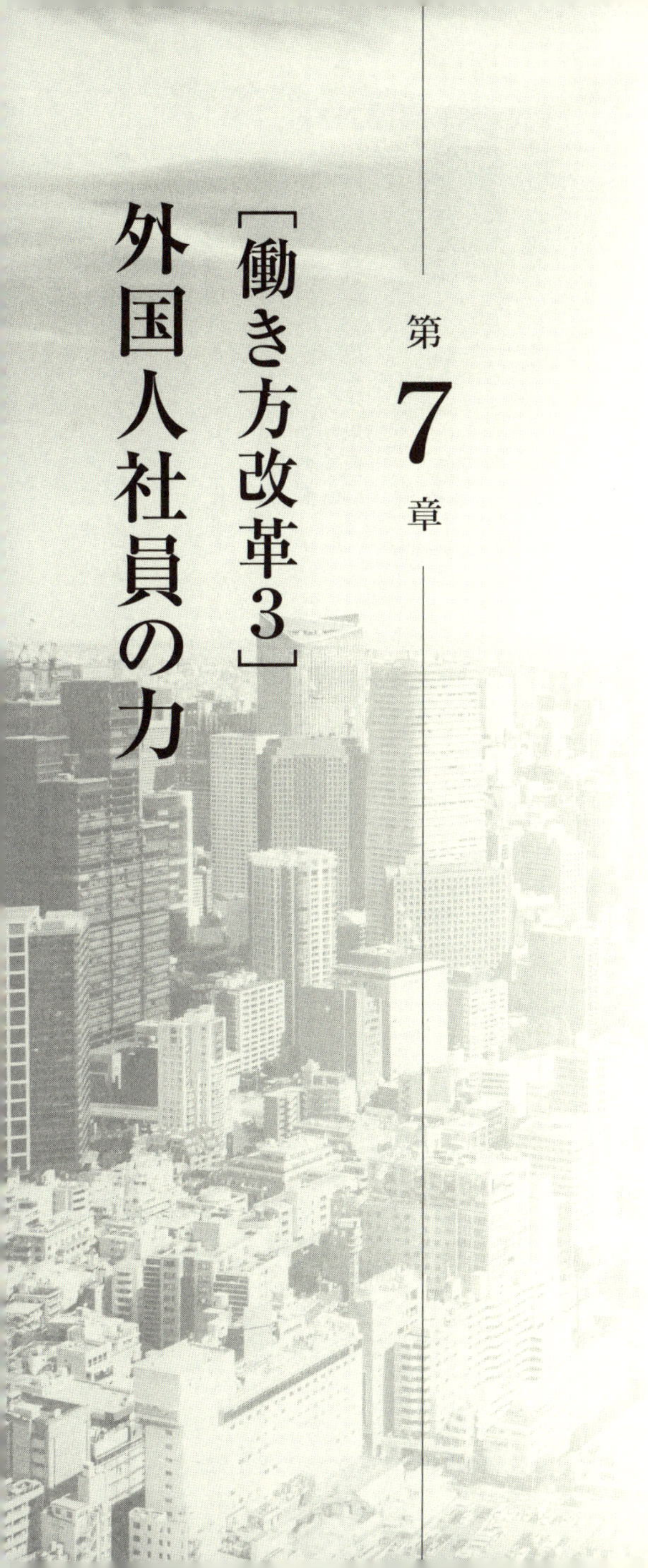

第7章

［働き方改革3］外国人社員の力

グローバル人事のステージにない日本

トヨタ自動車は1998年に4名のスタッフでグローバル人事室を開設し、それが2001年には100名体制のグローバル人事部として拡大したのち、2006年に解散させた。グローバル人事は1990年代の世界の企業のグローバル化（国際化、多国籍化ではなく）を推進するうえでは必要であったが、現在ではその役目は終わったようだと先述した。

しかし、多くの日本企業ではグローバル人事は使命を終えるどころか、まだ始まっていない。より正確に言えば、グローバルグレーディングやグローバルコンピテンシーモデルなどの仕組みや制度はつくったもののそこで止まり、仕組みや制度を活用し、ビジネス成果に結びつけるステージに入っていないということだ。

グローバル人事とは、地球規模での人材資源の全体最適を進めるということだ。国籍・年齢・性別・宗教・信条に関係なく、最も効率的で生産性が高く、最もビジネス成果に貢献する人事政策を推進するということだ。そのためには経営の仕組みやマネジメントの方法を変えるという、人事運営を超えた取り組みも必要になる。シャープなヒエラルキーをつくり、ヒエラルキーを超える挑戦は日本人社員だけでなく、世界の全社員が取り組むべき挑戦であり、外国人社員のなかに眠るポテンシャルを解き放つことが求められる。

東洋経済新報社『CSR企業総覧（雇用・人材活用編）2018年』のなかに日本企業で働く外国人社員の割合に関する統計がある。これは企業名の後に外国人社員の総数、全社員に占める割合、最後に日本の本社で働く管理職（部長以上）に占める外国人管理職の割合を示すものだ。

この割合の高いトップ10にはフォスター電機、マブチモーター、ミネベアミツミ、住友電工が入っている（図表12）。この統計によれば、世界で活動する日本企業の過半は外国人ということになる。

一方、日本本社で働く外国人幹部社員の割合は最高がフォスター電機の３％、次いでダイキン工業とオムロンが１％、ユニ・チャームとホンダが０・９％で続く。それ以外は１％を大きく割り込む。調査対象の１１１７社のなかで外国人管理職が一人でも存在するのは１１２社で全体の10％、２人以上の会社は35社で全体の３％だ。日本で働く外国人管理職の割合が低い理由は、海外拠点のほとんどが製造と販売であり、海外で自己完結していることが大きいようだ。研究・開発部門、マーケティング部門、人事・財務などの本社部門、ＩＴ部門のいずれも日本にある場合がほとんどだ。

外国人はヒエラルキーのなかに留まっている

日本人による日本人のための日本発のヒエラルキーのなかで、世界の外国人は指示された仕事を行う仕事主義の習慣に染まっている。日本語ができ、家族主義を愛する外国人が長く勤務し、結果として年功序列的に高い地位を占めている。このような外国人は生産拠点の運営には有効だが、マーケットにおけるビジネスの開拓、事業の成長には貢献しない。

本書のテーマである日本企業全体としての成長停止の原因は、海外市場で成長できなかったことにつきる。人口が増えない成熟した日本市場に留まっていれば、成長は不可能だ。そして、２０００年

図表12　日本企業で働く外国人の比率

順位	企業名	外国人社員の総数（人）	全社員に占める割合（%）	日本で働く管理職に占める割合（%）
1	フォスター電機	48,670	98.9	3.0
2	ユー・エム・シー・エレクトロニクス	10,697	98.5	0.0
3	マブチモーター	22,913	96.4	0.0
4	ミネベアミツミ	72,310	91.6	0.5
5	りらいあコミュニケーションズ	8,758	87.4	0.0
6	武蔵精密工業	10,807	86.5	0.7
7	テイ・エス　テック	14,044	86.0	0.0
8	フジクラ	48,253	84.7	0.6
9	住友電気工業	209,094	84.2	0.1
10	山喜	1,041	83.9	0.0
14	ダイキン工業	54,785	81.5	1.0
15	ブリヂストン	114,993	80.1	0.2
16	ユニ・チャーム	12,653	79.9	0.9
19	ホンダ	165,118	77.9	0.9
30	味の素	23,284	71.1	0.2
37	オムロン	24,594	68.3	1.0
48	コマツ	29,577	62.7	0.5
52	東レ	28,371	61.3	0.4
59	パナソニック	152,701	59.3	0.2

出典：東洋経済新報社『CSR企業総覧（雇用・人材活用編）2018年版』

以降は海外で市場開拓する人材がいなくなったということもある。1980年代までの日本人はその役目を果たしてきた。しかし、1990年代の経費節減の嵐のなかで日本人の海外派遣は抑制される。外国人が日本人に替われればよかったのだが、マーケットを開拓するアグレッシブな外国人は日本企業にはほとんどいないという現実がある。

もちろん、すべての日本企業が手をこまねいていたわけではない。ある日本を代表する世界的なメーカーでは海外の重要拠点において、トップクラスの外国人幹部を外部から採用するプログラムが進められた。しかし、ヘッドハンターに高いフィーを支払って採用した外国人は数年後には全員が退職してしまった。本社の短期志向、財務志向、マイクロマネジメントと意思決定の遅さ、本社からの意味不明な質問、本社が求める大量の報告資料、与えられる責任と権限の不明確さに不満を爆発させたそうだ。

このように高い成果に挑み、スピーディーに結果を出そうとする外国人には日本企業は非常に居心地が悪い場所であるようだ。その逆に、成果を求めず、家族主義に安住し、雇用の安定を好む外国人には日本企業は居心地のよい永遠の住処になる。

以前私が日本を代表する某メーカーの米国法人社長と会話したときのことだ。彼は自社で働く経営幹部がどれほど優秀なのかがわからないということだった。この国の優秀なリーダーはどのくらい凄いのか、自分にはベンチマークの物差しがないと言われたのだ。

日本企業の海外拠点の社長はまだ多くが日本人だが、そこは疎開地のような状態になっている可能性が大きいのだ。

日本企業は多国籍運営に逆戻り

世界の企業は、国際化↓多国籍化↓グローバル化↓グローバルマトリクス化の進化のステップを歩んできた。多くの世界企業は2000年以降、中央集権的なグローバル化からグローバルな全体最適とマーケットでの部分最適を両立させるグローバルマトリクス運営に挑戦している。

しかし、日本企業だけが時代を後戻りし、多国籍化やマルチローカル運営（地域ごとの独立運営）に後退している。日本の本社には外国のことを知らない日本人だけしかいない。日本企業の海外展開を経験したジャングルカッター（未開の密林を切り開く戦士）のような日本人はもはや退職している。一方、海外の拠点にはそこに長く在籍し、拠点のことしかわからない外国人しかいない。これではグローバル事業運営は不可能だ。

2020年代の日本企業の経営を担う人材の中心は1990年代の経済不況期に入社した人たちだ。彼らにはグローバル経験がない。留学の機会、海外勤務の機会を閉ざされた時代の犠牲者だ。誰かが悪いのではない。強いて言えば時代の責任だ。1980年代までの奇跡の成功から復讐を受けたと言わざるを得ない。

しかし、このままでは2020年代以降の日本に明日はない、ということになる。

企業の成長が止まったままでは企業価値は上昇しない。2019年3月31日の日本を代表するエレクトロニクスメーカーである日立製作所、パナソニック、東芝、富士通、NEC、三菱電機の6社の時価総額の合計は約15兆円だ。この金額は経営再建中の米GEの10兆円や独シーメンスの13兆円と大きな違いはない。韓国サムスン電子の30兆円の半分、ERPソフトのリーディングカンパニーSAP社の17兆円を下回る水準だ。

日本人は個人力で戦う分野は不得意

2010年頃の話になるが、様々な国籍のビジネスパーソンの夕食会で世界のドリームチームの構成について意見交換をしたことがあった。そのとき、マーケティング部長はアメリカ人、製造部長は日本人、技術部長はドイツ人、財務部長はオランダ人、そして社長はインド人が適任との意見が多かった。

その話が現実化するように、グーグルのサンダー・ピチャイ氏、マイクロソフトのサティア・ナデラ氏、アドビのシャンタヌ・ナラヤン氏、マスターカードのアジェイ・バンガ氏、ペプシコのインドラ・ヌーイ氏、ノキアのラジーブ・スリ氏、ドイツ銀行のアンシュー・ジェイン氏、製薬会社ノバルティスのヴァサント・ナラシンハン氏などに代表されるように、近年、インド人が世界のグローバル企業のCEOに就任するケースが増えている。

こうしてビジネスの世界の現状を見ると、民族による得意不得意はあるようだ。日本人の場合、集団戦と職人技が力を発揮する製造は得意分野であるように感じられる。

一方、個人力が問われるマーケティング、IT、ファイナンスの分野は日本人が不得手とする分野なのかもしれない。

日本人が不得手かもしれないマーケティングは企業経営そのものだ。近代マーケティングの父と言われるフィリップ・コトラー氏は、マーケティングは企業の成長エンジンであると考え、セールスの支援部門と考えられていたマーケティングの地位を確立した。

また、現代経営学の創始者ピーター・ドラッカー氏はマーケティングの役割は需要の創造であると喝破した。ドラッカー氏は、マーケティングは企業の成長にとって欠くことができない力量であり、日本企業の成長が停滞したのは海外での成長に注力しなかったからだと述べている。

では、なぜ海外に注力しなかったのか。私が思うには、そもそも日本企業は経営者・幹部社員から社員全員に至るまでマーケティングに不得手だということだ。ただ、日本企業の経営者にも卓越したマーケティングの力量をもつ方は存在した。ソニーの盛田昭夫氏だ。盛田氏はマーケティングでソニーを世界企業に飛躍させた方だった。その名が世界に知れ渡っていたことを示すエピソードがアメリカン・エクスプレスの宣伝だ。当時、ゴルフの帝王ジャック・ニクラウス氏も出演した世界展開のテレビＣＭで「Do you know me?」というメッセージを発していた。

コトラー氏も述べているが、マーケティングはいま、ＩＴ技術と融合し、大きな革命期にある。しかし、ＩＴも日本人が不得意とする分野である。

マーケティングとＩＴが苦手であるとすれば２０２０年代の日本企業の世界での成長は絶望的になってしまう。そうであれば自力成長を諦め、買収という他力利用の成長戦略を追求する必要があるのだが、日本企業には海外での成長戦略を担える価値創造の主役のひとりであるＣＦＯが不足している。ある米国系投資銀行のＭ＆Ａバンカーが言うには、「日本企業でＣＦＯと呼べる人は元ＪＴ（日本たばこ産業）のリーダーだけだ」とのことだった。それほど、企業買収を実行できるＣＦＯが日本には存在しないということだ。

豊田章男トヨタ自動車ＣＥＯは同社の現在の経営状況を「生きるか死ぬか、live or die の戦い」と呼んでいる。日本最高の企業がそう考えるのであれば、２０２０年代はすべての日本企業にとって生きるか死ぬかの戦いになるかもしれない。「そんなことありえない」と思うのではなく、具体的な取り組みを行わなければならないときに来ているのが日本企業の現状である。トヨタはいま、新しいスローガンを標榜している。Start your impossible だ。

街を走る箱型のタクシーのドアにも、このメッセージが書かれている。

今後の中国でのマーケティング

私が初めて中国を訪れたのは２００３年のことであった。ある理由で実現しなかったが、その10年前の１９９３年に中国訪問することが決まっていた。当時務めていた米系某企業日本支社長として、上海で開催のアジア支社長会議に参加するためだった。マッキンゼー時代の上司でＧＥ中国代表として上海駐在中のジェームス・マクナニー氏との再会も目的のひとつだった。マクナニー氏はその後ＧＥでさらに昇進し、１９９９年にはジャック・ウェルチ氏の後継候補３人に選ばれている。しかしジェフ・イメルト氏がＣＥＯに選抜されたことで、マクナニー氏は３Ｍとボーイング社のＣＥＯを務めることになった。ＧＥは四半世紀も前に超エリートを中国市場に送っていたということだ。当時、本格的に中国進出を進めていた日本企業は松下電器産業（現パナソニック）だった。

さて、中国初訪問のとき、現地の中国人ビジネスマンに以下に示す理由を挙げられ、日本企業は中国ではビジネスがうまくいかないだろうと言われた。

①日本企業は中国を安い人件費で生産できる場所と考えている。
②中国の消費者を見下し、古い商品か安い商品しか販売しない。
③中国の流通の問題、複雑さを理解していない。
④中国の多様性を理解していない。北京、上海、広州、武漢の違いを知らない。
⑤中国での競争の厳しさを認識していない。
⑥中国人の価値観と背景にある歴史を理解しようとしない。
⑦判断と行動のスピードがあまりにも遅すぎる。
⑧中国に来るのは定年前の（力の無い）日本人。
⑨本社のスタッフは中国のことを知らない。
⑩経営者は中国に本気でコミットしていない。うまくいかなければ撤退すればよいと考えている。投資は、漸進的に行う。

2003年の中国のGDPは約1兆6711億ドルで日本の約4兆4457億ドルの半分以下、37％の水準だった。それが2010年に日本を追い越したのち、2018年には13兆4074億ドルに成長する。同年の日本のGDPが4兆9719億ドルなので、日本が中国の37％と大きく逆転される。日本の成長力が復活しないかぎり、その差はさらに拡大していくことになる。

ところで2003年当時、中国市場をビジネスの場として注視していた日本企業の経営者がいた。そのひとりがダイキン工業の井上礼之CEOである。井上氏は中国ビジネスを考えるにあたって、次のような趣旨の発言をされていた。

●中国は日本のように同質的な社会ではなく、極めて多様性のある国だ。

●中国は世界の強豪企業が同じ条件で競争する国だ。

また、コマツの坂根正弘CEOも中国に熱い視線を送っていた経営者であり、次のような趣旨の発言をされていた。

●中国はイノベーションが生まれる国だ。

●中国での戦いはオリンピックだ。国民体育大会ではない。

両社は中国で成功した数少ない日本企業である。

一方、グローバルで成功しているように見えるトヨタ自動車は、実は中国に関しては後れを取っている。同社の2018年地域別販売シェアでは日本43％、米国15％、欧州と中国がそれぞれ5％である。2020年代の中国自動車産業はさらに成長の余地が残されている。そのなかでのトヨタの中国での存在感の小ささが気になるところである。

優れた中国人のマーケティング人材の確保は、多くの日本企業にとっての生命線になると思われる。

インド人のIT人材採用

2015年、私はインドのバンガロールで先進性において高い評価を得ている日本企業のITオペレーションの責任者と面談する機会を得た。バンガロールはインドのハイテク産業の基地で米国のベイエリアやシリコンバレーに相当する場所だ。その企業はバンガロールに約3千人のインド人スタッフを採用していて、多くの日本企業がベンチマーキングのために彼の会社を訪問しているそうであった。

彼の話は衝撃的だった。「日本企業の方たちは私の話を聞いても意味はない。バンガロールにあるIBMの拠点は10万人、アクセンチュアの拠点は20万人のインド人エンジニアがいるのだから」ということである。彼が言いたいのは、インド人のIT人材の力を使えていないのは日本企業の最大のハンディキャップだということだ。

いみじくもコトラー教授は「IT技術がマーケティングに革命を起こしている」と述べているが、日本企業にとってインドにおけるこの問題は深刻なテーマだと思う。

過日、NHK BS教育テレビでインド工科大学での学生の採用風景が紹介されていた。インド工科大学は世界の最難関の工科大学の一つである。12月の第1週から第2週の2週間で面接し、採用の決定をすることが求められる。世界の超一流企業の採用担当者が参加し、厳しい競争を繰り広げる。大学側が企業を選別し、7つのランクに分ける。最高のランクの会社は2週間の期間の最初の2日間、採用活動が認められる。このランクに入れば最優秀の学生に最初にコンタクトできるので有利である。

そうしたなか、日本の大企業の多くは最初から参加を諦めているか、全く関心をもっていないのが実際だ。日本から参加したのはメルカリやヤフーなどごく少数の企業だった。結局、日本企業への就職を決めたのは11人、そのうちメルカリが5人の採用決定をしたとのことである。

日本企業も外国人の採用を進めてはいる。厚生労働省「外国人雇用状況」の届出状況平成30年10月末の報告によると、日本国内で雇用されている外国人の総数は146万463人である。国別の内訳は中国（26・6％）、ベトナム（21・7％）、フィリピン（11・2％）、ブラジル（8・7％）、ネパール（5・6％）、韓国（4・3％）、ペルー（2・0％）、英米独仏伊加露豪新9か国（5・3％）、その他が11・7％である。インド人材は「その他」のなかに入っているのであろう。

この数値を見て言えることは、日本企業が日本で採用する人材は製造やサービスの現場に従事する人たちが多く、IT人材は少ないということである。ベイエリアの住民の国籍別内訳はインド人、中国人、イスラエル人と続き、アメリカ人は4番目だそうだが、日本企業はハイテクIT人材の活用という点では世界から大きく後れをとっていることになる。

CFO獲得への注力

世界最大のビール会社アンハイザー・ブッシュ・インベブの2018年12月期売上は546億ドル、営業利益は176億ドル、営業利益率は32％だ。日本の主要なビール会社の業績は次のとおりである。

● アサヒグループホールディングス　売上2兆1202億円　営業利益2117億円

●キリンホールディングス　売上1兆9305億円　営業利益1982億円
●サッポロホールディングス　売上5218億円　営業利益108億円

この3社を合計し、1ドル110円で換算すると売上502億ドル、営業利益46億ドル、営業利益率が9％になる。

アンハイザー・ブッシュ・インベブはブラジル人の投資銀行家カルロス・ブリト氏がM&Aを駆使してつくり上げた会社である。彼はメルセデス・ベンツや英蘭シェルにエンジニアとして勤務した後、スタンフォード大学でMBAを取得し、ブラジルで投資銀行のビジネスを始める。投資先にビール会社があったことが経緯となり、この業界に関与することになる。そして2005年、インベブのCEOに就任して以来、世界のビール会社の買収を続け、15年間で今日の地位を築くことになる。

LVMHモエ・ヘネシー・ルイ・ヴィトンのベルナール・アルノーCEOは1984年までブランドビジネスとは無縁の建設業に携わっていた。父から受け継いだ建設業の資金を担保に1984年にファッションビジネスに関わることになり、クリスチャン・ディオールの再建やセリーヌの買収を行う。そして1989年、LVMHモエ・ヘネシー・ルイ・ヴィトンを買収する。アルノー氏はその後も買収を重ね、ファッションブランドの一大帝国を築くことになる。

LVMHモエ・ヘネシー・ルイ・ヴィトンの2018年12月期の業績は売上468億ユーロ（5兆8千億円）、営業利益98億ユーロ（1兆2247億円）、営業利益率は21％だ。日本のファーストリテイリングの同時期の業績は売上2兆1300億円、営業利益は2362億円であり、良品計画の業績は3795億円、営業利益は453億円だ。LVMHモエ・ヘネシー・ルイ・ヴィトンの圧倒的な存在感が伺える。

世界最大の鉄鋼メーカーであるアルセロール・ミッタルはラクシュミー・ミッタルが１９８９年に創業して以来、世界で買収を続け、２００６年のアルセロール社との合併により世界一の規模になった。本部はルクセンブルクである。２０１８年12月期の売上は７６０億ドル（約8兆3千億円）、営業利益は65億ドル（７１５０億円）、営業利益率は８・６％だ。日本最大の鉄鋼メーカーである新日鉄住金の２０１９年３月期の業績は売上６兆２千億円、営業利益３０８０億円、営業利益率は４・９％である。

これらの会社の成長の背景にはＣＥＯを支える強力なＣＦＯが存在する。日本企業でＭ＆Ａ戦略を駆使して成長した会社の代表は日本電産である。最初の買収はアメリカのトリン社の軸流ファン部門の買収で１９８４年のことだった。２０１９年のドイツのデッシュ社の買収に至るまで日本で25社、海外で35社の会社を買収している。２０００年までは日本を中心に、そして２０００年以降は海外での買収が加速している。35年で70社を買収したということは、平均で1年に2社のペースだ。なお、Ｍ＆Ａにより企業規模を拡大してきたＧＥは１９８０年代後半には1年で１００社の買収を行った。

買収は欧米企業にとっては日常業務ともいえるものである。ＣＦＯの役割は事業構造をＭ＆Ａを使って変革し、企業価値を創造することである。資金を管理する財務部長や会計資料をつくる経理部長とは似て非なる存在である。日本企業の成長の復活には実績のある外国人のＣＦＯを獲得することが急務である。

外国人をプロジェクトに参加させる

以上見てきたように、日本企業の成長復活は外国人人材を日本型ヒエラルキーから解放し、プロジェクトに参加させることがカギとなる。銀行業であれば、世界的な金融サービスの展開のためにインドでのＩＴオペレーションセンターの設置が大きなテーマになる。自動車産業やエレクトロニクス産業であれば、中国マーケティングが喫緊の課題であろう。Ｍ＆Ａやアライアンスのプロジェクトも重要である。働き方改革も外国人を参加させる格好のテーマになる。外国人が生き生きと働く日本の本社をつくる、それが日本企業成長の起爆剤になるはずである。

そこで、以下の可能性について検討していただきたい。

- **グローバル金融サービス事業**（Global Consumer Financial Services Business）：インターネットと音声翻訳技術、データ分析、ＲＰＡ、ＡＩの進展によりこの分野は国境のない戦いになる。店舗が無用になれば、国境を超えた1社総取りのゲームが始まる。
- **インドやベトナムでのＩＴオペレーションセンター**：日本にＩＴ本部を置く合理的な理由はもはやない。日本には量的にも質的にもＩＴ人材が少な過ぎる。日本企業のＩＴ本部をそうした人材が豊富にある国に設置するチャレンジである。
- **中国マーケティング**：急速に変化し、世界の強豪が同じ条件で戦う市場で勝つことが日本企業の成長の条件である。中国での成功なくして日本企業の成長はないとの覚悟での取り組みが必要である。

●**M&Aやアライアンスのプロジェクト**：投資銀行からの誘いを待つのではなく、自ら候補企業を探索する先端チームに外国人を参加させる。

●**働き方改革**：社員のエンゲージメントを高める働き方改革の本質を考えるうえで、外国人の経験や発想は有効である。悪いヒエラルキーで育った日本人のような従順な社員は少なく、皆、勝手気ままに働くメンバーをマネージする彼らの経験が役に立つ。

メリトクラシーの実験

メリトクラシー（Meritocracy）は日本語では「実力主義」と翻訳される。実力主義は適所適材と同根である。第4章で述べたシャープなヒエラルキーをつくるためには職責を担う人材の実力が大きくものをいう。プロジェクトを成功に導くためにはメンバーの実力がカギということだ。外国人材の活用の成否は、実力主義を貫徹できるかによる。外国人材の活用はメリトクラシーの実験場ともいえる。

日本企業にとって外国人材は海外の拠点で仕事をするだけの存在であった。一部の例外はあるが、外国人材の発掘、育成、配置、評価、報酬に関する一貫したポリシーと仕組みをもつ会社は非常に少ない。グローバル人事という名称はついていても、外国人社員の実績や実力を把握する試みに真剣に取り組んだ企業はどれだけあるだろうか。

トヨタ自動車は2000年代前半にこのテーマに取り組んだ例外的な企業だ。その結果、トヨタ自動車には高い地位に到達した外国人幹部が存在する。近年では味の素が外国のポストと人材の力量の発掘に相当の努力をしている。

外国人材の活用を進めるうえでの最初の壁は、人材能力の見極めである。日本人、日本企業との親和性よりもその人材のビジネスリーダーやプロフェッショナルとしての力量、市場価値の把握が重要である。そのためには世の中に存在する人材力を測定する専門力をもつエキスパートの存在が必須である。詳しくは第10章「人事部長と組織ケイパビリティ」で解説する。

こうしてその人材の潜在能力を把握したうえで、実際に実務に携わってもらうのだ。まずはやってみるということである。プロジェクトに投入し、働きぶりを観察し、成果を上げれば、また別のプロジェクトに参加させるというサイクルを繰り返す。

日本で働く日本人社員も外国人社員と切磋琢磨することで知見を広げ、新たな発想が期待できる。第4章で紹介した日産自動車のクロスファンクショナル・チームには最初から海外拠点で働く外国人社員が参加し、日本人メンバーには相当のカルチャーショックがあったようだ。

そうした意味では、外国人の活用は日本人社員のグローバルマインドを育む契機にもなり得るのだ。

第3部

組織ケイパビリティの開発

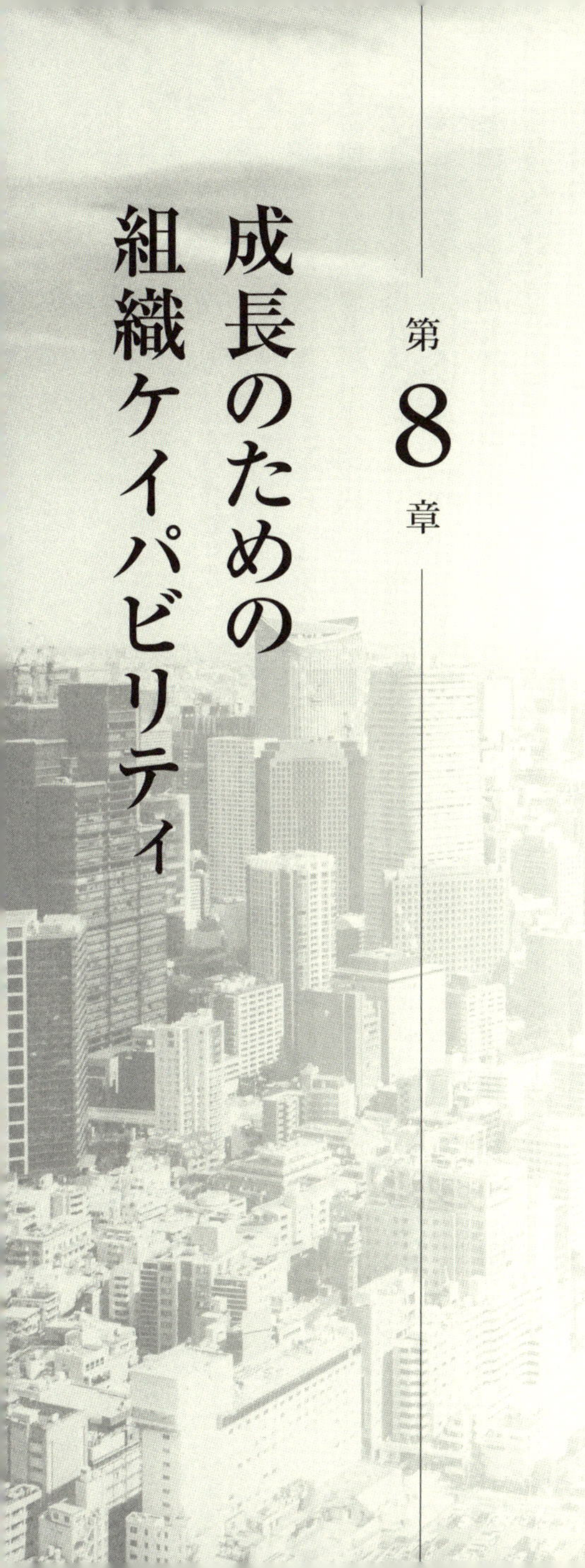

第8章

成長のための組織ケイパビリティ

経営は実行

本章で述べることは、「成長の停止」という迷路からいかに抜け出すかという本書での最重要テーマである。ヒエラルキーを守り、ヒエラルキーを超えるための最大の関門は日本企業の経営者が「組織ケイパビリティを創る」という経営者しか果たすことのできない役割への対処である。この課題を克服しないかぎり、日本企業成長の復活は実現しない。

２００９年のリーマンショック。金融派生商品への過剰投資によって生まれたバブルが破裂し、そのもとになった欧米の投資銀行だけでなく、世界の金融界や産業界全体にも影響が及んだ。２０１４年頃、私が参加しているコーン・フェリーの源流にあるヘイグループは世界の経営者及び幹部社員を対象に、「経営者にとって何が重要な役割なのか？」という大がかりな調査を実施した。その結果で特徴的だったのは、海外企業は「Execution」、つまり「実行」との回答が最も多く、日本企業の最上位の回答は「意思決定」であり、「実行」はランキング外だったことである。（図表13）。日本企業の経営者は自らの役割は「判断」と「決断」「リーダーシップ」であり、「実行」は責任外と捉えていたということである。

このことは日本企業の経営者が結果責任の意識をもっていないということではない。業績への関心が薄いということでもない。株主からの圧力を受け、財務目標の達成へのコミットメントはむしろ強い。しかし、実行のプロセスに自らが関わるという意識が薄いのだ。

また、野村総合研究所が行った調査も興味深い結果が見られた。次世代経営人材に求める「人間的

図表13　経営者にとって重要な役割の順位

	欧米の優良企業		日本企業
1	Focus on Execution 実行への集中	1	Decision Making 意思決定
2	Focusing on customers and other external stakeholders 顧客と外部への集中	2	Global Leadership グローバルリーダーシップ
3	Decision Making 意思決定	3	Being a strong dominant leader 強く、圧倒的なリーダーであること
4	Teamwork チームワーク	4	Planning and organizing 計画と組織化
5	Managing complexity 複雑さの管理	5	Teamwork チームワーク
6	Technical Competence and expertise 技術的なノウハウ・知見	6	Leading effective senior teams 経営チームの統率

出典：ヘイグループ「2014年ベストリーダーシップ企業調査」

本調査はヘイグループが2005年から2014年にかけて毎年実施。2014年の調査では世界115か国、2100社（日本からは56社）が参加。幹部社員へのアンケートによりリーダーシップ開発への取り組みの内容、方法を調査。本図表では経営者に求められる役割要件についての回答結果を掲載している。

資質」と「経営技能」に関するもので、現役の経営トップ及び経営企画担当役員に対して２０１０年８月から９月にかけてアンケートにより実施された。詳しい調査結果は『トップが語る次世代経営者育成法』（野村マネジメント・スクール／野村総合研究所編著、日本経済新聞出版社）に掲載されている。ここでは、人間的な資質の上位３項目は「決断力・度胸」「創造性」「責任感・不退転の決意」であり、経営技能の上位３項目は「ビジョン設定力」「問題分析力」「変化察知力・観察力」だった。いずれにも「実行」はランクインしていない（図表14）。

ここで驚くべきことは、「ＩＴの戦略的活用力」が最下位（１・２％）だったことである。丁度この頃、ＧＥのジェフ・イメルトＣＥＯがＩｏＴの概念を提唱し、ドイツではインダストリー４・０というスローガンでＩＴの戦略的活用を国策として開始していた。アマゾンの売上が３兆円に達し、爆発的成長のステージに入った時期でもあった。

もう一つの驚くべきことは、パートナーシップ構築力が５・３％で最下位から２番目にあったことだ。この項目はオープンイノベーションの追求に必須の力量だからだ。そして、この２つの力量は日本企業が苦労するビジネスモデルの開発に決定的に重要な役割を果たすのだ。

ところで、「実行」の重要性を唱えた『経営は実行』（邦訳：日本経済新聞出版社）という書籍がある。２００２年に米国で刊行されたもので、著者はラリー・ボシディというアライド・シグナル社（１９９９年、ハネウェル・インターナショナルと合併）の再生を導いたＣＥＯであり、同社を事業の成長と６シグマによる生産性の向上により変貌させた実績が高く評価されている。

同書の彼の主張のエッセンスは次のとおりである。

図表14　日本企業の経営者の要件、重要度の順位

人間的資質		
1	決断力・度胸	54.7%
2	創造性	48.2%
3	責任感・不退転の決意	36.5%
4	情熱	28.8%
5	前向き・未来志向	23.5%
6	傾聴力・多様な意見の重要性	20.6%
7	倫理感・誠実さ	17.6%
8	ダイナミックさ	10.0%
9	謙虚さ	8.8%
10	忍耐力・我慢強さ	6.5%
11	堅実さ	5.3%
12	明るさ	5.3%
13	素直さ	4.1%
14	貪欲さ・ハングリー精神	4.1%
15	峻厳さ・厳しさ	1.8%
16	省察する姿勢・内省的	0.6%
17	回復力・立ち直りの早さ	0.6%
18	愛情・やさしさ	0.6%
19	冷徹さ	0.6%
20	冷静・沈着	0.4%

経営技能		
1	ビジョン設定力	65.3%
2	問題分析力	43.5%
3	変化察知力・観察力	34.7%
4	PDCAマネジメント力	31.8%
5	論理的思考力	28.8%
6	国際コミュニケーション能力	17.6%
7	組織調整力	16.5%
8	財務分析力	15.9%
9	危機管理能力	14.7%
10	異文化対応力	12.4%
11	コーチング力	7.1%
12	パートナーシップ構築力	5.3%
13	ITの戦略的活用力	1.2%

出典：野村総合研究所
次世代経営人材に関するアンケート調査
2010年8－9月

『トップが語る次世代経営者育成法』
（野村マネジメント・スクール／野村総合研究所
編著、日本経済新聞出版社）

●多くのCEOは高度な概念や戦略を理解し、説明する能力には長けているが、実行には関心がない。それは他の人の仕事だと考えている。これは間違いだ。

●実行の本質は、人材プロセス、戦略プロセス、業務プロセスに経営者が深く関わり、それらを連携させ、統合することにある。

●企業が株主や社員への約束を果たせない主因は、リーダーが望む目標と組織の能力のギャップにある。

ヘイグループの調査はこの本が出版されてから10年後に行われたものであるが、2000年代を経て、「実行」の重要性が世界の経営者に広く共有されたことがわかる。

しかし、日本企業の経営者は例外のようである。

私はいまから20年前の1999年9月1日、コンサルティング会社アーサー・D・リトル（マサチューセッツ工科大学から生まれた世界初の経営コンサルティング会社）が主催したトップマネジメントシンポジウムで2人の著名な経営者が行った講演をよく覚えている。

一人は当時、東芝の社長であった西室泰三氏である。聴衆に配布された資料から講演の骨子をまとめると次のようになる。

1．21世紀のメガトレンド：グローバル化、デジタルネットワーク化、サービス化

2．東芝の課題：専業メーカーからの攻撃、コーポレートガバナンスの不全、収益力の低下

3．東芝の経営の仕組みの革新：カンパニー制、小さな本社、監査機能の強化

4. 事業構造改革：集中と選択、ハード中心からサービス事業の強化
5. 企業風土と文化の改革：俊敏と変革を常態にする文化の醸成。情報武装化。強い専門店集団へ。

20年前に西室氏が描いたビジョンと戦略は、いま振り返ってみても全く誤謬のない素晴らしいものであったといえる。20年をかけてそれが一貫して実行されていれば、東芝の姿はいまと違ったものになっていた可能性がある。

もう一人の講演者は富士ゼロックス会長の小林陽太郎氏であった。小林氏のテーマは日本企業における組織改革の重要性であった。ポイントは以下のとおりである。

1. 日本企業は「秩序」を重視してきたが、これからはダイナミズムが必要
2. ダイナミズムは「おもしろさ」から始まる
3. 異才・異能な個を生かす経営が必要
4. 協働感や共鳴感が必須
5. 真の変革者は目立たない。変革者は組織の随所で地道な努力をしている

小林氏の言葉も20年がたったいま、まったく色あせていない。しかし、この志を実行できた企業は少ない。

多くの日本企業の経営会議のテーマには業務オペレーションの案件が多数持ち込まれ、大変に失礼な表現であるが、経営者が決裁マシーンのようになっている光景が目に浮かぶ。経営目標を実行するための組織ケイパビリティに関する深い議論をする場面はほとんどないのであろう。組織ケイパビリティとは何か、どのように評価すればよいのか、概念とフレームワークが存在していないように見える。

組織ケイパビリティとは何か

企業成長の原動力となる組織ケイパビリティという概念を明確に整理し、経営者が考えるフレームワークを提供したのはトム・ピーターズとロバート・ウォーターマンの2人の経営コンサルタントである。この2人はマッキンゼーのサンフランシスコ事務所のコンサルタントだったので、正確に言えばマッキンゼーの調査プロジェクトが彼らの活動のベースであった。1980年代初頭、米国のビジネスが低迷し、日本が「Rising Sun」と持て囃された時代だった。「優秀な企業とは何か」「どのような特徴をもっているのか」が調査のテーマだった。その結論は、「優秀な企業は優秀な組織ケイパビリティをもっている」とシンプルだった。

このことを纏めた本『エクセレント・カンパニー（*In Search of Excellence*）』は世界中でベストセラーになった。日本では大前研一氏が翻訳を監修し、講談社から出版された。本の日本語の題名は出版社が決めるのが通例であるが、この本に限っては、翻訳者の意向が聞かれた。マッキンゼー東京事務所のなかでコンサルタントへのアンケートがあり、私も応募したのであるが、結果的にはある女性コンサルタントのアイデアが採用された。タイトルはシンプルな『エクセレント・カンパニー』に決定した。

トム・ピーターズとロバート・ウォーターマンをリーダーとする調査チームは組織ケイパビリティを考える「7S」というフレームワークを提唱する。7Sとは、7つのSで始まる言葉である。Strategy、Structure、System、Staff、Skill、Style 及びShared Valueの7つのSが一体として融合したものが組織ケイパビリティである、ということである。

Strategyは、戦略である。戦略とは「戦いを略《はぶ》く」「敵のいない場所、戦わなくてよいスペース」を見出すことである。敵と血みどろの戦いを強いられるレッドオーシャンではなく、敵のいないブルーオーシャンを探す企てである。そのために、経営者も社員も街をさまようことを提案した。

ちなみに、ブルーオーシャンという言葉はフランスのビジネススクールINSEADの2人の教授、W・チャン・キムとレネ・モボルニュの著書のタイトル『ブルー・オーシャン戦略（*Blue Ocean Strategy*）』（邦訳：ランダムハウス講談社）から生まれた。

Strategyは、敵をいかに倒すかを考える戦術のTacticsとは異なるものである。戦略は戦略として独立するのではなく、他のSと融合することで初めて戦略になる。このように考えるとダイキン工業の経営計画にFusion（融合）という言葉が使われている意味がよくわかる。井上礼之CEOは計画に終わらない計画、実行と融合する計画ということを意識されたのだと想像に難くない。

Structureは、組織運営の構造のことであり、組織図ではない。Operation Modelという英語表現が最もしっくりとくる。経営者が考えるいまの目的、目標を達成するヒエラルキーのあり方（機能別、地域別、事業・商品別等）、未来を創造するプロジェクトのあり方を考え、両者が共存する関係を確立するものである。このとき、各部署の役割や期待成果をシンプルに定義することが重要である。「必要なとき」に「必要な役割」を「必要なだけ」用意するというトヨタ自動車のジャスト・イン・タイムの考え方が参考になる。

組織の役割には寿命がつきものである。そこで、第4章で述べた「仕事の棚卸」（154ページ参照）

を行い、適宜修正していくのだ。日本企業の組織の特徴は巨大で複雑な本部機構にあり、ここに悪いヒエラルキーをつくるお役所仕事が生まれるのである。明確な社内顧客がいて、その社内顧客から明確な価値を提供していると評価される本部組織は存在する理由があるが、そうでない組織は無用である。

Systemは、組織運営のソフトウェアのようなものである。ヒエラルキーを運営する仕組み、プロジェクトを運営する仕組みの2つは企業にとっての根幹である。そして、それらを運営するための情報の獲得・伝達・活用の仕組み、情報に基づく意思決定の仕組みがある。意思決定では、意思決定実施後のフィードバックと修正の仕組みが重要である。決断することは重要であるが、決断の前提になる環境が変わってしまうと誤りを生じることになりかねない。よって、環境の変化や、決断の前提を批判的に検証できる仕組みが重要になる。今日の変化の時代では決断力よりも修正能力のほうが重要かもしれない。

短期計画・中期計画・長期計画の策定、そしてそれらの修正（フィードバックとローリング）の仕組みも重要である。

Systemは、目に見えないものである。そこで、日本に品質管理の考え方を伝えたエドワード・デミング博士の「良いシステムは良い結果をもたらす。悪いシステムは悪い結果をもたらす」という言葉を戒律にするといいかもしれない。トヨタ自動車はこの言葉をベースに「人を責めるな、プロセスを責めよ」という言葉をつくった。

Staffは、人である。いまを守るヒエラルキーには集団を構成し、規律を守り、勤勉に働く大勢の社員のエンゲージメントが重要である。未来を創るプロジェクトには好奇心と豊かな想像性をもつ青年の社員、過酷な挑戦へのリーダーシップを楽しむ壮年の社員、継続する組織力をつくり、運営する熟年の社員が必要である。

マーケティング、IT、財務（M＆A）の分野ではひとりの逸材が必要である。普通に優秀な人たちが束になってもひとりの逸材にはかなわないというのが個人力を問う業務の実際である。近年ではデザインの分野でもひとりの逸材が成果に決定的な影響を与えている。ファーストリテイリングの柳井正CEOはこのことをはっきりと理解されている経営者だ。ブランディング、服飾デザイン、店舗デザインには社員だけでなく外部の人材を社員のように活用されている。ソフトバンクの孫正義CEOもそのような考え方で組織を運営されている。年間250億円という報酬を用意してインド人の超優秀人材ニケシュ・アローラ氏を後継者候補のひとりとしてグーグルからスカウトしたことは記憶に新しいところである。

Skillは人のスキルではなく、組織としてのスキルである。

良質な車を安価で提供する力量はトヨタ自動車の組織としてのスキルである。市場調査に基づき、ニーズに合った商品を開発し、提供するマーケティングの力量はP＆Gの組織としての伝統的なスキルである。伝説となるサービスと呼ばれた接客の力量は往年のノードストローム（全米最大規模の百貨店チェーン）の組織としてのスキルである。世界中で行う石油、天然ガスの掘削、そして精錬するプラント運営において安全・無事故を続ける力量はエクソンモービルの組織としてのスキルである。1 80もの小事業部（平均すると売上300億円）を効率的に運営する力量はジョンソン・エンド・ジョンソンの組織運営のスキルである。

Styleは、企業運営の独特な作法といえるものである。インテルにはヒエラルキーは身分ではない、経営者も社員も平等だ、ということでCEOも個室でなく大部屋の机で仕事をしていたそうである。エクソンモービルやトヨタ自動車の地味な本社なども意味のないものにはお金を使わないという作法なのであろう（社員や顧客に意味があることであれば、豪華な本社も否定はしないが……）。P&Gやアマゾンにおけるパワーポイントを禁止して、A4一枚のシンプルな資料にすることなども形式を嫌い、実質を問うという作法である。東京・日本橋にある野村證券本社内の役員室は2階にあり、最上階は社員食堂である。2階に役員室を設置したのはお客様のもとにすぐに行けるようにとの思いからだそうである。スタイルが企業文化を育んだ好例である。

Shared valueは、経営者も社員も同様に共有する価値観や信条のことである。ビジョンや戦略の前提になる、企業として存在する意義の表明である。通常のビジネス上のゴールや目標を超える企業のDNAということもできる。パナソニックの前身である松下電器産業には「水道哲学」と呼ばれてきた価値観がある。水道の水のように低価格で良質なものを大量に供給することで社会に貢献する、というものだ。もちろん、低価格で良品というのは日本がまだ貧しかった大正から昭和初期の時代のことであり、今日の時代環境では提供する価値の内容は別のものになるであろう。パナソニックにはいま、A Better Life, A Better Worldというブランドスローガンがある。人々の生活を良くし、世界を良くするということだ。

トヨタ自動車にはトヨタグループの創始者、豊田佐吉の考え方をまとめた豊田綱領がある。「研究と創造に心を致し、常に時流に先んずべし」「華美を戒め、質実剛健たるべし」など5つの遺訓が語られている。いま、トヨタ自動車は百年に一度の大改革に挑んでいるが、その背景には時流に先行するという価値観があるのだと思う。

経営リーダーにはPDCAではなくPOIMが必要

世界が第二次世界大戦の破壊から復興への道を探りはじめた時代、GEの第4代CEOに就任（在任期間1947－1960年）したラルフ・コーディナー氏は新たな時代におけるGEの発展を阻む要因を探る取り組みを行う。得られた結論は、GEの成功の阻害要因は経営リーダーの不足であるということだった。彼が言うことには「GEには優秀な現場リーダーはたくさんいる。しかし、経営リーダーはいない。経営リーダーになっても現場リーダーと同じ仕事の仕方をしているのだから」と。

現場リーダーは現状の問題や目前の課題を解決することが主要な役割である。それを実行するための典型的な手法が、計画（Plan）→実行（Do）→評価（Check）→改善（Action）のマネジメントサイクルを回すPDCAである。

では、経営リーダーの仕事は何か。

コーディナー氏の答えはPOIMだった。POIMとはPlan、Organize、Integrate、Measureの4つの単語の頭文字を並べた言葉である。POIMとPDCAの決定的な違いは、DoとOrganizeである。Organizeは自ら実行（Do）するのではなく、実行のための組織ケイパビリティをつくるということである。

そのうえでIntegrate、つまり企業活動の様々な要素がバラバラではなく、ベクトルを揃えて進むように全体を統合するマネジメントのフレームワークとプロセスを開発するということである。

4番目のMeasureは成果を図るＫＰＩ（Key Performance Indicator：重要業績評価指標）を正しく定義し、ＫPIを使って進捗をモニターし、必要な軌道修正を行うということである。

コーディナー氏はこの考えに基づき、１９５４年にＧＥ内にＰＯＩＭを実践できる経営者人材を育てる機関であるクロトンビルの経営者研修センターをつくる。それから半世紀以上がたつが、ＧＥはＰＯＩＭの重要性を継承させてきている。２０００年代後半に日本ＧＥの経営幹部の方が同社で活用されているＣＡＰ（Change Acceleration Program：改革推進プログラム）について行った講演でそのことがよく伺えた。その講演の要点は以下のようなものだった。

● 変革と言えば皆、リーダーシップを強調するが、それは単なるビジョンの発信ではない。
● 社員がニーズを共有し、変革に参加することにコミットしなければならない。ビジョンの発信は誰でもできるが、社員のコミットを得ることは難しい。
● 変革はリーダーシップだけでは実現しない。組織構造とシステムの変革を同時に行うことが必要である。「同時に」がキーワードである。
● 変革は1回で終わるものではなく、複数のプログラムが連鎖する必要がある。
● どこまで変革できたかの指標を定め、モニタリングを行う必要がある。

IBMのリーダーシップ・コンピテンシー・モデル

IBMのリーダーシップ・コンピテンシー・モデルはルイス・ガースナー氏の企業再生の10年間（1993-2002年）を通じて活用されたものである。その内容は以下の4つのカテゴリーと11の項目で成り立っている。

［勝利への執念］
- 顧客を知る
- 飛躍的思考
- 達成への意欲

［実行への駆動］
- リーダーシップ
- 率直に語る
- チームワーク
- 決断

［持続する力］
- 組織能力をつくる
- 部下をコーチする
- 自己犠牲

［核になるもの］

●事業への情熱

IBMのこのモデルには「実行」の重要性と「組織ケイパビリティの創造」が明確に表現されている。これにより同社は、製品・技術のセールスカンパニーからグローバルソリューションサービスの提供者になるために新たな組織ケイパビリティの開発が求められたことが示されている。

1980年代エクセレント・カンパニーの組織ケイパビリティ

トム・ピーターズとロバート・ウォーターマンが7Sのフレームワークを使って観察した当時のエクセレント・カンパニーの特徴は40年を経た現在でも興味深いものである。彼らはそれを「超優良企業8つの条件」としてまとめている。その意図を私なりに解釈して、以下のように整理してみた。

1．行動の重視

「経営は実行」を端的に表す標語である。エクセレント・カンパニーと言われる会社ほど、行動に繋がらないPDCAを避けることに注力している。

2．顧客に密着する

顧客に密着するとは、第5章で述べた顧客の周りを徘徊する行動である（184ページ参照）。商品やサービスは売った後が大切であり、顧客の表現しないニーズを感じることの大切さを意味する標語である。ハーバード大学のクレイトン・クリステンセン教授は著書『ジョブ理論』（邦訳：ハーパーコリンズ・ジャパン）のなかで顧客が「何のために」商品やサービスを買っているのかを知ることの重要性を説き、顧客が商品を買う理由はメーカーの想定とは違うことが多いことを指摘している。GAFAの成功の理由は、このクリステンセン教授の理論に符合する。

3. 自主性と起業家精神

ヒエラルキーを超え、プロジェクトで活動するためには、命令ではなく、社員のボトムアップの自主性と未来を創る起業家精神が重要である。

4. 「ひと」を通じての生産性向上

このことの大切さは、トヨタ自動車の「ニンベンのついた自働化」が象徴的である。機械の自動化ではなく、人の仕事の質の向上で生産性を高めようということである。グーグルの「テクノロジーを忘れろ」も同様の考え方といえる。顧客の見えないニーズを感じることやネットワークを広げるオープンイノベーションは人でなければできないことだ。

5. 価値観に基づく実践

キーワードは実践である。シェアードバリューの例としてトヨタ綱領の例を紹介したが、そのなかに「華美を戒め、質実剛健たるべし」があった。豊田市にあるトヨタ自動車の本社はまさに、贅沢を嫌うという価値観が実践されたものである。世界で1千万台の車を製造し、30兆円の売上を上げる会社の本社とは思えないものである。その隣にある3階建ての旧本社はそれこそ地味な建物であった。

6．基軸事業から離れない

仕事の壁などに突き当たって本当に困ったとき、立ち戻る場所、つまり自分たちがよく知っている創業の原点を見ることが大事だとの標語である。ＩＢＭのルイス・ガースナー氏が立ち戻ったＩＢＭの原点は〝IBM means service〟という創業者の言葉だった。ガースナー氏は技術とハードのセールス企業になっていた窮地のＩＢＭを創業の原点に立ち戻り、Global IT Solution Companyとして蘇らせた。

7．単純な組織・小さな本社

機構と体制のスリム化は本章で述べてきた重要な視点である。１９９０年代前半、伝統的な大企業は新興企業である第一次異星人の攻撃を受けたとき、彼らは自分たちの大都市にある豪華な本社をしきりに反省していた。

8．厳しさと緩やかさの両面を同時にもつ

厳しさ＝中央集権、緩やかさ＝権力分散（分権）の両面を併せもつということは、本書のテーマである「ヒエラルキーの規律」と「自由豁達なプロジェクト」の両立につながる標語である。

時代は変わっても基本は変わらない。この8つに加えて、私はもう一つ大事なことがあると感じる。

9．曖昧さを許す

曖昧さを許すとはルールで縛らないということである。ある一流ホテルでお客様の忘れ物に気づいた従業員が自らの判断でタクシーに乗り、空港に向かうお客様を追いかけた逸話が紹介されている。

トヨタ自動車の製造現場で異常に気づいた従業員がコンベアを止めることができることもこれと同じである。ＩＢＭのガースナー氏は「ルールではなく原則で判断する」という言葉を使っていた。

この考え方は、社員が仕事主義に陥らないようにするための基本だといえる。

日本企業の組織ケイパビリティの特徴①現場、震源、顧客との距離の長さ

本書の主題である日本企業の成長力の復活を考えるとき、伝統があり、過去に大きな成功を成し遂げたものの、成長を停止した企業の組織ケイパビリティには共通の「負」の特徴があることがわかる。それは、ＣＥＯと大切な場所との距離の長さである。

第１の問題は、ＣＥＯと現場との距離の長さである。

機会も脅威も現場の第一線の社員が最初に遭遇する。しかし、彼らとＣＥＯの距離は物理的にも精神的にも相当に長いのが普通である。不必要に長いヒエラルキーの序列、大きな本社や本部の存在がＣＥＯと現場の距離を遠いものにしている。第３章でグーグルのエリック・シュミット前ＣＥＯのコメントを紹介したが、正しい計画や決断はもはや存在しない。計画の連続的な修正が重要である。そのとき、ＣＥＯと現場との距離が長いとフィードバック効果が働かないことになる。

第２の問題は、ＣＥＯと変化の震源との距離の長さである。

ＣＥＯと変化の震源との距離を長くするのは、マスコミ、アカデミアの学者、そしてコンサルタントである。この三者が介在し、翻訳し、解説し、ＣＥＯが新鮮な情報に接する機会を遮断する。本社

や本部のスタッフがマスコミや学者、コンサルタントから得た二次情報を整理し、それを三次情報としてCEOに伝えるという伝言ゲームが存在する。伝言ゲームの狙いはいかに最初の情報が誤って伝わるのかを体験することにある。米国のベイエリアには日本企業の多くが情報収集拠点を置いている。彼らが最初に行うことは現地のコンサルタントとの接触である。だからコンサルタント事務所は繁盛している。このルートに頼っていれば、本当に大切な生の情報、変化を起こしている震源の情報はCEOには届かない。

第3の問題は、CEOと顧客との距離の長さである。より正確に言えば会社が提供する商品・サービスを使う顧客の経験をCEOが直接、認識することがほとんど不可能になっているということである。その理由は社員も売ることに熱心で、売ったあとの顧客の体験には関心をもたないということにある。社員は売ること（自社の利益）には熱心であるが、使われること（顧客の利益）には関心をもたないのが普通である。

『利己的な遺伝子』（リチャード・ドーキンス著、邦訳：紀伊国屋書店）という本がある。日本では1991年に翻訳出版されている。この本の主張は、すべての生物は自分の利益を優先するということだ。ということであれば、人間も生物の一種であるから、顧客第一というのは人間の本性に反する努力であることになる。

したがって、第3の問題は日本企業に限らず、すべての営利企業の共通の問題となる。ただ、最近の欧米企業はこの距離を埋める努力をしている。彼らはこのことが企業の運命を決めることを認識しているからだ。一方、そのような意図的な努力をしている日本企業は少ないというのが実感だ。

日本企業の組織ケイパビリティの特徴②総合力への幻想

日本の伝統的な大企業の第2の特徴は、総合化への幻想である。総合小売業、総合家電メーカー、総合化学メーカー、総合金融機関、総合商社など、総合という言葉が多くの企業で使われる。成功した大企業にはその歴史のなかで様々な事業、製品、それを支える技術や顧客関係、パートナーとの関係が存在する。そして、総合力（マクロの力）には価値はあると期待し、それを実現しようとする。その意図を否定する必要はないが、総合化が平均化につながると業績の足を引っ張ることになる。経営の仕組み、スタイル、人事運営が全社共通なものになり、一点集中する専業メーカー、カテゴリーキラーに負けることになるのだ。

実際、「はじめに」で紹介した平成の時代に躍進した企業はすべてが専業メーカーであり、専業小売業である（6ページ参照）。唯一の例外は住宅・医療・化学を3つの事業領域とする旭化成である。なぜ旭化成だけが好調なのか。2019年3月期の売上は2兆1700億円、営業利益は2095億円である。2002年の売上は1兆1953億円、利益は456億円なので18年間で売上は2倍、利益は4倍になっている。

旭化成のある経営幹部の方に聞いた話が印象的であった。

- ビジョンや戦略に公式に語られているものではないが、わが社の社員は、旭化成は専業メーカーの集団だと思っている
- いわゆる本社部門は小さい。事業部門に人材を厚く配置している。

●ビジョンや戦略、組織や人事運営のあり方は事業ごとに最適な形を追求している。
●未来への投資について、あまり精緻な計画をつくることはしない。総額を決め、状況を見ながら臨機応変に使っている。

しかし、それぞれの事業が個性を発揮し、独自のビジョンや戦略を追求するのであれば、旭化成という会社はなぜ存在するのか、何が共通の基盤なのか、それは目に見える技術や設備、チャネルではないようだ。私は旭化成が折に触れて発信する新聞の一面を占める広告に記されているシンプルな言葉に旭化成という会社の共通の基盤があるように思う。「昨日まで世界になかったものを。」というメッセージだ。旭化成はこのような志をもった人たちが仲間になってできている会社なのであろう。

以前、同社の若手社員たちと意見交換する機会があった。会社の文化や風土の特徴は何かを議論したのだが、そのとき、ある男性社員が「わが社の特徴は社内交際費」と言ったことを覚えている。しかし女性社員からは「私たちは飲み会の費用をもらっても嬉しくない。もっと別のことを考えてほしい」という声が上がった。

いずれにしても社員の横方向の交流が活発で、サイロの罠にははまっていない会社だと感じた。社員の交流を支援するということでは第1章で紹介したダイキン工業（73ページ参照）が有名だが、京都の堀場製作所も日本で宴会が一番多い会社だと社員は嬉しそうに語る。旭化成もそのような会社なのであろう。

日本企業の組織ケイパビリティの特徴③過大な間接部門の存在

企業の業績は、研究・開発・生産・販売・物流・サービスなどの直接部門が生み出す付加価値から間接部門のコストを差し引いたものである。英語ではOver Headと呼ばれる。直接部門は顧客の厳しい要求に応えるため、身を削る努力を行う。販売の第一線も同様である。優秀企業も普通の企業も直接部門のモチベーションや力量には大きな差を感じない。しかし、間接部門については驚くような違いがある。

成長を停止した伝統企業の間接部門の方々にインタビューすると共通の特徴がある。それは、「自分たちの顧客は誰か」「顧客に提供する価値は何か」ということに関する認識がほとんど存在しないことである。また、間接部門が提供する価値に対して顧客からの評価が行われないという特徴がある。その結果、間接部門が増殖し、間接部門は収入ではなくコストの上昇に貢献するという残念な現象が見られるのだ。

日本企業の組織ケイパビリティの特徴④経験への過信

私は以前、営業職社員の業績と経験年数にどの程度の相関があるのかについての分析をしたことがある。その結果、一定の期間は経験と業績に正の相関があることがわかった。しかし、その期間を過ぎると相関はなくなることもわかった。ルートセールスなどの単純な営業ではその期間は約1年、医薬品営業などの製品知識が必要な営業では約3年、高度なソリューションを売るコンピュータソフトの営業では約5年、というのが相場だ。この期間を過ぎると経験と業績の差はなく、コンピテンシーや性格、動機のあり方が業績に相関する。

同じことはものづくり（製造）の世界でも存在する。特に、モジュール化が進んでいる分野では熟練工の価値が減少している。新人も短期間で一定水準の品質の製品をつくることができる。技術の変化が激しい開発の分野でも経験の価値は急速に減退している。

にもかかわらず、私たちは経験者を貴ぶ傾向がある。日本企業が年功序列を払拭できない理由は、年功と経験には価値があるという過信が存在するのだと思う。

組織ケイパビリティ開発の落とし穴

ある大企業の経営者の方が語る言葉が印象的だった。

「正直言って、私にはビジョンが見えなくなった。現場のリーダーが一人ひとり考え、行動してもらうしか、もはや方法はない」

以前であればCEOがこんなことを言ったら経営者失格だった。しかし、経営環境が予測不能な現在、もはや超人でなければビジョナリーリーダーになるのはかなりの困難を極めている。

そこで、いますぐ始めることが組織ケイパビリティの開発なのである。経営者がビジョンや戦略を発信しなくても組織が自然に変化に対応する組織を開発しなければならない。それにあたって、以下に示す5つのテーマに着眼することが大切である。

1．本社・本部の解体

2．人事運営の抜本改革

3．マネジメントプロセスの改革

4．成長を支えるガバナンス改革

5．良き企業文化の創造

この5つのテーマについては次章以降で具体的に解説していく。なおここで注意したいのは、個々のテーマを個別に考え、虫食い的に実行しても大きな効果は期待できないということである。

この5つを成功に導くキーワードはGEのPOIMの3番目「Integrate（統合）」である。別の表現を使えば、「ホリスティックアプローチ（Holistic Approach）」である。部分をバラバラに段階的に行うのではなく、完璧でなくてもすべてを包含（ホリスティック）したプログラムを一気呵成に推進するというアプローチである。

実はこのホリスティックアプローチは私たち日本人が苦手にするものである。私たち日本人は細部にこだわり、完璧を目指すという傾向がある。調査し、分析し、ロジカルに考えることを好む。これらの特徴はものづくりには非常に有効な資質であるが、組織ケイパビリティの創造には有効ではない。ということは新たな事業モデルの創造の中心は新たな組織ケイパビリティであるので、私たちの強みは、いま多くの日本企業が格闘する事業モデルの創造には適さないということになる。しかし、「適さない」で止まっていても未来はない。

もう一つ、重要なことがある。それは変革を効果的に推進していく「チェンジマネジメントの視点」である。この視点は変革のプロセスを調整・推進していくものである。欧米企業が変革に挑戦した1990年代にはこのことの重要性が認識された。

1999年にハーバード大学経営大学院のジョン・コッター教授による名著*What Leaders Really Do*（邦訳：『リーダーシップ論　いま何をすべきか』ダイヤモンド社）は変革プロセスについて紹介したロングセラーであるが、この本では企業変革を推進するうえで避けるべき8つの落とし穴が示されている。

落とし穴1：緊急課題であるという認識が不徹底
落とし穴2：推進チームの指導力の不足
落とし穴3：ビジョンの欠落
落とし穴4：社内コミュニケーションが絶対的に不足
落とし穴5：ビジョン実現の障害を放置
落とし穴6：計画的な短期的成果の欠如
落とし穴7：早すぎる勝利宣言
落とし穴8：変革の成果が浸透不足

コッター教授の指摘に沿えば、成長のための組織ケイパビリティの開発というテーマについては、「落とし穴1：緊急課題であるという認識が不徹底」が大きく口を開けて待っているというのが実態である。

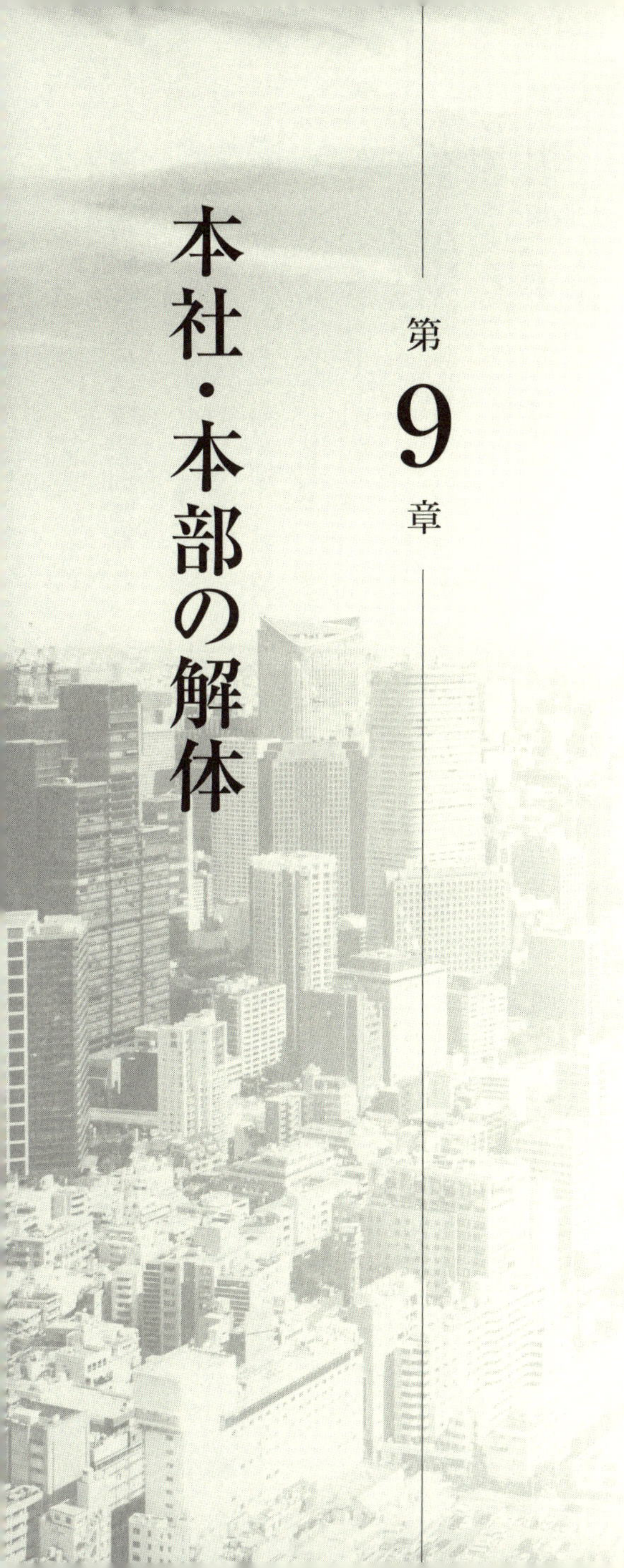

第9章

本社・本部の解体

組織構造の原点は機能別組織

組織ケイパビリティは抽象的な概念だが、組織構造は組織図として描くことができる具体的なものなので、経営者はまず組織図から組織構造のあり方に着眼する。企業によっては組織改編が頻繁に行われ、社員も役割の変更に戸惑い、苦労することも多くあるようだ。

しかし、設計された組織構造が目的に沿って運営され、意図した成果を果たすケースは少ないというのが実際である。

本章では組織設計の基本について少し歴史を振り返りながら、どのように組織を設計し、運営すれば成長をドライブできるのか、というテーマについて考えていきたい。

組織構造の原点は、機能別の組織である。そして、その基本原理になったのが経済学の始祖と言われる英国人の経済学者アダム・スミスが唱えた「分業」という概念である。アダム・スミスは1776年に『国富論（*An Inquiry into the nature and causes of the wealth of the nations*）』を出版する。

1776年と言えばアメリカで13の植民地代表がフィラデルフィアで独立宣言（トーマス・ジェファーソンが起草）を行った年である。『国富論』は希少な資源である資本、設備、労働、土地をいかに効率的に使うか、というテーマについて書かれ、英国の産業革命の理論的な支柱になったものである。『国富論』の第1章のタイトルが「分業」である。そのエッセンスは次のとおりである。

● 人間には動物と異なり、ものを交換し合う性質がある。ここに分業の起源がある。

●分業はプロセスを分断し、作業を細分化するものである。
●一つの作業に長期間従事することで、必ず技能が向上する。
●同時にその作業に関係する機器・道具が開発され、仕事が容易になり、時間が節約され、生産性が向上する。
●しかし、分業が常に意味をもつとはいえない。小さな市場では分業する意味はない。
●分業による効率は市場の大きさによって加速され、市場の大きさによって制約される。

企業の運営を効率的に行うためには、開発・生産・販売・物流などの機能を分け、それぞれの機能が独立し、集中的に活動することで知識やノウハウが蓄積し、全体として効率と生産性が向上するということである。機能別組織とは、機能ごとにヒエラルキーをつくり、品質・コスト・納期のQCDを持続的に高めるという大規模企業の経営の基本である。

しかし本書の主題だが、ヒエラルキーは仕事主義やサイロ化という悪魔の副産物を生み出す。トヨタ生産システムの産みの親である大野耐一氏は「分業は人を殺す」と述べて、敢えて「単能工」ではなく、「多能工」を育成する道を選んでいる。

機能別組織の運営にあたっては「スリム化」と「ルールではなく規律」を重視するという視点を忘れず、ヒエラルキーにこびり付く錆を除く努力の継続が必要である。

ゼネラル・モーターズと松下電器産業による事業部制の導入

フォード・モーターとともに米国の自動車業界を牽引したゼネラル・モーターズ（GM）は1920年代に消滅の危機に瀕していた。フォードは有名なT型フォード一車種に集中し、分業の効率と生産性を最大化し、低価格車の市場を独占する。

一方、GMはビュイック、キャデラック、オールズモビルなど多数の会社を買収してできた会社のため、生産の効率よりも販売力の強化を優先する。しかし、組織は混乱し、それぞれの会社が市場を食い合う形になり、経営危機を迎える。

その解決策として、GMは新しい組織構造を導入する。事業部制である。事業部制とは会社全体を機能で分割するのではなく、顧客セグメントや商品・サービスの特性に応じて分割するという考え方である。もちろん、事業のなかは機能によって分かれるので、事業部のなかに機能別の組織が存在するという形になる。

その改革のリーダーシップを発揮したのが、いまも名経営者と語り継がれるアルフレッド・スローンだった。投資利益率（現在のROE）とマーケティングの考え方を導入し、企業統治とユーザーへの付加価値を高めるというアプローチはいまから100年前のことだったので極めて斬新だった。企業が大きく発展し、多様な顧客に多様な製品・サービスを提供する段階になると、機能の効率や生産性だけでなく、顧客や市場へ密着し、ニーズへの対応の効果を上げるという要請が高まるからである。「効率」だけでなく「効果」が重要なのである。

日本ではほぼ同じ時期の1933年に松下電器産業が事業部制を導入する。そのときの狙いは「自主責任経営」と「経営者の育成」ということだった。「財務統治」と「マーケティング」を重視したGMとは組織構造の外形は似ていても、目的と狙いは同じではなかったようである。

機能別組織が内部の効率と生産性を高めるのに対して、事業部制は市場・顧客への価値創造を目指すものである。その意味で事業部制の目的の一つは「成長」である。松下幸之助氏は第二次世界大戦後の高度成長期においても事業部制を活用し、50を超える事業部からなる小事業部制によって1980年代まで成長を続ける。小事業部制は成長をドライブする力があることは、180の小事業部で構成されているジョンソン・エンド・ジョンソンや60もの小事業部をもつエマソンの成功から伺い知れる。この2社は売上と利益を長期にわたって成長させている。

事業部制を採用しているにもかかわらず成長しない企業は、事業部制の運営の仕方に問題があるのかもしれない。

多国籍企業運営の登場

1960年代に入ると、大規模な企業は世界に事業を拡大していく。このとき、地域や国に土着し、その国で開発・生産・販売を一気通貫で行うというアプローチが始まる。人事や財務の管理も国や地域の特性を生かし、独自の判断と運営を行う。こうして多国籍企業の経営は機能軸や事業軸よりも上位に地域軸が置かれるようになった。

ところで、多国籍企業という言葉はマサチューセッツ工科大学のマイケル・リリエンソール教授が1964年、「ビジネスウィーク」の特集記事で使ったのが最初であるとされている。

しかし、多国籍企業運営の仕組みは30年ほどで終焉するのであるが、日本企業では次節で紹介するグローバル事業運営がほとんど導入されなかったこともあり、多国籍企業運営が色濃く残っている。個々の国や地域が独立王国のようになり、お互いに全く協力しないと経営幹部が嘆息するほどである。

グローバル事業運営の登場

1990年代になると地域軸ではなく、事業軸で世界を統一的に管理するグローバル事業運営が中心になる。第1部で述べたように欧米の伝統的な企業が第一次異星人の襲撃に遭遇したとき、アダム・スミスの分業の概念が復活する。地球全体を一つの市場と見なし、機能別の分業によって効率と生産性を上げることが大規模企業の優位性を生かす道であるという考え方である。1991年のソビエト連邦の崩壊は冷戦を終結させ、世界の自由経済圏が一気に拡大し、規模の経済という分業の条件を復活させたのである。

このアプローチはGE、エクソンモービル、P&G、アメリカン・エキスプレスなどの大規模企業が一斉に採用した。日本ではトヨタ自動車以外、ほとんどの企業が追随しなかった。その理由は、グローバル事業運営の本質を理解せず、国際化の延長としか見なかったことに加え、地球規模で構想する知見をもつ経営リーダーが1990年代に急速に枯渇したからであった。

当時、私は日本を代表する世界企業の事業部長クラスの方々のアセスメントを行う機会があったが、9割以上の方がグローバル運営と国際化を同義に捉えていることに驚きを感じた。

そうしたなか、トヨタ自動車はグローバル機能別組織を実現するために、グローバル人事部をつくった。同社に刺激されて多くの日本企業がグローバル人事部をつくったが、オペレーションモデルがグローバル運営とはならず、グローバル人事部の努力が徒労になってしまったのである。

グローバルマトリクス組織運営の必要性

2000年代以降、IBMやP&Gなどに代表される、事業軸と地域軸を両立させるグローバルマトリクス運営という極めて複雑な形態に挑戦する企業が出始めた。現在では、多くの企業がこの運営に挑戦している。

しかし、マトリクス運営はひじょうに難しい経営形態でもある。IBMのルイス・ガースナー氏は著書『巨象も踊る』（邦訳：日本経済新聞出版社）のなかで、次のような主旨のマトリクス運営の課題について述べている。

- 顧客に最高度のソリューションサービスを提供するにはIBMの総合力（マクロの力）を最大限に発揮する必要がある。
- そのためにはグローバルマトリクス運営が不可欠である。

- このモデルは社員に多くの負担をかけることになる。
- 社員の抜本的な能力改造（マネジメントではなくリーダーシップ）が必要である。
- そのことは不可能ではない。成果を上げる事例が生まれている。
- マトリクスと戦うのではなく、マトリクスを信奉してほしい。

マトリクスは日本語の辞書を引けば「行列」という無機質な言葉になるが、英語の語源は「行列」だけではなく、生命を生み出す母体、女性の子宮、新たな発想やアイデアを生み出す土壌などである。ここからマトリクス組織とは、機能別運営による効率性・生産性の向上と事業・地域運営による顧客価値の創造を両立させ、企業を成長させる組織運営と定義されることとなったようである。

現在、日本企業でマトリクス組織運営が進んでいるのはトヨタ自動車である。２００９年までグローバル機能軸運営だった同社は、現在では製品軸、機能軸、地域（国）軸の三次元のマトリクス運営になっている。花王も事業軸と地域軸のマトリクス運営に挑戦している。

このように日本企業でもグローバルマトリクス運営に挑戦しているところがあるが、運営の難しさゆえに継続を諦めるケースも散見される。その根底にあるのは、第２章で述べた仕事主義の結果としての組織のサイロ化である（119ページ参照）。

以上のように、大規模な企業組織の構造は変遷してきた（図表15）。この流れから見れば、マトリクス組織運営への取り組みは日本企業が成長力を復活させるための必然である。

図表15　大企業の組織構造の歴史

0.0 International 国際化	1.0 Multi National 多国籍化 1960-1980	2.0 Global Central 中央集権的グローバル化 1990	3.0 Global Matrix グローバルマトリクス化 2000
組織モデルの特徴	●国ごとに開発、生産、販売をフルセットでもつ ●国の習慣、慣行に合わせる（土着化） ●国ごとの最適を追求する ●国が利益責任の単位 ●国の代表者は大きな責任と権限をもつ	●世界の共通項にフォーカスする ●機能の最適プロセスをグローバルに標準化。生産性と効率の最大化を目指す ●国ごとの最適よりもグローバル最適を優先する ●国を代表するポストの消滅	●国ごとの最適とグローバル最適の両立を目指す ●グローバル機能軸と顧客・市場軸のマトリクス運営が中心になる ●マトリクスの中心にある社員のリーダーシップとそれを支える組織風土の開発
モデルの背景となる事業環境：製品	●特徴をもった単体の製品	●汎用的な世界標準製品	●ソリューションサービス事業 ●生活関連コンシューマ事業
モデルの背景となる事業環境：販売方法	●国ごとに異なるチャネル構造	●先進国共通のメガチャネルの成長 ●先進国共通ブランドの発展	●新興国の新たなチャネル
モデルの背景となる事業環境：顧客	●国ごとに異なる政治、社会	●先進国共通のニーズ／価格	●新興国必要スペック、価格帯の違い

マトリクス運営を成功させる3つのカギ

成功のカギ1：第一線のマネジャーへの権限委譲とその責任を担うマネジャーの能力開発

マトリクス運営の特徴は、上司が2人以上存在する形態である。複数の上司がいて、複数のラインへの報告・連絡・相談のコミュニケーションが求められるのは厄介である。特に仕事主義に染まった社員、指示待ちが習性になった社員にとっては仕事の量が倍増するかもしれない。その結果、仕事全体のスピードが大幅に遅れることになる。

マトリクス運営は、上司から見ても厄介なものである。自分の部下を100％コントロールすることはできないからである。つまり、上司が部下に対して明確な指示を下すことができないということである。

一方、成果主義を実践する社員にとっては判断と行動の自由度が増すことになる。現場目線で課題や機会を見出し、自ら判断できる人材にとっては複数の上司を上手に使い、自由自在に成果を出すことができることになる。

成功のカギ2：ルールではなく、原則や規律によるマネジメントの遂行

つまり、良いヒエラルキーを維持できていれば、マトリクス運営の障害は少ないことになる。しかし、ルールがあるからこそ、社員は皆自動的に動くことができるのであり、原則・規律だけではどのように行動すべきかがわからないという問題を生じる。

よって、マトリクス運営では第一線の社員の「考える力」「判断する力」「ボトムアップで提案する力」が求められる。

成功のカギ3：リーダーシップ力の開発

マネジメントはポストの力、権限の力で部下を管理する力量のことである。リーダーシップとは権限の力を使わずに人を動かす力量であるので、マトリクス運営のように誰も100％の権限をもてない環境ではリーダーシップを使うしか方法はないのである。

以上を鑑みると、マトリクス運営に成功する可能性が見えるのは現場力のある組織であり、現場力が弱ければ成功の可能性が低くなるといえる（図表16、図表17）。

マトリクス運営が進むと組織図が消滅する

組織図は企業運営を構成する役割やポスト、ヒエラルキーの序列を示すものである。ボックスと命令系統を示す線で描かれる。日本ではおそらくすべての大企業に組織図が存在するはずである。

その組織図が欧米企業を中心に消滅しつつある。より正確にいえば、部署の名称は書かれているが、部署を繋ぐ線が存在しないのである。なぜなら、仮に組織図をつくったとしたら、どの部署からも複数の線が引かれ、組織図が線だらけになるからである。

図表16　マトリクス組織運営力診断ポイント

	成功の法則	診断ポイント
社員の行動原則	責任の委譲 社員は責任を引き受ける。社員は責任＞権限のギャップを周囲を巻き込むリーダーシップの力で補う	社員は責任を積極的に引き受ける
		社員は権限を与えられるものではなく、勝ち取るものだと考えている
		社員は積極的にリーダーシップを発揮している
	信頼関係に基づいた人のネットワーク	社内の異動は、機能や地域を超えて頻繁に行われる（3年ごとくらいに）
	肩書や情報に頼らず、信頼関係に基づいて周囲へ働きかけ、仕事を自在に広げる	社員間のネットワークづくりを会社は推進している
		社員は人への信頼、人からの信頼を大切にしている
	多様性を創造性に生かす	ダイバーシティが多様に進んでいる
	社員は多様な人材による対立のなかから新しい発想を生み出す。説得する前によく「聞く」	社員には「聞く」力、対話する力がある
		社員は率直にものを言う
チーム開発	本社経営チーム	本社の最高経営チームのテーマは個人部門ではなく、全体的テーマが中心である
	部門/機能代表のグループではなく、全社テーマに取り組むチーム力が開発されている	本社の最高経営チームのメンバーは個人的信頼関係で結ばれている
		本社の最高経営チームのメンバーは価値観を共有している
	地域/国　経営チーム	地域/国の最高経営チームのテーマは個別部門ではなく、全体的テーマが中心である
	部門/機能代表のグループではなく、地域/国の全体テーマに取り組むチーム力が開発されている	地域/国　経営チームのメンバーは個人的信頼関係で結ばれている
		地域/国　経営チームのメンバーは価値観を共有している
	現場のマトリクスチーム	マトリクスの交点にあるすべての社員には判断し、決定する力がある
	本社メンバー、地域/国のメンバーによって構成されるチーム力が開発されている	メンバーはチームワークに貢献できる
		メンバーは自分の範囲を超えても必要な仕事に自発的に対応する
マネジメントシステム	統合と分極の管理システム	本社の権限と地域の権限が仕分けされている
	グローバルで統一すべきテーマとローカルに任せるテーマが明確に区別されている	権限はルールではなく原則として理解されている
		決定されるまでは異論を述べ、チャレンジすることが許容される
	人材の育成	マトリクスの交点にある社員の役割と責任が明確に示されている
	コア人材の育成計画に注力し、具体的なプログラムが‘作動している	ライン長の役割（人の教育+ガバナンス）が明確に示されている
		情報が公開され、議論のプロセスが透明になっている
	人材の育成	チーム運営スキルの教育が改善・改良されている
	コア人材の育成計画に注力し、具体的なプログラムが作動している	リーダーシップの意味が示され、教育が行われている
		会社はビジョンや価値観浸透の努力を熱心に継続している

図表17　マトリクス組織運営の成功の法則

社員の行動原則

責任の委譲
社員は責任を引き受ける。社員は責任＞権限のギャップを周囲を巻き込むリーダーシップの力で補うべきことを理解し、納得し、実践している

信頼関係に基づくネットワーク
肩書や権限に頼らず、信頼関係に基づく、人の絆が発達している

多様性を創造性に生かす
社員は、多様な人材による対立のなかから新しい発想を生み出そうとしている。社員は説得する前によく「聞く」ことを重視し、実践している

×

チーム開発

本社経営チーム
部門／機能代表のグループではなく、全社テーマで取り組むチーム力が開発されている

地域／国　経営チーム
部門／機能代表のグループではなく、地域／国の全体テーマに取り組むチーム力が開発されている

現場のマトリクスチーム
本社のメンバー、地域／国のメンバーによって構成されるチーム力が開発されている

×

マネジメントシステム

総合と分極の管理システム
グローバルで統一すべきテーマとローカルに任せるべきテーマが明確に区別されている

コア人材／ポストのマネジメント
マトリクス運営の核となるコア人材／ポスト（「交点」にある人材とライン長）の役割と責任が正しく定義され、マネージされている

人材の育成
コア人材の育成計画に注力し、具体的なプログラムが作動している

名刺から部署名、タイトルが消滅する

日本企業の名刺には、社名・部署名・肩書・氏名の印字は必須である。企業によっては社員と役員では名刺の紙質や厚み、書体などに差をつけるケースもあったりする。そうした企業は悪いヒエラルキーに染まっている可能性がある。ヒエラルキーは身分の差ではないにもかかわらず、社内外に身分の差を示す名刺をつくることで自然に悪いヒエラルキーが入り込んでいることを示すようなものである。

欧米企業では名刺はビジネスカードと呼ばれるが、部署名や肩書きがなく、社名とオフィスの住所にメールアドレスだけが印刷されるケースが増えている。部署名や肩書きは企業内部の問題であり、お客様や外部の関係者には意味のない情報と考えているからである。

日本では初対面の挨拶は名刺の交換から始めるのがマナーである一方、欧米では会議後にビジネスカードを渡すという商習慣の違いがあるので、一概に日本企業の名刺が悪いということではない。日本企業では相手の職位を知るうえで肩書きの明記は必要だともいえる。

ただ、日本企業がグローバル化のなかでマトリクス組織に変わっていけば、名刺のつくり方も変わる日が近いかもしれない。

ラーニングオーガニゼーションはマトリクス運営に馴染む

第1章で紹介したラーニングオーガニゼーションの考え方はマトリクス組織運営に馴染むものであ

る。ラーニングオーガニゼーションは現場の第一線社員が機会や脅威を感じ、縦横斜めにリーダーシップを発揮し、ボトムアップで変革を起こしていくという理想的な考え方である。現在のVUCAの社会状況は既に1990年代に存在し、それに立ち向かうために組織変革が促進された。1人のカリスマリーダーがビジョンを構想し、そのビジョンをトップダウンで実行するというやり方はもはや不可能であり、組織全体の力をボトムアップで活用するしかVUCAに立ち向かう道はないことからラーニングオーガニゼーションのコンセプトが広まっていったのだ。

ラーニングオーガニゼーションの考え方が提唱された書籍『最強組織の法則（*The Fifth Discipline, The Art & Practice of the Learning Organization*）』（邦訳：徳間書店）で紹介された5つめの規律であるシステム思考は、すべての社員がサイロを超え、部分ではなく全体を理解し、そのうえで機会や課題を見出す思考のプロセスの提案であった。

この本では5つの規律が示されているが、残りの4つは（1）自己実現のモチベーション、（2）常識や通念のメンタルモデルからの解放、（3）価値観の共有、（4）チームによる学習である。いずれも目新しい考え方とはいえないが、システム思考は別である。米国では組織の問題解決を実現する考え方として、多くの経営者や幹部社員が考え方の習得と実践に取り組んでいた。

その背景には、システム思考は多様な視点や考え方を求めるため、単線的なヒエラルキーの運営には無用であっても、マトリクス組織の運営には必須な考え方だったからである。

ティール組織の考え方

ティール組織は元マッキンゼーのコンサルタントであったフレデリック・ラルー氏が２０１４年に書いた1冊の本から生まれた言葉だ。本の題名は*Reinventing Organizations*で副題は*A Guide to Creating Organizations Inspired by the Next Stage of Human Consciousness*となっている。Human Consciousnessとは人間の根源的な意識、存在する動機、欲求という意味だ。Next Stageとは有名なマズローの「欲求5段階」説の最上位、自己実現の欲求を意味する。そして、それに応える組織を進化型組織と命名する。Reinventing は新たな発明という意味であり、ラルー氏もこれまでの延長線にはない組織をイメージしたのであろう。

彼は１００人から数千人の比較的小規模のヒエラルキーをもたない組織を調査し、個人の意志や価値観が最大限に尊重され、合理性ではなく感性で行動し、自然に変化に対応するがゆえに「変革の必要性のない」進化した組織運営の形を発見し、それを「進化型組織」と命名したものである。

２０１８年に出版された邦訳版では「進化型組織」をティール組織と呼び、Tealをそのまま片仮名で読んでいる。Tealは野鴨の羽の色である青緑色のことである。企業組織のモデルを7つの発展段階に分けてそれぞれ色付けし、最も進化した最上位の段階を青緑色で表現したことからの命名のようである。

ちなみにマトリクス運営は最上位から一段下のステージ6で色は緑である。その一段下は良いヒエラルキー組織でオレンジ色である。下層にある悪いヒエラルキー組織は赤色で示されている。

ティール組織の考え方はプロジェクト運営に活用できる。プロジェクトにはヒエラルキーは無用であり、異なる能力、個性をもつメンバーが状況に応じて役割を変え、臨機応変に活躍することが求められるからである。

日本の本社・本部の抜本的な見直し

本社・本部の抜本的な見直しは日本企業に共通の課題である。マトリクス組織運営、ラーニングオーガニゼーションはトップダウンだけでなく、ボトムアップの力を使うものである。このアプローチを活用するためのボトルネックは日本にある本社・本部の過剰な影響力である。

日本企業が海外で成長しない理由は外国人社員が活躍できない状況にあることを第7章で説明した。その大きな理由は日本にある本社・本部の存在である。本節では、日本の本社・本部の抜本的な見直しを提案する。

日本企業の海外での成功事業を見ると、その事業部門と本社との距離が遠く、本社の影響力がほとんどない、いわば治外法権的な権限委譲が行われている。こうして見ると、海外事業の成長と本社の関与には逆相関の関係があるようである。ここで注意したいのが、本社の関与を全否定するのではなく、関与の仕方に問題があるということである。

ジャック・ウェルチ氏がＧＥのＣＥＯに就任したのは1981年のことである。その当時、ＧＥは歴史と伝統をもつ老舗企業ではあるものの、未来への輝きを失っていた。前章で述べたエクセレント・カンパニーの調査対象企業から漏れていたほどである。それから20年にわたり、ウェルチ氏は「GEの奇跡」と呼ばれた大改革を実現するのであるが、1982年に行った最初の改革は、第2章で述べた経営企画部の解体であった。

この動きは世界の大企業に急速に伝播していく。いま、日本企業のように大所帯の経営企画部をもつ組織は世界には存在しない。経営企画部だけでなく、本社や本部という組織は過去の遺物となっているのがグローバルの経営である。

本社・本部の肥大化はヒエラルキーの重層化を助長した。本社・本部のスタッフはラインのヒエラルキーには入ってはならない。しかし、経営者の思いを彼らが仲介者として現場に伝え、現場の思いを彼らが仲介者として経営に伝えるという現象が生まれてしまった。国内であれば、まだ弊害は小さいかもしれない。しかし、外国人が働く海外の現場には日本にある本社・本部の仲介は大きな弊害になる。そして、前章で述べたように日本の本社には海外のことがわかるスタッフが減少しているという事実を加えると、弊害はさらに拡大していくことになる。

本社・本部で働く社員の力を解き放つ

プロフィットセンターとコストセンターという言葉はピーター・ドラッカー氏が『現代の経営』（邦訳：ダイヤモンド社）に次いで著した『マネジメント　課題・責任・実践』（邦訳：ダイヤモンド社他）のなかでつくり出した組織部門の定義である。プロフィットセンターは顧客に接点をもつ営業などの利益を生む部門、コストセンターは顧客に接点をもたない利益を生まない部門と定義される。

この言葉を生み出したドラッカー氏本人は後にプロフィットセンターという用語は恥ずべき誤りであったと述べている。それというのも、プロフィットは企業のすべての機能、すべての社員の活動の結果として生まれるものであり、営業部門だけで利益が生まれるわけではなく、また、すべての部門で費用が発生するのだからどの部門もコストセンターであるということからである。

私自身は、顧客に何かの価値を提供するすべての機能、すべての部門はプロフィットセンターであると理解している。しかし、長年の習慣で顧客との接点をもたないスタッフ部門で働く社員は顧客に貢献し、利益にも貢献するというビジネスマインドを喪失していくのは仕方がないことかもしれない。これが慢性化すると、自らの貢献の成果を実感できなくなる。その結果、成果主義ではなく、仕事主義となり、お役所仕事に繋がっていくのである。

本社・本部を抜本的に見直すことは悪いヒエラルキーを改善するだけではなく、そこでの仕事を極限まで削減することになれば、社員を付加価値の低い仕事から解放することにもなる。

本社・本部に在籍する優秀な社員にヒエラルキーを超え、未来を創造するプロジェクトに参加させることで彼らのエンゲージメントの向上も促せることになる。人間は「自分は役に立っている」「自分は成長している」ということを実感できれば、モチベーションは自然に高まる。第7章で述べた外国人社員の力を解き放つためには日本にある本社・本部の解散が必要であり、それは同時にそこで働く日本人社員の力をも解き放つことにもなるのである。

本章では組織ケイパビリティをつくる骨格にあたる組織構造について述べてきた。私は成長のためには、グローバルマトリクス運営を使いこなすことが不可欠であると考えている。顧客、市場、競合に近い現場の第一線に責任が降りていて、機会や問題に敏感に気づく社員が組織をボトムアップで縦横斜めに活用していく組織運営こそがマトリクス運営の真髄だからだ。

この組織構造に挑戦することを避ければ、日本企業の世界での成長の復活は果たすことができない。また、そのためには日本企業に固有の大きくて複雑な本社・本部組織を解体する必要があることを述べた。日本企業にはGEのジャック・ウェルチ氏が1982年に解体した本社・本部がいまだ強く残っている。本社スタッフは長期ビジョンを描き、ポートフォリオ戦略をつくり、時間をかけて人材を育成するというやり方は40年前にその効果を失っているということを認識する必要がある。

月刊オピニオン誌「ウェッジ」2019年8月号の「無駄を取り戻す経営」という特集記事で野中郁次郎・一橋大学名誉教授は日本企業の低迷の原因にオーバー・プランニング、オーバー・アナリシスの無駄を取り上げている。これは1970年代の米国企業の特徴であったが、それが半世紀を経てシーラカンスのように日本に生き残っているのは本当に残念なことだ。

次章以降ではマトリクス組織構造を補完する人材力の開発、マトリクス組織構造を運営するマネジメントプロセス、コーポレートガバナンスのあり方、そしてそれらのすべてを包含する企業の土台となる強い企業文化の開発について述べていく。

第10章

人事部長と組織ケイパビリティ

社長がすべき11の組織改革

組織ケイパビリティの中心には人がいる。２０２０年代の日本企業が成長力を復活するには、人の問題が最大の課題である。日本企業の成長を牽引した「団塊の世代」といわれる１９５０年前後に生まれた人たち、ＮＨＫのドキュメンタリー番組「プロジェクトX～挑戦者たち～」の主役になった地上の星たちの多くは既にビジネスの第一線を退いている。ジャングルカッター（未開の密林を切り開く戦士）として海外市場に土着し、市場を切り開いたビジネス戦士もいない。

旧松下電器産業は海外市場開拓の先兵になっていた松下電器貿易を１９８８年に実質的に解散している。他のエレクトロニクスメーカーも同様の動きをしている。２０２０年代の日本企業の海外での成長の主役になる人たちはいま、どこにいるのだろうか。

徳川幕府の終焉（１８６８年）、第二次世界大戦の終戦（１９４５年）という日本の変革期において、新しい時代をリードしたのは青春の心をもつ青年であった。明治元年から第二次世界大戦の終戦までが77年である。そしてその年から令和元年までが74年である。

そのように歴史を振りかえれば、２０２０年代に日本企業の成長へのドライバーは再び20代の若者ということになる。そこで、若手社員を育成するという上から目線ではなく、若手社員に企業の成長の希望を託すという考え方が必要である。若手社員は即戦力なのだ。彼らが創造性を発揮し、壮年・熟年社員がチームとなり、外国人の社員が活躍することを可能とする人事システムの抜本的な改革、ゼロベースでの設計が求められる。

漸進的な改善、例えば管理職になる年齢を30歳まで引き下げるという程度の変更では焼け石に水である。そしてその人事システムは第8章で述べた組織ケイパビリティを創造することと完全に首尾一貫したものになる必要がある。このスケールの改革、伝統的な人事の守備範囲を超えた改革は社長が人事部長にならなければ実現は不可能である。

1980年代にGEの大改革を率いたジャック・ウェルチ氏は、事業部長は30%、カンパニー長は50%、CEOは時間の70%を人事に使うと宣言していた。ネスレ日本の高岡浩三社長は時間の80%を人事に使うという発言をされている。ネスレ日本は成熟市場である日本で事業の成長を実現し、高岡社長の経営手腕は「ネスレの奇跡」と評価されている。資生堂の魚谷雅彦CEOと同様、マーケティングの分野での日本の第一人者といえる経営者である。

高岡社長はネスレ日本史上最年少の30歳で部長に昇進し、50歳で日本でははじめての日本支社長になる。ネスレには「センターベース・エキスパット」というリーダー選抜のプログラムがあり、国の代表者になるような将来性のある社員はエキスパットとして様々な国に赴任することが求められる。エキスパットは日本語では海外駐在員となるが、本当の意味は海外追放者である。ネスレのエリートは一生、自分が生まれた国では仕事をさせてもらえないという厳しいプログラムである。

しかし、高岡社長はこのプログラムに参加することを辞退し、海外への赴任はしていない。よって本来であれば、ネスレ日本の社長には就任できないキャリアであった。よほどの実力者だったのであろう。「キットカット」「ネスカフェアンバサダー」などの革新的なマーケティングを展開するほか、社長就任後の2011年からは毎年、全社員に自ら実践したイノベーションをA4一枚の資料にまとめて応募してもらうプログラムを始めている。いまでは年間5千件近い応募があるそうである。高岡社長はあたかも人事部長であるかのように人事制度やプログラムの改革をリードされている。

本章では社長があたかも人事部長であるように考え、推進すべきマインドセット、制度とプログラムの改革など以下の11の項目について提案する。

1. 人事部を責めない！　しかし、人事の役割と機能を根本的に変える
2. 日本人中心の管理・統制から世界基準の開発・創造へシフトする
3. SWP（Strategic Workforce Plan）を導入する
4. 卓越した逸材の獲得に真剣に取り組む
5. エグゼクティブ・リワード・プログラム（Executive Reward Program）を導入する
6. 成長力強化の社員エンゲージメント経営にコミットする
7. ポストを前提にした従来型サクセッションプランはやめる
8. 成長への貢献を評価する
9. 幹部開発のアプローチを根本的に変える
10. 人事スタッフを信頼される専門エキスパートにする
11. トヨタのStart Your Impossibleとサムスンの地獄の合宿に学ぶ

人事部を責めない！　しかし、人事の役割と機能を根本的に変える

ある大規模なグローバル企業の話である。この会社では海外でM&Aを推進するものの、幹部社員の流出が続き、買収の効果に関する懸念や不信が発生していた。そこで社長を含む経営幹部は課題や解決策に関する議論をしたのであるが、社長が何度も人事担当役員に向かって、「当社の人事は弱体なので困る」というネガティブなメッセージを繰り返していた。「人事部門は役目を果たしていない」というのである。私はその話に違和感を抱いた。

それというのも、その会社の問題は、日本の本社・本部が不適切な介入をし、被買収会社の幹部の仕事を妨害していたことにあったからである。社長はそのことを正しく認識せず、問題の拡大を放置していたのが実態であった。これは人事部では解決できない問題なのである。

グローバル人事の運営は日本企業ではなかなかうまくいかない。グローバルグレーディング（世界の幹部ポストの格付け）を行い、コンピテンシーモデル（幹部に求める姿勢、行動の規範）を策定し、社員情報のデータベースをつくるところまでは進むが、これらの活動がグローバルな人材の適所適材の活用に至っていないのである。欧米企業では当たり前の人材に関する市場原理が存在せず、決定権をもつ事業ラインの幹部の理解が得られず、彼らが異動の壁になるのである。

問題は人事ではなく、事業ラインの幹部がグローバリゼーションの意味（地球規模のリソース配分の全体最適の実現）を認識していない、認識していても行動する動機をもっていない、ということにある。

また、近年、多くの経営者が「人材が育っていない。特に若手社員に元気がない」と嘆き、人事部

長に解決を迫るという場面にも遭遇する。

しかし、日本企業で人材が育たない理由は、ヒエラルキーの負の側面が仕事主義とサイロ化の文化を生み、人材が育つ場を企業が提供してこなかったことにある。これは人事部では解決できない問題なのである。

日本人中心の管理・統制から世界基準の開発・創造へシフトする

以上のような課題の前提に立ち、日本企業が未来に向かって成長していくために、社長には人事部の役割と機能を根本的に変えることを提案する。現在の人事部の役割のままでは、どんなに優秀な人事部長や人事スタッフが必死の努力をしても、それは徒労に終わる。

序章で述べたように、人事の役割というテーマで先導的な役割を果たしたのはミシガン大学のデーブ・ウルリヒ教授である。彼は人事の役割を「人事実務のエキスパート」「社員の庇護者」「ビジネスパートナー」「人的資本の開発者」という4つの象限に分類している。欧米の人事スタッフにとって大義名分になる勇気づけられるメッセージで多くの人事関係者がこのメッセージを使って人事スタッフを鼓舞していた。彼の主張は共著書 *The HR Value Proposition*（邦訳：『人事が生み出す会社の価値』日経BP）にまとめられている。

ただし、ウルリヒ教授の理論は欧米企業での経験をもとに策定されているものである。欧米企業ではライン長に人事権があり、採用・評価・報酬・異動に関する責任をもち、人事部はライン長をサポートするという立場にある。

また、欧米には人材流動市場が存在する。人事システムは常に外部とつながった開放系のシステムである。よって、日本企業における人事の役割の改革はこの4つの分類では説明できない。この4つの分類は表面に見える役割の変革を促すものであるが、日本企業はより深層にある根本的な変革を目指す必要があるからである。

日本企業の人事部は昭和の高度経済成長期を支えた新卒採用と終身雇用のパラダイムのなかで採用・評価・処遇・配置・育成のすべてのステップで欧米企業の人事とは次元の違う重要度の高い役割を果たしてきた。ボストン・コンサルティング・グループの初代日本代表であったジェームス・アベグレン氏は*KAISHA The Japanese Corporation*（邦訳：『カイシャ　次代を創るダイナミズム』講談社）という著書のなかで、日本企業の成功は「終身雇用」「年功序列」「企業内組合」の3つだとした。この閉鎖系のシステムを秩序をもって運営するには、人事部が社内の人材マネジメントを計画的に行うことが必要条件であった。

日本の人事部はこれまでヒエラルキーを守ることに貢献してきた。これまでの日本企業では日本人の新卒採用と終身雇用が前提のため、会社は社員のキャリア開発に責任をもつことになる。定例の人事評価、昇進の管理やローテーションは極めて重要度の高い仕事であった。

そうしたなか、多くの企業では最優秀の社員が人事部門に配属されてきた。最優秀というのは知識や技能が優れるというだけでなく、社員からの信頼を得る人格者であり、人間力に秀でるということである。欧米企業では社員の評価・報酬・昇進の決定にラインの責任者が大きな影響力をもつ。その結果、俗人的な評価、恣意性のある公平な評価への疑念が生まれる。その意味で日本企業における人事部の存在は、社員にとって心の拠り所であった。

階層別のマネジメント研修も重要な役割を果たしてきた。これはヒエラルキー運営の中核を担う管理者に必要な力量を、秩序立って開発するプログラムだからである。

IBMには1980年代まではMAP（Management Acceleration Program）という階層別研修プログラムがあった。GEもNew Leader、Emerging Leader、Developing Leader、Executive Leader、Company leaderという階層別研修を行っていた。

日本企業は日本人については人事部が権限をもち、人事異動という社会主義の計画経済的な運営を行ってきた。例外といえる企業がソニーである。盛田昭夫氏は1966年に日本の大企業では初めて人事異動に対して市場原理を導入した。これは、上司への相談なしに他部署に異動希望が行える仕組みである。異動希望先の部署からの承認が得られれば、現在所属する部署の上司はその決定を拒否できない。人事部の役割はこのプロセスの遂行の円滑なサポートである。これは人望のない管理者から部下が去り、結果的に管理職失格ともなる厳しい制度である。同社にはプロ野球のFAのような制度もある。

昭和と令和においては人口構成の変化の違いを見落としてはならない。これからは一層、多数の若者が大きな裾野をつくる富士山型の形は消え、筒形の構成になっていく。

人口構成の変化以外にもうひとつ決定的な違いがある。それはグローバリゼーションが進み、日本人だけでは戦えないという時代に入っていることである。

1960年から1980年の成長を導いた日本人男性中心の「新卒採用」「終身雇用」「年功序列」「企業内組合」のパラダイムは歴史的な使命を完全に終えている。これからは新しいパラダイムのなかで会社と社員の成長をドライブすることが人事部門の重要な役割になる。人事部長は企業の成長のための組織ケイパビリティ開発の守護神へと変貌する必要があるということだ（図表18）。

成長のための組織ケイパビリティ開発のために人事部は日本人中心という暗黙の前提を乗り越え、世界基準での人材マネジメントに取り組む必要がある。

第1は、戦略を実現するための（したがって現状延長ではない）長期的なマクロの人材確保と活用の計画である「SWP（Strategic Workforce Plan：戦略的人員計画）」の策定と実行である。

第2は、その数は社員全体の1〜2%ほどの少数ではあるものの、会社の業績に決定的な影響をもつ人材「ミッションクリティカルタレント」の獲得と活用である。そして、その一つである経営人材の潜在能力を最大化する役員の業績評価と報酬政策の設計と導入である。

世界基準とは日本人を含むすべての人種を視野に入れたベストの計画をつくり、運営するということである。

SWPを導入する

SWPは日本の人事部門のなかではあまり浸透している概念ではない。しかし、これからの日本企業の成長を語るうえでは欠かすことのできない重要な考え方である。

図表18　人事の役割

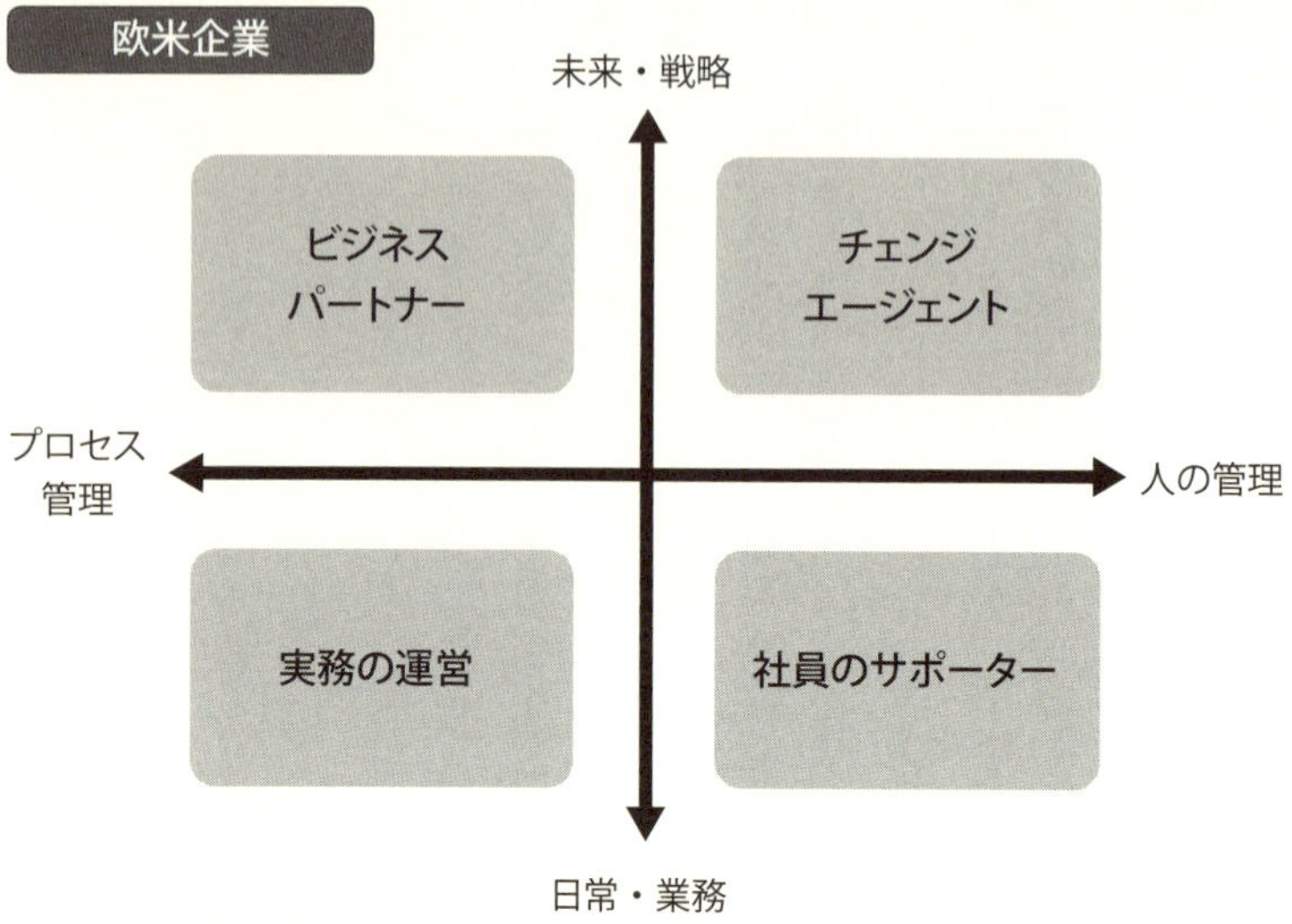
欧米企業
未来・戦略
ビジネス
パートナー
チェンジ
エージェント
プロセス
管理
人の管理
実務の運営
社員のサポーター
日常・業務

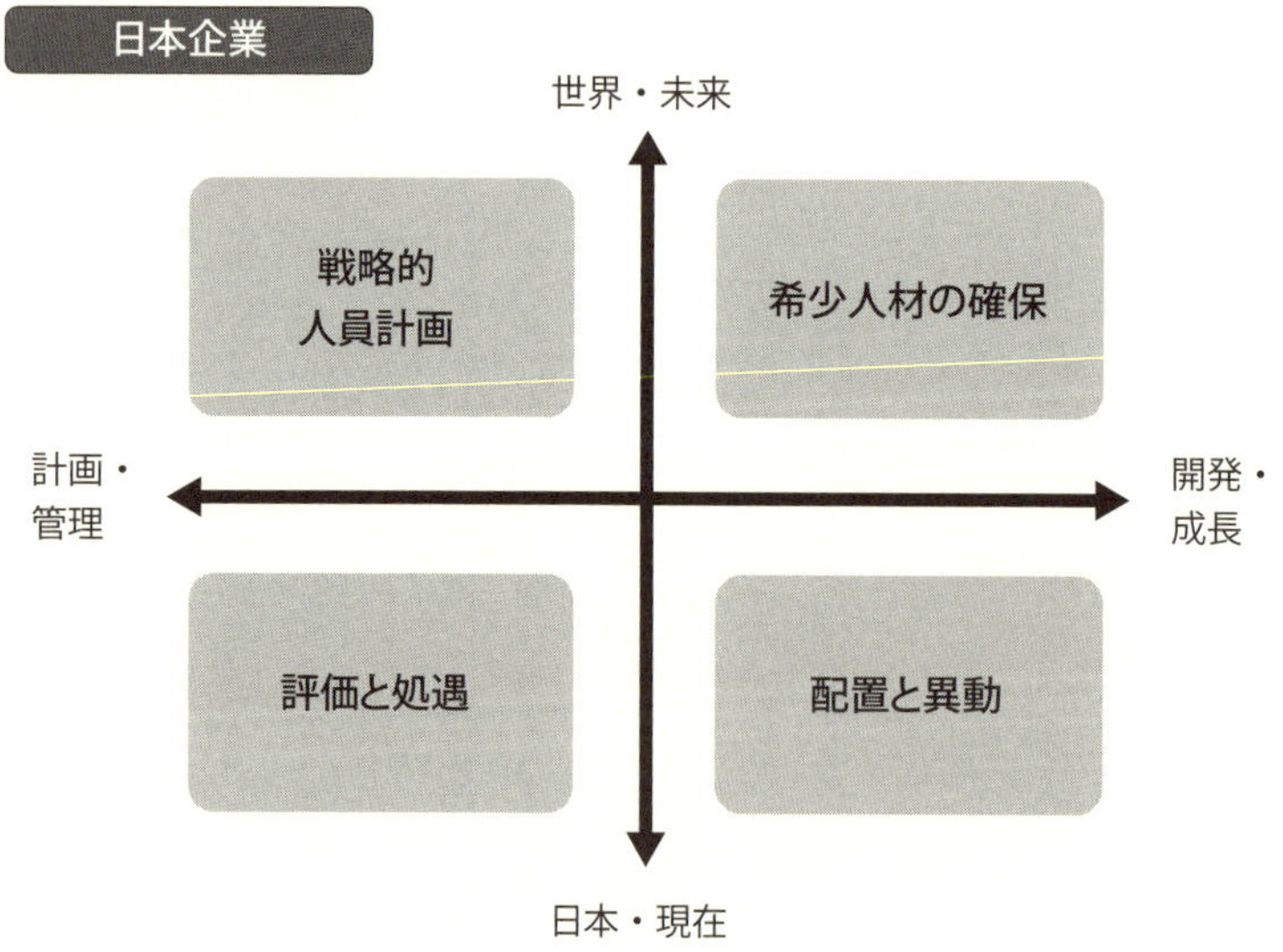
日本企業
世界・未来
戦略的
人員計画
希少人材の確保
計画・
管理
開発・
成長
評価と処遇
配置と異動
日本・現在

それというのも、企業のビジョンや戦略が大きく変わるとき、経営のカギは組織能力になり、その中核となる人材をいかに確保するかが重要になるからである。

その重要概念であるSWPでは、考えるべき5つの課題がある。コーンフェリーに所属していたあるコンサルタントは5つのことを正しく（right）行うという意味で5Rというキーワードでこの考え方を表現していた。

●Right Skill（正しい組織能力）

世界での成長を実現するために必要な組織能力を明らかにし、維持すべきスキルと新たに獲得するべきスキルを明らかにする。QCDは維持すべきスキルである。マーケティングやIT、ファイナンスは新たに獲得すべきスキルである。重要な視点は外部競争力である。競争に勝つことが重要であるので、従来の社内の基準では意味がない。

●Right Size（正しい人材の量）

必要な人材の量を推定する。特にITエンジニアの量の推定が重要である。ITの進化により我々の生活をより良く変革させるデジタルトランスフォーメーションの実現には相当の規模が必要になる。

●Right Site（正しい場所）

そのような質と量の人材を世界のどこで確保し、どこで働いてもらうのかを考える。地球規模での最適なポートフォリオを考える必要がある。

● Right Shape（正しい形）

人材が担う職責・役割、ヒエラルキーの構造やプロジェクトのあり方を考える。

● Right Spend（正しい支出）

以上を前提にした適正な投資とコストの設定を行う。

どの項目を見ても当然のことであるが、世界での競争に勝ち、成長するという目的に沿った、ダイナミックな計画ができないということが多い。私たちは知らず知らずのうちに過去の延長に沿った漸進的な計画に留まってしまう傾向がある。よって、ここでは従来の考え方に捉われない独創的な思考が求められる。

例えば、金融界ではＩＴエンジニアやプログラマーの確保が世界的なレベルで行われており、米国シティバンクは1万人のエンジニアを確保したそうである。自動車業界においてはＡＩ技術者の確保は生命線である。しかし、日本企業は彼らに勝つために、どれだけの人材力を確保しなければならないのか、きちんとした情報の収集と分析ができていないようである。

卓越した逸材の獲得に真剣に取り組む

マーケティング、ＩＴ、ファイナンスの分野では、一人の逸材が勝負を決することがある。

ハリウッド映画のテーマパークとして２００１年に大阪に開業したユニバーサル・スタジオは２０

００年代後半まで客足が伸びず廃業が検討されたほどであった。しかし、２０１０年にＰ＆Ｇでマーケティングのキャリアを磨いた逸材を獲得することで業績は急成長する。その人こそＣＭＯ（Chief Marketing Officer：最高マーケティング責任者）として就任した森岡毅氏である。

近年、企業買収を通じて海外事業を急成長させているリクルートは、武田薬品工業の海外事業買収で活躍した人材をスカウトしている。

サムスン電子が２０００年代中頃、世界的にブランド認知を急速に高めた背景には米国でトップクラスのマーケティング人材を獲得したことがあることが知られている。１９９０年代までは韓国のローカル企業だった同社は、１９９０年代後半のアジア通貨危機により厳しい経営環境を余儀なくされた。そうしたなかで成長するためには、世界に進出してグローバルなブランドにしなければならないとの強力なコミットメントがあり、世界で戦うための逸材をスカウトしたのである。

ＩＴ分野ではＣＩＯ（Chief Information Officer：最高情報責任者）が重要な役割を果たす。米国の大手銀行ウェルズ・ファーゴはインドで現地採用した人材をサンフランシスコの本社に登用し、大きな成果を上げた。同社は１９９０年代まではアメリカ西部の地方銀行であったが２０００年代以降に急成長を遂げる。成長の理由は２００名近いマーケティングスタッフの確保にあった。そのスタッフたちをＩＴと連動させ、ＩＴ部門をＲ＆Ｄ部門と呼んで強化していることも成功の大きな要因である。その結果、２０１６年には時価総額が40兆円を超えて、世界一の金融機関になった。

以上のケースからわかることは、グローバルで成長していくには、大勢の真面目な社員の日々の努力も重要であるが、他では代替できない卓越した逸材の獲得がカギを握っているということである。

エグゼクティブリワードプログラムを導入する

エグゼクティブリワードとは、経営人材に特化した業績評価と報酬政策を設計して運用する制度のことである。1970年代にマッキンゼーが役員報酬を設計するコンサルティングを行ったことが創始のようである。IBMの再生に貢献したルイス・ガースナー氏はマッキンゼー在籍時にこのテーマに関わったと語っている。

日本企業では2003年4月施行の商法特例法改正により「委員会等設置会社」が導入された後、2006年5月施行の会社法により「委員会設置会社」に名称が変更されたが、これにより経営の監督機能と業務執行機能の分離が図られ、執行役（Executive）という最上級管理職が生まれた。したがって、エグゼクティブリワードの歴史はまだ15年ほどである。2018年3月現在での委員会設置会社は東証一部上場会社で60社、二部上場会社では2社である。

そうした意味で日本には欧米企業におけるエグゼクティブはあまり存在しないのであるが、企業の成長を実現する経営リーダーの成長への業績とモチベーションを刺激するために、エグゼクティブリワードプログラムの導入は重要である。

一般社員の報酬であれば、一定水準の生活を維持する基本給がベースになり、伝統的には会社業績の変動を反映する賞与がこれに加わる。そして役割の難易度が高まり、業績を上げるための個人の権限の自由度が拡がるにつれ、個人業績が反映されていく。

それが経営リーダーになれば、役割と権限が拡大し、報酬レベルも上がるので、生活給的な基本給の割合は下がり、業績給が中心になる。この構造は世界基準で見ても変わらないものであるが、日本企業の場合、業績連動の部分が極めて小さいことに特徴がある。

年功序列的な役位は一般社員のレベルでは相当に払拭されているが、役員になると社長、副社長、専務、常務、執行役員という身分制度が残り、身分が報酬額に影響するというおかしな状態、つまり役員以上は連帯責任で個々人の業績は問わないという考え方が残っている。

このような考え方は経営の安定期や成熟期には適しても、変革期や創造期には全く適さない。新たな価値を創造する段階では個人の力量によって成果差は無限大になるからである。起業家的なハイリスク・ハイリターンの世界標準を日本企業の役員にも提供しなければならない。そうでなければ、現状維持程度の短期成果の達成はできても企業の成長をドライブすることはできないのだ。

成長力強化の社員エンゲージメント経営にコミットする

日本の大企業で働く社員の企業への積極的な帰属意識（企業に貢献し、働き甲斐を感じる）をもつ社員の割合が世界の最低の水準にあることは既に述べた。成長しない企業に対する諦め、社内を覆う沈滞のムード、悪しきヒエラルキーのなかでの仕事主義による疎外感がその理由であった。

また、企業を超えた人材流動性の低さ、終身雇用の呪縛ゆえ、消極的な理由で企業にとどまっている社員も多く見られる。

こうした企業への帰属意識の低さが成長の阻害になっていることは間違いない。

この状態を放置していれば、日本企業の成長、ひいては日本経済の成長は期待できない。この状態を一気に反転させることは難しいと思われるため、2つのセグメントに焦点を当てて対処することを提案する。

一つは、海外である。海外では社員エンゲージメントが低いことは、競合への競争意識を減退させることを意味する。加えて、社員による知人の推薦採用（リファラル採用）が期待できず、採用力に影響する。海外のうち、特に中国では社員のエンゲージメント強化が重要な経営施策の一つになる。

もう一つの課題は、第1章で述べた2020年代の日本企業の成長を担う30歳未満の若手社員の退職願望の高まりである。2010年代からこの傾向が顕著となり、いまや中国や米国よりも高い水準にあり、看過できない状況である。

日本企業ではどんなに能力が高くても、若手社員は一定の期間を経なければ管理職には昇進できず、ヒエラルキーの最下層に留まらざるを得ず、モチベーションの低下にあえいでいる。

しかし私は、そうした状況も徐々に変わってきていることを実感した経験をした。ある日本の新興企業での経験である。2000年代前半に大学のサークル活動の仲間同士で起業した会社は社員数3千人を超えるほどまでに急速に成長している。社是が「成長」というその会社で管理職の方々にインタビューをさせていただいたのであるが、管理能力は年齢には関係がない、年齢は若くても管理のプロセスと指標（ＫＰＩ）がしっかり経営と共有できていれば、良いマネジメントができることを学んだ。

また、別の新興企業では、若手社員の活用法に感心した体験をした。創業者が一代でつくり上げたこの会社は、次のステージに向けての成長を模索するなかで20代を含む若手社員のプロジェクトを結成し、ボトムアップの活動を展開している。本書で提案する青年による0から1を生み出すプロセスの実践である。ここでは、まずはとにかくやってみること（Just Do It!）が大切であることを感じた。

エンゲージメントの強化は結果であり、重要なことは社員がワクワクする活動の場を提供することである。エンゲージメントの向上を自己目的にしても意味はない。会社の成長に貢献し、自分も成長していると実感できれば、エンゲージメントは自然と向上していくものだ。

ポストを前提にした従来型のサクセッションプランはやめる

ある企業の将来の幹部候補を育成するサクセッションプラン（後継者育成計画）を拝見し、気になったことがあった。それは現在のポストを前提にして、ポストごとの後継人材が記名されていたことであった。おそらく、現在そのポストにある人が自分の後継人材を登録したのであろう。

こうしたリストの作成を否定はしないが、企業の成長を強く意識するなら、ヒエラルキー上のポスト管理ではなく、卓越した逸材の獲得に焦点を当てたサクセッションプランでなければならない。例えば、中国市場の成長を実現するマーケティング人材、最高のユーザーエクスペリエンスを具現化するウェブデザイナー、M＆Aプロジェクトのリーダーなどの役割を基準とする人材プールの現状を把握し、その役割に適切な次世代経営幹部候補の育成計画である。

歴史と伝統のある企業であれば、ヒエラルキー上のポストを担う人材のプールはされている。ただそうした企業であっても、未来の成長を実現する人材に視点を向けていることは多くない。この視点での後継計画が重要ということである。

期待役割は何か、どのような力量が求められるのか、必要な経験や能力は何か、そのような人材はどこにいるのか、いなければどうするのか。このことを考え、行動することがサクセッションプランの本質である。

もし、こうした要件に見合う人材候補がいなければ、外部人材登用に本気で取り組むことが重要である。

２０１９年４月19日付日本経済新聞の一面に「経団連、通年採用に移行　新卒一括を見直し　大学と合意」という記事が掲載された。日本の大企業が長く維持してきた日本固有の新卒定期採用から不定期通年採用の流れにシフトしたということである。これからは新卒だけでなく、外部人材の採用力が重要になる。そのためには外部人材を本格的に活用できる環境の開発が重要である。

企業変革に重要な影響力をもつキーポストの30％が外部人材になると大きな推進力が生まれるという経験的な法則がある。外部人材活用の根幹は繰り返しの議論になるが、成果主義の貫徹である。社員が果たす役割と貢献が定義され、社内での人間関係の蓄積がない人材が、今日から仕事ができる状態、欧米企業では当たり前の状態を日本企業は開発しなければならない。

欧米企業では重要なポストであれば、社内の公募に加え、社外からの人材サーチを併行するのが通例である。社内社外を含め、最高の人材を確保しなければ競争に勝つことはできないことを熟知しているからである。これまで日本企業は欧米ではこの当然のことが行われず、競争に勝てないという残念な状況にある。

中国で北京オリンピックが開催されたときの話である。ドイツのフォルクスワーゲンによるオリンピックプロジェクトが話題になったことがあった。当時、同社はトヨタ自動車と世界の覇権を争っており、中国市場では1位の座の競争を米国GMと展開していた。今後の中国市場を見据えたフォルクスワーゲンは「オリンピックプロジェクト」と称して組織ケイパビリティの抜本的な改革に取り組む。それまで早い段階で中国に進出して優位性を誇っていた同社であったが、2000年代に入ってからは多くの外資の参入で競争が激化し、業績が鈍化する。そこで、成長軌道への復活を図り、組織ケイパビリティ、特に人材力の抜本的な強化に努める。「最高の中国人材を確保する」というスローガンで外部人材の登用を積極的に進め、プロジェクトを成功に導いている。

通年採用を前提とした「採用ケイパビリティ」の開発はプロジェクトとして位置づけられるものかもしれない。また、そのようなプロジェクトをリードする役割は卓越した逸材が担う仕事かもしれない。

採用ケイパビリティは以下の要素で構成される。

●エンプロイヤーブランドの開発

エンプロイヤーブランドとは勤務先としての魅力を発信することで醸成されるブランド力のことである。採用の対象になる人材は企業にとっての顧客であるという着眼が、この言葉が生まれた背景である。ブランディングはマーケティングの重要な要素であるので、人事ではなくマーケティングの発想とスキルが重要である。ある自動車メーカーのケースであるが、ＡＩの若手人材を採用するために人材バンクを活用したが、対象者に企業名を明かすと電話を切られてしまったそうである。良い就職先であるというブランドイメージがなかったための結末だった。これからの企業はエンプロイヤーブランドがなければ、採用にかけるエネルギーとコストが無駄になることを示唆するケースであった。

●プロセスの効率とスピード

初期コンタクトから採用決定、受諾までのプロセスの効率とスピードが重要である。第7章で紹介したインド工科大学のケースでは2日間ですべてのプロセス（面接、オファーの提示、本人の受諾）を完了することが求められる。ビジネスプロセスリエンジニアリングの活用が期待される分野である。

●面接のスキル

良い質問を通じて対象者の潜在能力を見極める力量が決定的に重要である。アマゾンではそのような力量をもつ人を「バーレイザー（Bar Raiser：面接の水準を高く維持する人）」として登録し、他部署の面接に参加させているとのことである。採用面接は事業の主体者であるラインの長だけではなく、他部門の面接の熟練者であるバーレイザーが行うが、彼ら彼女らの判断はラインの長であっても原則、覆すことはできない。バーレイザーがノーと言えば、採用は不可とする。

●定着の支援

採用された人材の入社後の状況をフォローし、メンタリングを行い、採用の効果を高めるプロセスである。このプロセスを通じて、エンプロイヤーブランドの向上のための改善・改良の活動に有益な示唆が得られることになる。

この採用から定着のプロセスを回すことは日本企業の人事部門にとっては新しい取り組みになる。海外ではプロセス全体を外部に委託する採用代行が発達し、日本でも外資系企業での活用が進んでいる。

成長への貢献を評価する

本書で一貫して述べてきたことは、日本企業の成長力の復活である。そのためには日本企業で実施されている業績評価の基準と方法を見直す必要がある。GEが以前に同社の研修センターの総本山ともいうべき「クロトンビルを壊す」というスローガンをつくり、人事プログラムの改革を行った。その一環として、社内相対評価をやめる、年一度の評価をやめる（毎日、評価するという意図のため）などの取り組みが伝えられた。

社内相対評価をやめるというのは社外での相対評価を行うという意図のもとの施策である。デジタルイノベーションの時代では、GEの優秀者が市場価値が高い優秀者とはいえないという反省に基づくものである。

年一度の評価をやめることの真意は、日常的なフィードバックを通じて人材を育成する意志の表れである。

このことに加え、業績評価の基準のひとつに成長への貢献（企業の成長、自身の成長、部下や同僚の成長）のために何を行ったかに関する評価を加えることを私はここで提案する。日本企業の2020年代にとっての最大のテーマが社員の業績評価に含まれていないというのは不可思議なことだからである。

なお、予算目標の達成状況の分析や評価は機械が自動計算するようになるため、そのための時間の投入は無駄になっていく。このプロセスに多大なエネルギーとコストをかけているようであれば、その業務の価値の見直しに着手することは急務である。

幹部開発のアプローチを根本的に変える

近年の日本企業の幹部開発を構成する柱は、「企業内大学」「コンピテンシシーモデルに基づくアセスメント」「選抜された人材の計画的な社内異動」の3つであろう。

企業内大学は1990年代に欧米を中心に広がり、2000年代には日本においても話題になった。本書でもたびたび紹介してきたGEのクロトンビルにある研修センターはビジネス界で有名な存在になり、一時期は「クロトンビル詣で」という言葉が流行ったほどである。GE以外でもネスレ、P&G、HSBC（香港上海銀行）など人材育成に評判の高い会社の取り組み事例の紹介が頻繁になされた。ちなみにネスレが1954年に開講した研修センターはスイスのビジネススクールIMDの源流になっている。1954年はGEがクロトンビル研修センターを開講した年でもある。

日本では、日立製作所、トヨタ自動車、日産自動車、パナソニック、ソニーなどが企業内大学に積極的に関わってきた。分析思考、ロジカル思考、ビジョン創造、戦略構築、リーダーシップなどが中心的な教育テーマであった。

しかし、時代の変化の波は企業内大学のあり方にも影響を及ぼしつつある。ヒエラルキーのなかで育ち、ヒエラルキーを運営するオーソドックスな経営リーダー、ビジョンを構想し、複雑な組織をバランスよく運営するというリーダー像が急速に崩れつつあることがその一因である。GEの急激な変貌からもその様子が見て取れる。

ジェフ・イメルト氏は2020年という想定よりも早く、2017年8月にジョン・フラナリー氏にバトンを譲る。そしてそのフラナリー氏が2018年9月、わずか1年の任期で交代、後任はGEの歴史上、はじめて外部から登用された。2000年から2014年まで産業機器大手ダナハーのCEOを務めたローレンス・カルプ氏がその人である。ダナハーは1969年に創業されたGEに比べれば歴史が新しく、400社以上の企業買収を重ねて成長し、2018年12月期の業績は売上204億ドル、営業利益35億ドル、営業利益率17％の会社である。歴史も売上もGEよりも見劣りのする企業から経営者を迎えたわけである。

多くの企業で企業内大学の見直しが始まっている。私自身は知識の習得ではなく「場の提供」が最重要だと考えている。プロジェクトの場を数多く多様に提供し、メンバーが困ったときにアドバイスやメンタリングができる人材、ベイアリアのベンチャーキャピタリストのような人材を社内外からラインアップするというアプローチの可能性を検討してほしい。

日本企業の幹部開発の2つめの柱はコンピテンシーモデルを基準としたアセスメントである。2000年以降、多くの企業が導入してきた。コンピテンシーとは高業績者に見られる独特の思考や行動の様式である。変化のスピードが遅い時代には有効であった。同じやり方が一定の期間、有効だからだ。

しかし、100年に一度の大改革の時代では必要なコンピテンシーはどんどん変わる。目に見える行動様式ではなく、より深層にある性格や感性及びモチベーションが重要である。私は多くの企業のコンピテンシーモデルを見る機会があるが、ほとんどの企業には変革力やイノベーションが含まれている。私もつい最近まではこれに何の疑問ももたなかった。しかし、大きな変革を成し遂げた人、イノベーターと呼ばれる人を見ると一つの共通点があることに気づいた。それは、イノベーターになることを志した人はいないということだ。やはり自身の内部にある、「これはおかしい、これは変だ、これは面白い、これは凄いことになりそうだ」という、押さえることができない感情が出発点になっている。そしてそのアイデアを夢中に追求した結果、イノベーターになったのだ。知性よりも感性が重要であるということだ。

RPA（Robotic Process Automation）は人間の物理的な作業、AIは人間の分析思考やパターン思考を急速に侵食している。証券取引の分野では1980年代に「場立ち」と言われる株式売買の注文を執行する人々の物理的な仕事がコンピュータに代替された。そして、2010年代に入ると注文を出すトレーダーという売買の判断をする人々の大半がコンピュータに代替された。2020年代においては様々な業界や分野で改めて人間の価値が問われることになる。データを集め、分析し、ロジカルに考えることは機械のほうが得意になる。

米国にアスペン研究所という機関がある。1949年、人間精神のあり方を考える出発点として

「ゲーテ生誕200年」を祝う祭典がコロラド州アスペンで開催された。この祭典が契機になり、人間、文化、社会、自然、世界の直面する諸問題に対して古典を読み、対話を重ねることでものの考えを深めていく会話の場が毎年、開催されている。「アスペン・セミナー」と呼ばれるものである。1998年には日本の支部も開設され、活動が続いている。元富士ゼロックスCEOの小林陽太郎氏が初代の理事長になっている。

古典に関心をもつ、古典からヒントを得る、古代の歴史からアイデアを得るということは意味あることだ。ここでいう古典には、歴史や文学だけでなく、地理や科学を含む。

私がマッキンゼーにニューヨークで入社した新人の頃、ある講師が受講生の机上に置いてあるA4の1枚の紙を手に取り、この紙を50回たたんだらどの位の厚さになると思うか、という質問をしてきた。ある人は「たたむ」と「重ねる」を勘違いしたのであろう。50枚だったら50ミリ程度だ、と答えた。講師は「重ねる」のではなく「折りたたむ」のであると言い、さらに答えを求める。私は会議室の天井まで届くのではないかと考え、3メートルくらいと答えた。そのときの会議室がビルの6階にあったので、ここまでの高さくらいだと思うと答えた人もいた。答えは地球と太陽の距離、1億5千万キロということであった。

「指数関数の法則」を知る人であれば、簡単に想像できるのであるが、倍々で増加する量はあるところを超えたときから爆発的な増加をするという法則である。アマゾンの売上は2000年代、一定の比率で増大し、2010年に3兆円の水準に到達する。2018年には25兆円になるのであるが、多くの人はアマゾンの売上はそろそろ頭打ちだとささやいていた。

その研修が終わったとき、別の講師が読んでおくべき本を紹介していた。そのリストのなかに１９０５年にアインシュタイが発表した特殊相対性理論を踏む三部作の論文が含まれていた。私には全く手に負えないものだったが、彼の論文のなかに書かれている有名な方程式$E=MC^2$だけは記憶に残った。あとでその講師に読後の印象を聞かれたので「本当に大切なことはシンプルだ、ということがわかった」と答えた。私はこの研修がきっかけになって、地球の歴史、人類の歴史、世界の森羅万象に興味をもつようになった。

社員の海外留学・海外遊学を復活することは重要である。日本企業の経営の中枢に海外の知見をもつ人材が急速に不足していることは既に申し上げてきたことである。重要なのはグローバルな視野、地球規模の視野をもつことであるので、必ずしも海外勤務が必要であるということではない。しかし、日々のビジネスを離れた留学、遊学の機会は有効である。国籍、年齢、性別に関係なく集まる世界中の人間と交わり、他流試合をする機会は重要である。前節で述べた企業内大学のプログラムは企業内のものであるので、参加メンバーは社内人材に限定される。欧米の一流企業が経営大学院の主催するエグゼクティブ研修に社員を派遣する理由はそこにある。ネスレは企業理念の研修は内部で実施、それ以外の研修は原則として外部の機関、特に様々な国、様々な企業の社員が参加する経営大学院の短期のオープンプログラムに社員を派遣しているようである。

旧日本興行銀行からハーバード大学経営大学院に留学した楽天の三木谷浩史ＣＥＯはＭＢＡ留学を通じて世界から来る学生との日々の会話から新たな事業へのイマジネーションを膨らましたそうである。マイクロソフト会長からパナソニックに転じた樋口泰行氏もハーバード大学経営大学院に留学されている。MBAは2年間のコースであるので時間、コストの負担は大きいが、現在は数週間のプログラムもあるので検討の余地がある。

日本企業の幹部開発の3つめの特徴は、選抜した社員の計画的な社内異動である。このアプローチは変化の少ない安定的な時代では有効であった。しかし、100年に一度の大変革の時代では、社内で学べることは少ない。子会社や関係会社に出向する、全く関係のない企業に派遣する、ベンチャー企業に参加させるなど従来の社内人事異動を超える取り組みが必要だ。多くの企業の幹部開発は平時のパラダイムのなかで、小手先の改善や改良を行うにとどまっている。

人事スタッフを信頼される専門エキスパートにする

これまで人事スタッフは社内での人事異動、社員の業績評価に関わる調整業務に傾注してきた。人事スタッフはそのための社内人脈、ネットワークの開発に努力をしてきた。

しかし、調整業務と社内人脈は市場価値がないものである。また、社内市場原理が発達すれば、これからは社内での存在価値も減少していく。

そうなる前に人事スタッフを以下の分野でエキスパートにする必要がある。

●採用のエキスパート

採用のエキスパートとは、アマゾンの例で紹介した「バーレイザー」になることである。社内で一目置かれる存在になり、高い評判を得て、重要な採用には面接官として呼ばれ、採用スキルの研修の講師が務まる人材である。

●コーチングのエキスパート

コーチングのエキスパートはこれから重要度が増していく。完璧な経営者、完璧なリーダーは存在しない。あのジャック・ウェルチ氏もコーチを活用していたそうである。スポーツ界ではコーチの存在は当たり前になっているが、ビジネス界、特に日本のビジネス界では緒についた段階である。

このことはグーグルの前ＣＥＯのエリック・シュミット氏も「どんなに凄いスポーツ選手にも必ず、コーチがついている。ＣＥＯという大きな責任をもつ人間にコーチがついていないのは不可思議だ」と強調している。

●研修のエキスパート

研修のエキスパートには2つのタイプがいる。一つは研修プログラムのオーガナイザーである。日本企業の成長のためにどのような研修をしたらよいか、どのようなプログラムがよいか、どんな講師を招いたらよいのかなどについて、プログラムを企画し、セットアップする人脈をもつことが重要である。

もう一つはその企業にとって永遠に重要なテーマ、例えば、良き企業理念の伝承をする講師である。

●ＰＭＩのエキスパート

２０２０年代のオープンイノベーションの時代ではＭ＆Ａの活用は必須である。そして、Ｍ＆Ａの成果は、その効果最大化のための統合プロセスであるＰＭＩ（Post-Merger Integration）の優劣にかかっている。ＰＭＩには経験が重要である。社内で良い評判を立て、多くの機会を得てエキスパートになる人材が増えれば、日本企業の成長に大きな貢献ができる。

これらの分野でエキスパートになれば、人事のスタッフは事業部門のライン長に信頼されるビジネスパートナーになることができる。そして、これまでは人事部が行ってきた人事マネジメントをライン長ができるように支援する。

また、こうした経験を通じて人事スタッフは市場価値のあるプロフェッショナル人材になる。場合によってはこうした力量を外部に販売することも可能になる。人事の仕事は企業や業界、国を超えて汎用性があるからである。そうなれば人事部門はコストセンターではなく、プロフィットセンターに変身する。

トヨタのStart Your Impossibleとサムスンの地獄の合宿に学ぶ

トヨタ自動車には、正確に言えば、人事部はない。通常、どの企業にもある人事部は人材開発部と呼ばれる。花王でも人事部門ではなく、人材開発部門という部署名が使われている。両社とも人事の運営を超えた事業をサポートする人材開発という役割認識である。

トヨタ自動車は世界への飛躍を支えるグローバル人事運営に取り組むなかでトヨタ・ウェイを開発し、大きな成果を上げている。そのときの常務役員だった畑隆司氏が大きなリーダーシップを発揮されたプロジェクトであった。このプロジェクトには第4章で紹介したBR (Business Reform Project)

という紋章がついていた。

いま、トヨタ自動車は「勝つか負けるかではなく、生きるか死ぬか」というトップメッセージと、Start your impossibleというスローガンを掲げ、人事運営の改革に取り組んでいる。この数年間で大胆な新機軸を生み出している。一つは個社を超えたグループ人事である。トヨタ通商のアフリカ本部長がトヨタのアフリカ本部長になり、デンソーの副会長がトヨタの副社長になる。

一方、トヨタの中枢で活躍した社員がグループでリーダーシップを発揮する取り組みも進んでいる。2018年1月には役員人事の専担部署を創設し、2019年1月からは執行役員、部長、次長を一つの塊にする「幹部職」制度をつくり、若手の大抜擢を可能にする仕組みを構築している。AI、自動運転、ロボティクスの分野では外国人リーダーと外国人社員を組織の中核に据えている。成長のための組織ケイパビリティ開発の現在進行形の事例である。

「人事部員、地獄の合宿」という言葉はサムスン電子で活躍し、1990年代後半のサムスンの苦境期を乗り越え、2000年代以降の大飛躍を実現する人事改革に携わった、『サムスンの戦略人事』(李炳夏著、日本経済新聞出版社)の著者から聞いた言葉である。その方にソウルで話を伺ったのだが、そのころ韓国はアジア通貨危機の影響を受け、厳しい経済環境にあえいでいた。それまでの韓国企業は「日本に学ぶ」をスローガンにして、日本企業の製造技術や人事制度、事業の世界化の歴史をベンチマークにしていたとのことだった。

ところがサムスン電子は大きな方針変更をする。学ぶ先は日本ではなく、米国であるという判断である。1990年代の米国企業の組織・人材改革を深く学び、その導入を決心する。スローガンは

「強い人事」であった。

そして最大の決断は、人事の役割の新たな定義である。それまでの人事は、終身雇用を前提とした「ゆりかごから墓場まで」の日本企業の制度をモデルにしていた。それが、「戦略実行能力の開発」に定義を改めた。まさに、組織ケイパビリティの開発が人事の役割になったのである。

人事部員は経営の視点を身につけ、米国流のシステムを一気に学ぶ必要に迫られた。地獄の特訓合宿とは新たな役割を果たすための人事スタッフを対象とした5週間のフルタイムの研修のことである。

サムスン電子が20年前に行ったことは、いま、日本企業の人事が取り組むべき最重要のテーマだと思う。日本企業の人事部門は社員を対象とした様々な研修を企画し運営するが、自らの成長や改革のための研修にはあまり投資をしていないように見える。トヨタ自動車は2010年代前半にサムスン電子との交換研修を行っていたそうである。トヨタ自動車はいつも一歩早く動いているのだ。

本章には社長があたかも人事部長のように振る舞うというメッセージが含まれている。時代の大きな転換点において本章で説明した役割は、人事部の活動範囲を大きく超えるものである。それゆえ、このようなタイトルにした次第である。

このことを逆説的に言えば、これからの社長は人事部長の経験が必要であるという言い方もできる。ダイキンの井上礼之CEOは長く人事部長を務めた。セゾングループを支えた西武百貨店の堀内幸夫元社長、クレディセゾンの林野宏社長、良品計画の松井忠三前CEOは皆、人事部長を経験されている。西部ホールディングスの後藤高志社長も前職のみずほフィナンシャルグループで人事本部長を務めている。味の素の西井孝明CEOは人事課長、人事部長というキャリアと並行して、家庭用品事業部長、ブラジル味の素社長を務めている。

　これからは人事と事業ラインを経験しながら、最高経営者が生まれるというケースが増えるかもしれない。２０２０年代の日本企業の最大テーマである成長力の復活をドライブする組織ケイパビリティの創造のためには人事と事業は表裏一体になる必要があるからだ。

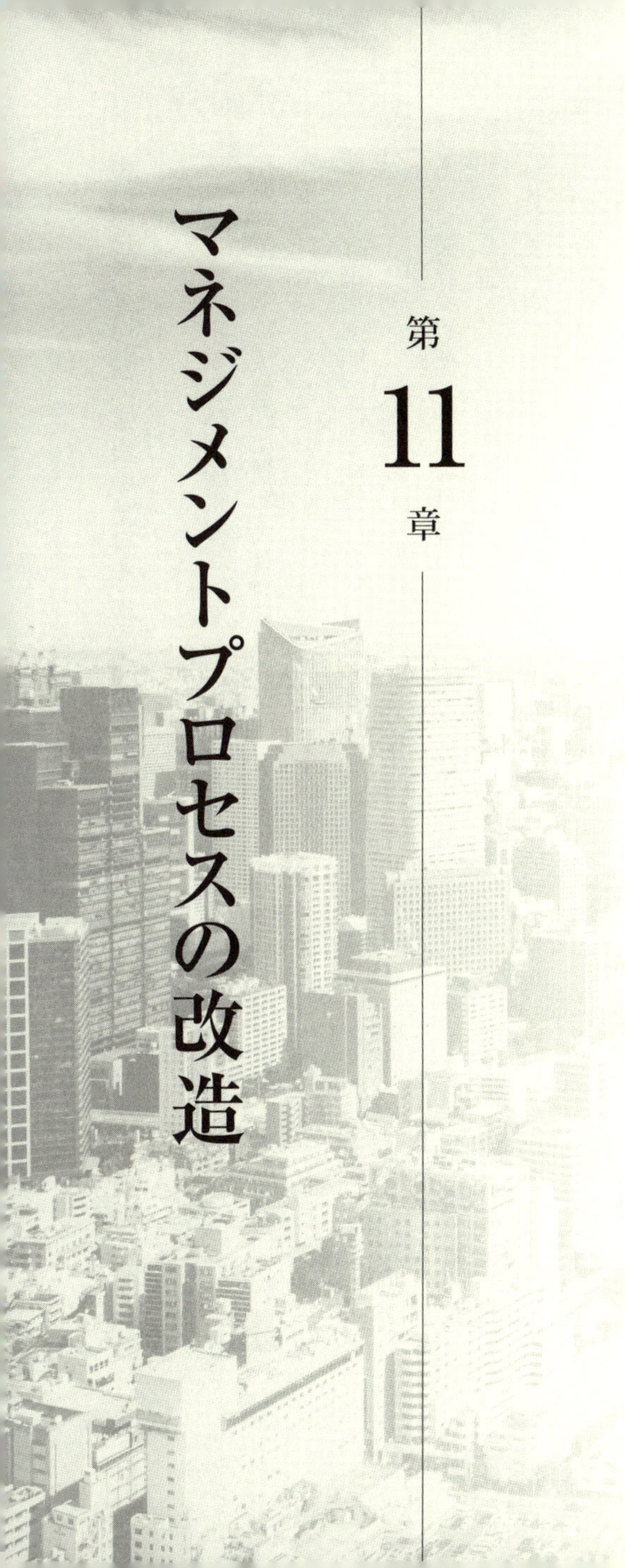

第11章

マネジメントプロセスの改造

良い経営プロセスは良い結果を生み出す

プロセスは一定の目的や成果を達成するための仕事の流れである。どの企業にもプロセスは存在する。製造部門や物流部門に携わる社員にとってプロセスはイメージしやすいことであろう。プロセスは明確に目に見えるモノをつくったり、届けたりする物理的な作業の流れだからである。

あるいは事務部門で働く社員にもプロセスは見えやすいものである。お客様からの受注、代金の回収、業者への発注、支払いには決められた仕事の分担、段取りが存在する。こうした目に見えるプロセスは「業務プロセス」と呼ばれ、多くの企業で改善や改良が進んできた。1990年代前半にはBPR（Business Process Reengineering）という活動がビジネス界を席巻した。ITの力を使って間接業務のコスト・効率・スピードを抜本的に改善しようという試みである。

そして今日ではIoT（モノのインターネット）が働く人の現場に浸透してきている。最初にこの言葉を経営のメッセージとして明確に打ち出したのは、GEの元CEOであったジェフ・イメルト氏だった。センサーとインターネットの技術を使って販売した後の商品やパーツのメンテナンスやサービスのプロセスが生み出す付加価値を圧倒的に向上させようという試みである。

しかし、企業には目に見える単純な作業の流れではない重要なプロセスが存在する。それが、経営のプロセスである。そして、経営者の経営プロセスへの着眼とプロセスの良し悪しが企業の成果に大きな影響を及ぼすのである。

マッキンゼーの実質的な創業者マービン・バウワー氏はその著書『マッキンゼー　経営の本質　意思

と仕組み（原題：*The Will To Manage*）』、邦訳：ダイヤモンド社）のなかで、「**経営者の最重要の仕事は良い経営をするプロセスをつくることにある**」と述べている。そして、「**経営者は時間の70％を良い経営プロセスの開発とその改善、改良に向けるべきである**」としている。

日本ではそれほど知名度は高くはないが、1893年に米国で創業されたエマソンは知る人ぞ知る超優良企業である。モーターの生産から出発し、現在では60の小事業部を有し、売上高2兆円に及ぶ電気・電子部品業界の雄に成長している。同社には「エマソン成功の秘密：経営プロセス」という言葉がある。エマソンが大きな成功を収めることができたのは良い経営プロセスをつくり、それを磨き続けてきたことを示す言葉である。

エマソンの成長期をリードし、1973年から2000年の27期にわたり連続して増収・増益に導いたチャールズ・ナイト元CEOは共著書『エマソン妥協なき経営　44年連続増収を可能にしたPDCAの徹底（原題：*Performance without compromise*）』、邦訳：ダイヤモンド社）のなかで次のように述べている。

「マネジメント・プロセスという言葉は奇妙に聞こえるかもしれません。マネジメントとは一般的には、活動、行為、もしくは職業を意味し、通常、プロセスとして定義されることはないからです。しかし、私は、マネジメントはプロセスであると考えています。つまり、それはエマソンでは継続的な高い利益率を意味する『結果』を出すための一連のステップである、ということです。プロセスであるがゆえにステップや構成部品に分解することができ、それを上手く設計し、最適化し、コントロールすることで、プロセス全体を長い期間にわたり円滑かつ安定して機能させることができます。」

ピーター・ドラッカー氏は著書『現代の経営』（邦訳：ダイヤモンド社）のなかでエマソンを次のように紹介している。

「1990年代前半のリエンジニアリングのブームにおいては、組織を、それを構成するプロセス、例えば新製品開発プロセス、注文処理プロセスなどに分解するという考え方をしたが、エマソンはそのずっと以前からマネジメントをプロセスと考えてきた。」

プロセスの盲点

投資や経費に関する予算の策定と承認、その執行など財務運営に関わるプロセスはどの企業にも存在する。日本企業には稟議のプロセスがある。これは経営の決定を関係者で共有するプロセスである。次のようなプロセスは意外と見過ごしがちで盲点になっている。

●顧客の思いを感じるプロセス

例外はあるが、多くの業界では企業と顧客の関係は商品やサービスを販売した時点で終わる。そして商品やサービスを購入したときが顧客にとっての商品との関わりの出発点である。商品を買った顧客が何に喜び、何に困っているのか、買わない顧客は何が理由で買わないのか、この顧客の思いを探り、経営者が顧客の思いを感じるためのプロセスの設計は企業の成長の出発点である。

●判断を修正するプロセス

重要なのは「決定」ではなく、決定の早さと速さ、修正の速さを実現するプロセスである。ファーストリテイリングの柳井正ＣＥＯの著書『一勝九敗』（新潮社）を参考にすれば、どんなに優れた経営者でも正しい判断を続けることは不可能である。重要なことは早く速く判断し、実験し、観察し、修正することを可能にする経営のプロセスを設計し、導入することである。

●リスク感知のプロセス

リスクには、マクロのリスクとミクロのリスクの２つがある。マクロのリスクは世界のメガトレンドに押し流されるリスクである。ミクロのリスクは大きなミスや不祥事を起こし、社会から締め出されるリスクである。

マクロのリスクについては表面に見えるトレンドではなく、その深層にあるマグマの動きを探るプロセスが重要である。世界の様々な企業の動向、有識者の意見を広く深く探ることは経営者の個人的な努力の限界を超えることだからである。ＩＢＭでは経営会議に定期的に外部の識者を招き、ＩＢＭへの批判を聞いていたそうである。

一方、ミクロのリスクを感知するためには、現場の生の声が経営者に届くプロセスが重要である。「悪い報告がないことが悪い報告だ」と言われるが、現場が感知するリスクが悪しき伝言ゲームのようにそのまま伝わらない隘路を徹底的に取り除く日々の努力が必要である。

●すべての社員をエンゲージするプロセス

企業の成果は優れたＣＥＯと社員全員のエンゲージメントの掛け算である。経営者が命令しても実現できない最大の難問は社員のモチベーションである。多くの企業が社員意識調査を実施しているが、経営者がエンゲージメント調査の結果に触発され、対策の検討と実行を主導するプロセスが必要である。

世界にはカリスマといわれる経営者が存在する。彼らの多くは創業者である。しかし、世界の超一流の長寿企業を見ると経営者の顔があまり見えない企業が多い。彼らは皆、サラリーマン経営者である。なぜ、顔が見えないのか。彼らは良い経営プロセスをつくり、プロセスを磨くことに集中しているからかもしれない。

１８８７年の創立からいまも成長を続け、世界の主要な格付け機関のすべてからＡＡＡの評価を受けるジョンソン・エンド・ジョンソンのＣＥＯや、１８３７年の米国南北戦争の37年前に創立された家庭用日用品業界の世界の巨人Ｐ＆ＧのＣＥＯの名前を知る人はどれほどいるだろうか。

プロセスが変われば社員の意識が変わる

多くの企業の経営者は、「イノベーション」や「変革」という言葉を使って社員に意識改革を促している。しかし、言葉の力で社員の意識や行動を変えた会社はどれほどあるだろうか。皆無に近いのではないか。

経営者が意識改革を促す言葉を投げかけた直後は一歩を踏み出させることはできても、その行動を継続させることができるか、しかも一部の幹部社員だけではなく、多くの一般社員の行動変革を継続させることは実際のところ難しいのではないか。

そのように考えると大多数の社員の行動変革を継続するためには、言葉ではなく、プロセスを変えることが実際的である。このことを認識しない経営者は同じ言葉を言い続けるしかないと考え、ひたすら同じ言葉を繰り返すが、次第に息切れをしていく。

言葉ではなく、プロセスを変えることの有意性について参考になる例を紹介しよう。トヨタ自動車のインド現地法人における企業改革のケースである。

労働組合の活動が政治勢力の影響を受けて過激化し、傷害事件にまで発達した労働争議を終息させ、社員のエンゲージメントと協力の行動を再生したのはＴＢＰ（Toyota Business Principle）という機能を横断する問題解決の経営プロセスである。あるインド人幹部は、「我々は個々人の考え、主張がはっきりしていてチームワークは不得手だが、ＴＢＰのプロセスにはまると最初は窮屈さを感じたが、次第に順応し、気づいたら良いチームになっていた」と同社の経営プロセスを評価していた。

「無印良品」ブランドで知られる製造小売業の良品計画は中国をはじめとしてグローバルでも飛躍的に成長している。西友のプライベートブランドとして誕生した後、１９８９年に独立経営を果たすが、成長を続けていくうちに大企業病にかかり、１９９０年代後半から２０００年代前半にかけて業績の不振にあえぐことになる。その苦境を打開し、会社を再生させた松井忠三前ＣＥＯは「言葉で社員の意識を変えることはできなかった。具体的な行動と仕事の仕組みを変えることで社員の意識は変わった」という趣旨のことを述べられていている（日本経済新聞「私の履歴書」2018年2月16日付）。

松井氏は同社をV字回復させるために、矢継ぎ早に経営改革を実行していく。例えば、在庫商品を社員の目の前で燃やし、社員の悔しい思いを刺激し、発奮させる。そして、社員の意識と行動の変化に大きく影響した取り組みは、社員が参加した仕事のプロセスづくりであったそうである。スタッフがつくるマニュアルではなく、経営者が主導する会社を経営するプロセスをつくったということである。松井氏はこの取り組みを社外取締役であった衣料品販売チェーン「しまむら」の藤原秀次郎前CEOから学ばれたそうである。「しまむら」は社員が店舗の運営マニュアルをつくり、社員がマニュアルを改良するというプロセスをつくった会社として評判になったことがある。

セブン－イレブンには隔週で全国の店舗経営相談員（OFC）が東京本部に集結する会議がある。OFCおよそ3千人が集結する巨大な会議である。かつては毎週行われていたが、隔週であっても全国から3千人が集結するとなると時間もコストも相当尨大になることは想像にかたくない。

商品配送の効率を重視し、店舗を集中展開できない地域には進出しないなど生産性を追求する同社において、なぜこのような会議を続けているのだろうか。

それは、創業期から続けてきた「業革運動」と結びついているからである。経営が第一線の情報を感じる→経営が顧客の思いを感じる→対策を考える→実践する→そして現場での効果を探る→結果を一気に共有するという経営プロセスの一環として、この巨大会議が存在しているのであろう。鈴木敏文前CEOは「自分には現場経験がない」ことを折に触れて語っているが、そうであるがゆえに経営と現場を結ぶプロセスをつくり、磨いてきたのである。

ヒエラルキーを運営するマネジメントプロセス

良いヒエラルキーは次の3つのことを達成する。

①良い商品・サービスを適正なコストとスピードで安定的に供給すること
②変化が必要なときには経営の考えを一気に実行すること
③実行の効果を経営に素早くフィードバックし、軌道修正を可能にすること

多くの日本企業は①の目的は達成している。日本製品の品質は世界中に評価されていることはご存知のとおりである。

ただ、②と③はどうであろうか。ある経営者の方によれば、②は△、③は×ではないかという回答だった。おおむね、日本企業の多くの経営者もそのような認識だと思う。

それでは、②と③を○にするための成功のカギは何か。私は次のように考える。

第1は既に述べてきたことであるが、ライン組織であるヒエラルキーにスタッフ組織が介入しないようにすることである。

スタッフ組織には、2種類の組織がある。一つは経営者をサポートする組織、日本企業では経営企画・経営管理、業務推進などの組織が中心になる。もう一つは事務・ITなどライン部門を支援する組織である。一つめの経営企画・経営管理、業務推進などの組織が経営者とラインとの間に入ると執

行のスピードとフィードバックループ（経営者の決定がどのような効果を発揮しているかを確認するプロセス）の効果が弱まる。

第2は、経営と第一線のライン長との距離を最短にすることである。大規模な組織では経営者と部長の間に本部長や部門長などのポストが多く存在する。これらの上級ラインポストも執行のスピードとフィードバックループの作動を疎外する。

第3は既に述べたことであるが、お役所仕事を憎み、細心の注意を払ってお役所仕事の芽を摘み取っていくことである。

第4章でも紹介したが、米国ではバンク・オブ・アメリカの奇跡の再生物語が多くのビジネスパーソンに語り継がれている（162ページ参照）。バンク・オブ・アメリカは米国の西部を地盤とし、東部を地盤とするシティバンク、チェース、モルガンなどの金融機関と覇権を争ってきた老舗企業である。そのバンク・オブ・アメリカがリーマンショックにより存亡の危機に遭遇する。2008年当時、日本のメガバンクでさえ3兆円から5兆円の水準にあった時価総額が同社は1兆円まで萎み、消滅の淵に立たされたのである。

ところが、その後10年間で業績は劇的に回復する。1兆円規模の収益改善が行われ、時価総額の上昇率は30倍を超え、2018年12月期の営業収益は886億ドル（約10兆円）、税引前利益は346億ドル（約3兆8千億円）、時価総額2795億ドル（約31兆円）である。

同社の奇跡の復活は、ミドルボトムアップの経営プロセスの導入にある。CEOと第一線のリーダーが直結し、第一線のリーダーがプロジェクトを通じて収益改善のための機会と課題を見つけ、C

EOの承認を得て実行する。CEOはその効果をモニターし、CEOでなければできない大きな問題の解決に注力するという経営プロセスの導入を進めたのである。

つまり、CEOと第一線のライン長が直接つながることで良いヒエラルキーのマネジメントプロセスが実現できたということである。

プロジェクトを運営するマネジメントプロセス

プロジェクトを運営するマネジメントプロセスの成功のカギは、プロジェクトのパイプラインの管理である。

製薬会社は10万もの薬の素材の探索からはじめ、候補品を絞り、臨床実験を積み重ね、承認を得た薬の販売を垂直に立ち上げ、一つのブロックバスター（1千億円以上の売上の薬）の開発を目指す。このプロセスはフェーズ化され、経営プロセスとして運営される。以下に示す製薬業界のこのプロセスは、成長のためのプロジェクトを運営するうえで参考になるアプローチである。

①探索のプロセス（0から1をつくる）

このプロセスは青春の心をもつ青年が活躍するフェーズであるが、このフェーズで重要なことはプロジェクトの数である。一つの成功には99の失敗が必要である。小さく早く始めるというリーン・スタートアップの考え方とアプローチを採用し、経営者はまずはプロジェクトの数が充分な数に到達しているかを管理する必要がある。そのためのプロセスの設計も重要である。

②臨床実験のプロセス（1を10にする）

ここでは、プロジェクトをやめる判断が求められることがある。そのため、臨床実験で集めるべきデータは何か、どのように集めるのか、KPIは何かなど、情報収集と分析のプロセスが重要になる。成果が見えないプロジェクトをやめなければ、有望なプロジェクトへの充分な投資ができないからである。

③市場導入のプロセス（10を100にする）

このプロセスでは前節で述べたヒエラルキーのマネジメントを活用することになる。良いヒエラルキーをもつ既成の大企業が力を発揮するフェーズである。

事業の成長をドライブするマネジメントプロセス

日本企業は良きヒエラルキーを運用するマネジメントプロセス、ヒエラルキーを超えたプロジェクトを運営するマネジメントを左右の両輪とし、両者を包含して統合した事業の成長をドライブするマネジメントプロセスを開発する必要がある。

事業の成長をドライブするマネジメントプロセスを設計し、運営するための重要な視点を以下に示すが、これは先述したエマソン元CEOのチャールズ・ナイト氏の著書『エマソン妥協なき経営』（邦訳：ダイヤモンド社）の「第8章　成長—究極の挑戦、利益への情熱と同じレベルの情熱を成長に注げ」を参考に私なりに咀嚼している。

●最高経営レベルの計画プロセスの変更

1992年、エマソンは投資家の最大の期待は今期の利益ではなく成長であることを深く認識し、経営計画を「今期の利益を確保するための計画」と「成長するための計画」の2つに明確に分ける決断をする。ジャック・ウェルチ時代のGEも「10年の長期計画」と「今年の予算計画」を分けて運営していた。

しかしながら、多くの企業では両者は混然一体になっているため、結果として今期の計画が優先され、成長の計画はおざなりになっているようである。

●1000の成長プログラムの策定

1992年から1997年までの5年間でエマソンは3つのカテゴリーの成長プログラムの策定を行う。

1 事業ごとに市場のリーダーになるためのベースラインの成長プログラム
2 追加的な成長のための事業単位独自のプログラム
3 追加的な成長のための本社の支援を受けるプログラム

5年間で1000のプログラムが作成され、厳しく取捨選択され、残ったプログラムは実行に移される。

ここで思うことは、プログラムの数の重要性である。成長プログラムの成功確率は低い。機関銃のようにたくさんの射撃が必要である。ここにも新規事業本部やイノベーション本部をつくり、戦略特区にしてしまうリスクが存在する。少数の人々だけにイノベーションを期待すれば、テーマの数は少なく、結局は500メートル先の小さな的をライフルで射貫くような無理な取り組みをせざるを得ないという気の毒な状況も見られる。やめることができない悲劇的な取り組みも見られるのである。

●**役員ワークショップにより成長の角度を高める知恵の創出**

これは1997年に始めたアプローチである。それまでは事業単位ごとに成長計画を考えていたが、事業を横断した役員全員のワークショップ（エマソンでは円陣でなく馬蹄形。ホワイトボードを置く場所が必要なため）を実施する。過去5年間で「できたこと」「できなかったこと」の整理を行い、4時間後に強力なアウトプット（アイデアと行動計画）を創出する施策である。

●**成長のアイデア創出のプロセス**

他事業の関係者、外部の識者を加えた構造化された質問に答えるプロセスの導入。

1　この事業のこれまでの成長と進化についてどう評価するか
2　これまでの成長を阻害する要因として何を経験したか
3　この事業のコアコンピタンスは何か
4　この事業のこれまでの競争のルールは何か
5　この業界で起こりつつある新たなトレンドは何か
6　競争企業はどのような価値を創造しているか
7　これまでの会話から想像される脅威と機会は何か

多くの日本企業が「役員合宿」と称して経営陣が語り合う場を設定している。本社を離れた場所、カジュアルな普段着、寛いだ雰囲気で行ったりするが、会話自体が寛いだ談話になり、時間とエネルギーの無駄になるケースもあるようである。

さらに困ったことはその準備のために優秀なスタッフが多大な時間を使い、詳細な資料を作成するという無駄が行われているということである。このような会議に厚いパワーポイント資料とプロジェクターの使用を許すことは控えなければならない。

エマソンはこの取り組みを通じて２つの課題を発見した。一つはマーケティングの不在、２つめは新しいビジネスモデルを構想する本気度の不在である。

良いプロセスの設計を阻害する3つの特徴

私はコンサルタントとしてのキャリアのなかで経営リーダー候補者のアセスメントというテーマに時間とエネルギーを割いてきた。これまで３千人を超える、日本を代表する一流企業の方々のアセスメントを通じて、日本企業の方々に共通する特徴を観察してきた。そうした観察から、良いプロセスの設計を阻害する３つの特徴があることがわかった。

●過度の分析思考

細部にこだわり、緻密な分析を行う思考は日本人の特徴である。目の前の具体的な事象に集中し、要素分解し、要素間の関係を見極め、複雑な問題を整理する思考である。市場調査や社員意識調査においても要素間の相関関係を緻密に分析し、ロジックを整えようとする。曖昧なものを許さない思考である。しかし、マネジメントプロセスは得体のしれないもの、目に見えないものである。したがって、分析思考の強い人にとっては最初から興味、関心の対象にならないのが実際である。

●システム思考の不在

システム思考は個々の事象に深くこだわるのではなく、全体を俯瞰し、それぞれの事象がどのように繋がっているかを捉えようとする思考である。相関関係ではなく因果関係を捉えようとする。広い視野、蟻の目ではなく鷲の目を求める。見えないものを想像する。そしてボトルネックを明らかにし、解決するのである。大きなパターンやトレンドを見る思考、大局を掴む思考には、このシステム思考が重要である。

立花隆氏はこのシステム思考のことを28歳のときに著した『思考の技術』（後に改題し『エコロジー的思考のすすめ』として中公文庫で刊行）のなかで「生態学的な思考」と呼び、その重要性を唱えていた。しかし、このような思考をする経営リーダーは少ない。日々の業務においてこのような思考がほとんど求められないからである。

●チーム学習力の不在

システム思考は広い視野で多様な要素を捉える思考である。しかし、それは途方もなく難しいことである。一人の人間が見ることができる範囲、蓄積できる知識量は限られているからである。システム思考の講座で例に使われる「風が吹けば桶屋が儲かる」という日本人であれば誰もが知る話がある。十返舎一九の『東海道中膝栗毛』のなかに出てくる「やじきた道中」、蒲原の宿での話だが、これによりシステム思考のイメージがわかってもらえるかもしれない。

風が吹く↓埃が舞う↓目を傷める人が増える↓目が目えない人も増える↓按摩か三味線弾きが増える↓猫が減る↓ネズミが増える↓ネズミは桶をかじる↓桶を買う人が増える↓桶屋が儲かる、という話だ。ここでのポイントは「三味線弾きが増える↓猫が減る」の連鎖だ。三味線が猫の皮でつくられている、ということを知らなければこの連鎖はイメージされない。

システム思考は多様な知識を求めるがゆえに一人で完結させるのは難しいのだ。しかし、このようなチーム学習の体験をもつ経営リーダーは少ない。

本章では、マネジメントプロセスに着眼し、そのプロセスをつくるための視点について、解説してきた。簡単のようで簡単ではない。だからこそ、しっかりとしたプロセスをつくればそれは競争力の源泉にもなる。そのことを信じて良いマネジメントプロセスの開発に取り組んでほしい。

第12章

良いガバナンスによる企業の成長

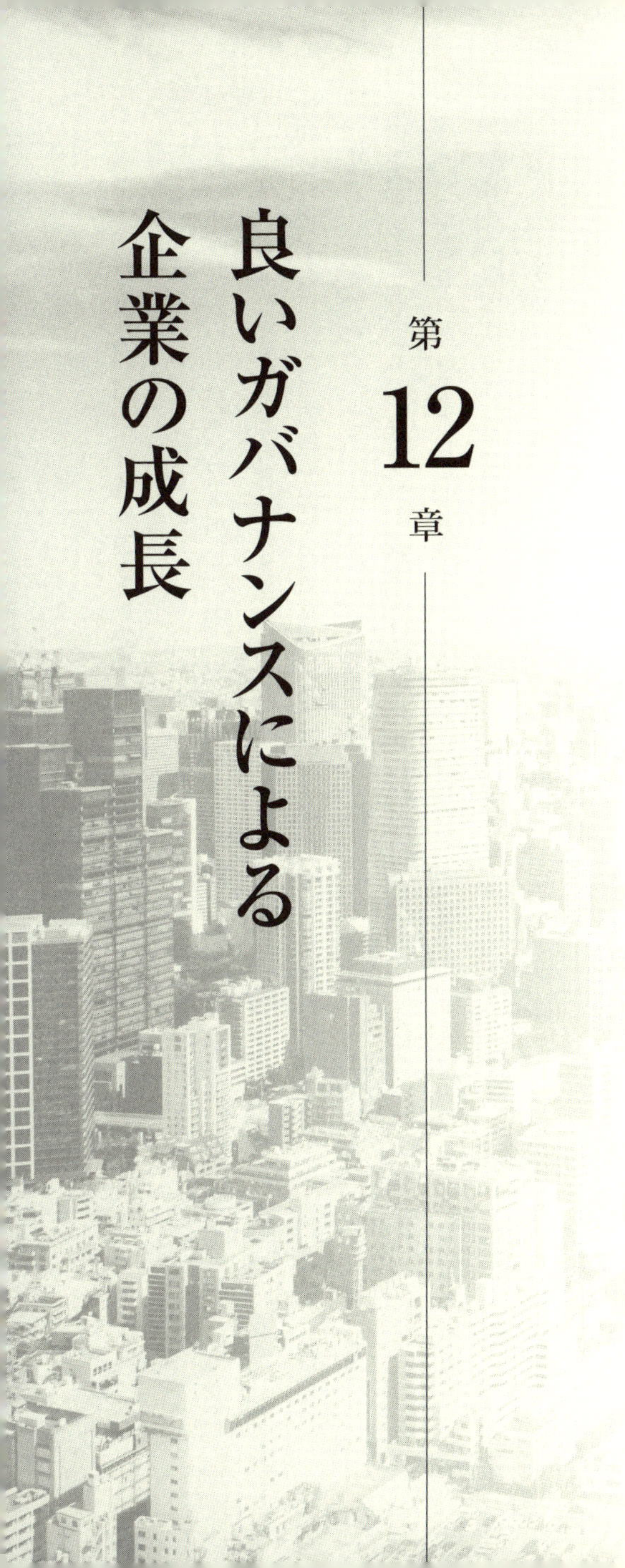

コーポレートガバナンス・コードの5つの基本原則

ガバナンスという言葉が日本のビジネス界に広まったのは、2014年6月24日に閣議決定された『日本再興戦略』改訂2014―未来への挑戦―」で企業統治の強化が明示され、「持続的な成長に向けた企業の自律的な取組を促すため東京証券取引所が新たにコーポレートガバナンス・コードを策定する」とされたのがきっかけである。自律的成長とは企業が中長期で資本生産性（ROE：自己資本利益率）を向上させ、グローバル競争に打ち勝つ強い企業経営力を取り戻すことである。

ここで示されたコーポレートガバナンス・コードには5つの基本原則のカテゴリーとその細目として合計30の原則が示されている。

第1のカテゴリーは、株主の権利の確保に関する原則である。少数株主、外国人株主への配慮の重要性を述べている。

- 株主の権利の確保
- 株主総会における権利確保
- 資本政策の基本的な方針
- いわゆる政策保有株式
- いわゆる買収防衛策
- 株主の利益を害する可能性がある資本政策
- 関連当事者間の取引

第2のカテゴリーは、株主以外のステークホルダーとの関係に関する原則である。こうした株主以外のステークホルダーを大切にする企業風土・文化の重要性を説き、取締役会はそのような風土・文化の存在を確認すべきとしている。特に多様性は企業の成長を確保する重要な条件であるとしている。

● 中長期的な企業価値向上の基礎となる経営理念の策定
● 会社の行動基準の策定・実践
● 社会・環境問題をはじめとするサステナビリティー（持続可能性）を巡る課題
● 女性の活躍促進を含む社内の多様性の確保
● 内部通報
● 企業年金のオーナーとしての機能の発揮

第3のカテゴリーは、適切な情報開示と透明性の確保に関する原則である。株主との建設的な会話を支える情報のわかりやすさが重要であること強調している。書かれていればよいということではない。また、経営陣の選任、解任、報酬の決定の方針、手順の明確化を求めている。

● 情報開示の充実
● 外部会計監査人

第4のカテゴリーは、取締役会の責務である。誤りや不適切な行動がないかという通常の監督だけではなく、経営陣による適切なリスクテークを支える環境の整備を求めている。経営陣の報酬については企業家精神の発揮を刺激する動機づけの力になることを求めている。社外取締役には自らの知見に基づき、会社の成長と企業価値増大への助言を期待している。取締役会のメンバーについては性別、国籍の多様性を求めている。また、メンバーへのトレーニングの機会の提供や斡旋を求めている。日本企業の取締役メンバーの資質を一層、高めていく必要をコードの策定に関わる委員が認識しているのであろう。

- 取締役会の役割・責務（1）
- 取締役会の役割・責務（2）
- 取締役会の役割・責務（3）
- 監査役及び監査役会の役割・責務
- 取締役・監査役の受託責任者
- 経営の監督と執行
- 独立社外取締役の役割・責任
- 独立社外取締役の有効な活用
- 独立社外取締役の独立性判断基準及び資質
- 任意の仕組みの活用
- 取締役会・監査役会の実効性確保のための前提条件
- 取締役会における審議の活性化
- 情報入手と支援体制
- 取締役・監査役のトレーニング

第5のカテゴリーは、株主との対話に関するものである。株主総会の場以外での対話の向上を求めている。
● 株主との建設的な対話に関する方針
● 経営戦略や経営計画の策定・公表

コーポレートガバナンス・コードは２０１８年に一部追加と改訂が行われているが、会社の持続的な成長と中長期的な企業価値の向上を目的とするという基本的な考え方は全く変わっていない。

また、「多様性」「企業家精神」「適切なリスクテーク」などの重要なキーワードにも変更はない。

コーポレートガバナンス・コードを使った４つの経営チェック

ＲＯＥの構成要素である資本構成（資産／資本）を高めるための借入のことを「レバレッジ」という。有効な借入は資本の生産性を高める梃子（レバレッジ）になることからの命名なのであろう。

私は、コーポレートガバナンス・コードにもレバレッジが必要だと考える。ＣＥＯを含む経営者が組織を「成長」という結果に導くには、業績評価と報酬インセンティブによるレバレッジが重要なカギとなるからである。この部分はコーポレートガバナンス・コードが期待する企業の成長と企業価値の向上が実現するか、あるいは形だけの導入に終わるのかの決定的な分岐点になる。

「日本企業の成長」という重大な目的にコーポレートガバナンス・コードの導入がどのように影響しているのか、少し踏み込んだ検討をしてみた。

第1のチェックポイントは、コーポレートガバナンス・コードは日本企業の経営における短期志向・財務志向の傾向を変えることができているか、ということである。この点については第1章で説明したように、ほとんどの日本企業の経営目標は単年度の予算目標・財務目標の達成であり、中長期の成長目標は含まれていない。コーポレートガバナンス・コードの狙いは達成されていない、と言わざるを得ない。

第2のチェックポイントは、経営の執行を行うCEOを含む経営幹部が会社の持続的な成長と企業価値の向上に取り組む行動を刺激するための「インセンティブ」が存在する企業がどれほど存在するか、ということである。これも第1章で説明したように日本の経営幹部の報酬は基本給と賞与が中心で株式報酬によるインセンティブは欧米企業と比較して非常に小さいのが実際である。コーポレートガバナンス・コードの狙いは達成されていない、と言わざるを得ない。

第3のチェックポイントは、CEOを含む経営幹部の個々人の責任が明確に問われているか、ということである。日本の大企業では役位が役割と報酬を決める基準のひとつになっている。これは、年功序列や集団責任のマイナスの側面が日本企業の経営の最上位階層に残っていることを示すものである。

第4のチェックポイントは、「いまを守る」に加え、未来を創る経営者、ビジョンと戦略を実行する力量をもつCEOを含む経営幹部の選任が進んでいるか、ということである。第1から第3のチェックポイントまでは有価証券報告書を読めば推定できるが、この第4のチェックポイントについては確たるデータはない。日本企業にもそうしたリーダーは確かにいるが、その数は極めて少ないのが実情のようである。

今後、日本でもコーポレートガバナンス・コードの精神が浸透してその潮流が広がっていけば、原則を順守する企業は増加していくであろう。

しかし、現状では「事業の成長」という本来の目的を実現する「梃子（レバレッジ）」が適切に設計され、運営されているかについて、時間とともに整備されていく可能性があるかと問われれば、NOと答えざるを得ない。

独立社外取締役の有効な活用の視点

独立社外取締役の有効な活用の視点は、コーポレートガバナンス・コードの原則である取締役会等の責務で明確に示されている。経営者の業績評価と報酬インセンティブ、事業の成長を導く経営者の選抜という判断基準を確立することは社外取締役でなければできない。指名委員会は43％、そして報酬委員会は46％というように独立の諮問委員会がある会社は東京証券取引所の調査（2019年1月28日）では過半に近づいている。検討中としている会社は30％であるので、この比率は今後さらに上昇するであろう。

それでは、指名委員会と報酬委員会の独立性はどうだろうか。社外取締役が過半数を超え、かつ委員長も社外という会社は委員会をもつ会社の約3割、いずれか一方の項目を満たす会社は3割ほどである。独立社外取締役の有効な活用を進める体制はできつつあるという状況である。

そうであれば、次なるステップは指名委員会や報酬委員会の力量の向上、具体的には必要なツール、ノウハウ、データ及び知見の蓄積である。

先行する欧米先進企業の経験から学ぶ

欧米では日本に先行し、1990年代から企業業績に対する投資家からの圧力が高まった。その背景には医療技術の急速な進歩がある。

先進国では人の寿命が延び、高齢者の生活を支える貯蓄の増加が社会的な要請になる。そうしたなか、年金基金は運用成績の低迷に強い危機感をもつようになる。

その結果、年金基金を顧客とし、彼らの運用を代行する専門の投資運用会社が急速に成長するのである。日本では一般的な知名度は低いものの、ブラックロック（1989年設立）など、この30年間でゼロから700兆円まで運用資産を劇的に拡大する会社が現れた。

さらにカーライル（1987年創業）のように企業の経営に直接関与し、投資成果を上げようとする会社であるヘッジファンド、プライベートエクイティファンド、オルタナティブファンドなどが続々と誕生した。

投資家の期待と圧力だけが理由ではないだろうが、2000年代前半には世界規模で影響を与えた企業の不正事件が起こった。特に2001年に経営者による簿外債務の隠蔽という粉飾が発覚したエンロン事件では、不正を見抜けなかった責任により、大手監査法人のアーサー・アンダーセンは解散することになる。

こうした歴史を経て、欧米企業では経営者や取締役会メンバーの選抜、ＣＥＯを含む上級経営幹部の業績評価、報酬管理に関する取り組みが進歩した。その歴史と取り組みは日本企業の指名委員会や報酬委員会が参考にすべきことだと思う。

ＣＥＯ及び取締役会メンバーの選任は、指名委員会の最重要事項である。ＣＥＯについては社内の候補者だけでなく、社外人材と比較検討することが必須である。指名委員会は株主に対して会社の未来を託す最高の人材を確保するために最善の努力をしたことを説明する責任があるからである。執行側から提案される候補者のなかから誰かを選ぶという片肺飛行的なアプローチはもはや通用しない。

２０１６年６月、順調に業績拡大を図ってきたネスレが１００年ぶりにＣＥＯを外部から登用する決定をした。人類と地球環境の関係を見据え、食品・飲料・菓子のネスレをヘルスケアのネスレ（アンリ・ネスレの創業の想い）に戻すというビジョンを実現する人材は社内にはいないとの判断に基づき、ドイツのヘルスケア業界での実績が評価されたドイツ人、マーク・シュナイダー氏が選抜されたのである。

ネスレは取締役の選定にも明確な基準を設け、その基準に沿ってメンバーの人選をしている。現在の基準は以下の経験のうち最低一つを満たし、メンバー全体としてすべての基準を満たすことにコミットしている。人選を始める前に揺るぎない基準をつくるということである。
●上場企業のＣＥＯまたはＣＦＯ
●国際事業

● ＦＭＣＧ（Fast Moving Consumer Goods：動きが速い消費財）
● Retail/Brand Marketing（小売／ブランドマーケティング）
● Financial M&A（財務と企業買収・提携）
● Technology（情報技術）
● Government /NGO（政府／非政府組織）

上場企業のＣＥＯまたはＣＦＯの経験というのは当然である。

注意すべきは、ＣＦＯである。これは日本企業の財務本部長とは異なるものである。既に述べたように、ＣＦＯは経理部長、資金部長を超える企業価値の創造に責任をもつ立場であり、ＣＥＯに限りなく近い存在である。国際事業の経験、ＦＭＣＧの経験、Retail/Brand Marketingの経験というのはネスレの業容を反映したものである。Ｍ＆ＡとTechnologyというのはいまの時代の要請である。興味深いのは非政府組織の経験である。これからの企業はビジネスを超えた社会性が求められるので重要な基準になっているのであろう。このような基準で日本企業の取締役会のメンバーを見ると、あいかわらず学者と裁判官や弁護士が中心であり、企業の成長を支援するガバナンスができるとは思えない。

ＣＥＯの報酬の考え方と成長へのインセンティブ

報酬委員会はＣＥＯの業績目標を設定し、その評価を行う責任をもつ。日本企業の有価証券報告書を読むと、多くの企業の業績目標は単年度のボトムラインの財務数値、とりわけ営業利益の水準が中心である。なかにはフリーキャッシュフローやROEが含まれる企業もある。

一方、トップライン（売上高）を成長目標に掲げる企業はパナソニックなど少数である。パナソニックは厳しい事業環境においても次の100年に向け、成長への挑戦を諦めていない。

また、複数年度（3年）にまたがる業績目標を明確に掲げている会社は武田薬品工業である。単年度の目標は今日の成果に関するものである。その意味で複数年度にまたがる業績に経営者がコミットすることは、「成長」のために必須のことである。

これについていくつかの企業の経営者が言うことには、単年度の目標は中期経営計画に連動しているため、それをやりきれば、中期計画を達成したことになるそうである。しかし、前章のエマソンのように、「今年の計画」と「成長の計画」は分けて考えるべきである。

日本企業のCEOの報酬が低いことが時々、話題になる。その報酬は1億〜3億円程度、米国は10億〜30億円、欧州は日本と米国の中間ほどである。日本と欧米がこれほど違うのは株式報酬の格差によるものであり、基本給や賞与などの金銭報酬ではそれほど違いはない。

日本企業では総報酬の内訳は基本給60％、賞与30％、株式報酬10％である。一方、米国企業では基本給10％、賞与20％、株式報酬が70％となる。株式報酬にこれほど日米で大きな違いがあるのは、日本企業の株価が上昇しないからである。

ただ、日本企業のなかにも総報酬のうち株式報酬を厚くしている企業がある。ソニーの平井一夫前CEOの2018年の報酬は総額27億円だったが、その大半は株式報酬である。ソニーの業績の回復、株価の上昇が経営者の報酬に適切に反映された、日本では珍しいケースである。

日本企業の場合、経営者の目標自体が短期目標に設定されていることから「企業の成長への貢献」を刺激する報酬体系にはなっていないと言わざるを得ない。複数年度の業績目標の達成時に株式で報いるパフォーマンスシェア（Performance Share）などの欧米的なプログラムをもつ企業は武田薬品工業などごくわずかである。

日本企業がグローバルで成長するには、報酬委員会は速やかに経営者の成長へのインセンティブとなる報酬ポリシーの導入を進めるべきである。

CEOの外部採用事例

日本企業がCEOを外部から採用し、再生または成長のドライブとしたケースは以下に示すように、実際に行われるようになってきた。

- 1999年　日産自動車、カルロス・ゴーン氏をルノーから招聘
- 2002年　ミスミ、三枝匡氏を招聘
- 2003年　りそな銀行、細谷英二氏を東日本旅客鉄道から招聘
- 2005年　ソニー、ハワード・ストリンガー氏を米国子会社から抜擢（ソニーへの入社は1997年）
- 2005年　西武鉄道、後藤高志氏をみずほ銀行から招聘

２００９年　カルビー、松本晃氏（元ジョンソン・エンド・ジョンソン日本ＣＥＯ）を招聘
２０１１年　ＬＩＸＩＬ、藤森義明氏をＧＥから招聘
２０１４年　資生堂、魚谷雅彦氏（元コカ・コーラジャパンＣＥＯ）を招聘
２０１４年　サントリー、新浪剛史氏をローソンから招聘
２０１５年　武田薬品工業、クリストフ・ウェバー氏をグラクソ・スミスクラインから招聘
２０１８年　東芝、車谷暢昭氏を三井住友銀行から招聘

日産自動車におけるカルロス・ゴーン氏の貢献は現在でも日本企業の再生プログラムとして記憶に残るものである。日産リバイバルプランを策定し一気に実行、利益額を４千億円の赤字から２年間で６千億円の黒字に回復するリーダーシップを発揮された。

ミスミの三枝匡元ＣＥＯは２００２年に社長に就任し、２０１４年までに売上を４倍、営業利益を５倍に拡大し、従業員３４０人の商社を世界１万人規模の会社に成長させている。２０１９年３月期の業績は売上３３５２億円、営業利益３２８億円、時価総額は約８千億円に達している。

りそな銀行の細谷英二氏は２００３年のりそなショックを乗り切り、りそな銀行を日本中心のリテールバンキングの分野で確かな業績を上げる金融機関に再生されている。リテールの分野ではメガバンク３行が苦戦するなかで特筆すべき貢献である。

カルビーの松本晃氏は就任後、業績をＶ字回復させ、２０１１年には同社を東証一部上場に導き、８期連続で増収増益を達成した。

ここで特筆すべきは資生堂の魚谷雅彦ＣＥＯである。２０１４年のＣＥＯ就任後、資生堂を真のグローバルカンパニーにするというビジョンのもと経営改革の辣腕を発揮し、２０１５年度と２０１８年度の業績を比較すると売上は７７７６億円から１兆９４８億円に、営業利益は２７６億円から１０８３億円に急回復させている。

全体として言えることは、実績がある外部経営者は企業の再生や成長に貢献するケースが多いということである。これからの日本企業の経営を考えるうえで、ＣＥＯは内部昇格者からということにこだわらず、会社の枠を超えたＣＥＯをはじめとする経営人材の確保に積極的に取り組むべきである。

外部登用はＣＥＯだけの話ではない。上級経営幹部のレベルでも、ＩＴやイノベーションの分野で外部人材の採用が積極的に行われるようになりつつある。パナソニックはマイクロソフト会長であった樋口泰行氏を代表取締役の一人として招聘し、企業システムなどを手掛けるコネクティッドソリューションズ社のＣＥＯに登用したほか、ＳＡＰ社からは馬場渉氏を招聘し、ビジネスイノベーション本部のトップに登用している。コニカ・ミノルタや損保ジャパン日本興亜も外部人材の招聘を積極的に推進している。

りそな銀行を再生された細谷英二氏は、前述のようにＩＢＭの再生を果たしたルイス・ガースナー氏の来日時に面談したとき、ガースナー氏から「あなたのライバルはただ一つ、それは時間だ」と言われ、再生スピードを上げるために花王やトヨタ自動車から適材を招聘したそうである。

日立製作所をリーマンショック後の経営危機（約8千億円の赤字）から救った川村隆元ＣＥＯは取締役会に元３ＭのＣＥＯを招聘するなど、外部人材の活用に本気で取り組んだことで評判になった。

エクゼクティブサーチパートナーの活用

いま、若手の人材層の流動化が急速に進んでいることでマッチングビジネスが拡大していたり、AIで分析した人材データを人事評価や異動、育成に活かすピープルアナリティクスなど、日本では人材関係のビジネスが活況である。

こうしたなか、CEOや上級経営幹部の外部採用を支援するエクゼクティブサーチの分野だけが成長していない。1980年代にエクゼクティブサーチを手掛ける欧米のコンサルティング会社が日本に進出し、1990年代後半までは存在感を増していくが、2000年代以降はその広がりが止まっている。これは、日本経済の成長が止まり、外資系企業が日本から撤退し続けていくなかで、CEOや上級経営幹部に対する需要が拡大しなかったことが背景にある。

日本企業が成長軌道を取り戻すには、エグゼクティブサーチの活用も重要なテーマである。

そもそもエグゼクティブサーチは、人材マッチングビジネスとは全く異なるものである。このサービスをうまく活用するには、以下に示す3つのフェーズからのアプローチがポイントになる。

第1のフェーズは、人材要件の定義である。そのポストで成果を上げることができる人材に求めるコンピテンシー、経験、性格、動機のパターンを明確化する。企業を成長させる経営者に求める要件は既成の大企業で育ったオーソドックスな経営者とは異なる特徴をもつ。彼らは世界中で日々、優秀人材のサーチを行っているので、相当の知見を有している。

第2のフェーズは、企業と人材のコミュニケーションをファシリテートする役割である。エグゼクティブサーチは人材の仲介ではない。企業の側に立って最適な人材を探し、その人材とのコミュニケーションの隘路や落とし穴を見つけ、問題を解決するのが役割である。

第3のフェーズは、人材の入社後のフォローアップである。どの企業にも独特の文化やスタイルがある。ルイス・ガースナー氏がIBMに入社したとき、同じアメリカ人なのに言葉が通じない、リーダーシップとマネジメントの解釈の違い、セールスとコンサルティングの違いなど相当の苦労があったようである。

日本の伝統的企業では、独特の作法や社内用語があり、外部から採用された人材を悩ませることがある。役割や責任の定義、成果の定義が曖昧な会社では外部人材は苦労をする。こうした疎外要因を除く、場合によっては企業の側に問題提起することもエグゼクティブサーチの役割である。

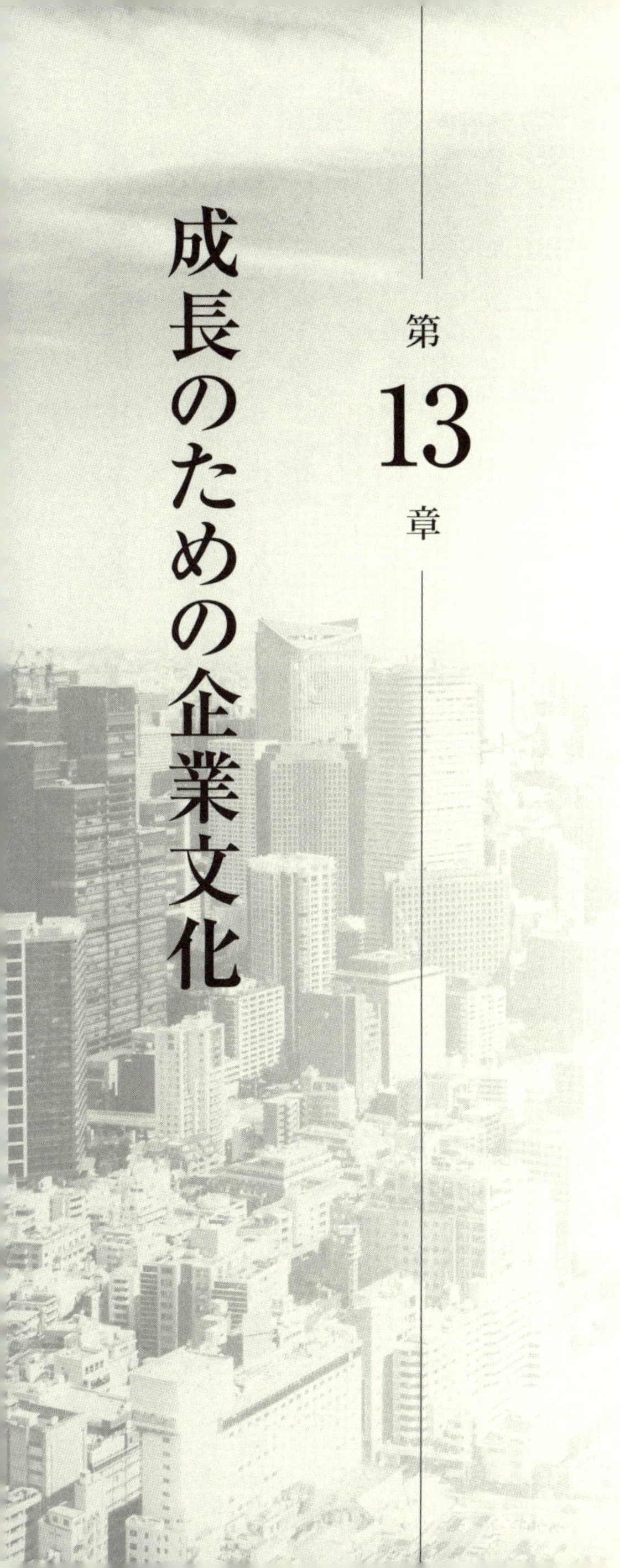

第13章

成長のための企業文化

企業文化が業績をドライブする

私はビジネスキャリアの前半を2つの特徴ある会社で過ごした。一つは野村證券、もう一つがマッキンゼーである。この2社は強い競争力で知られるが、共通の特徴は独特な企業文化がその競争力の源泉になっていることである。

野村證券は野村徳七氏が創業した大阪野村銀行（後の大和銀行、現りそな銀行）の証券部から1925年に独立し、創立された会社である。

野村證券には2つの特徴がある。一つは、「調査の野村、情報の野村」という言葉をスローガンに、正確な情報と迅速な分析を駆使する科学的な側面である。野村證券の子会社である野村総合研究所がシンクタンクとして発展し、その後野村コンピュータシステムと合併し、金融機関の子会社としては類を見ない存在になったのは、この文化の影響によるものであろう。

特徴のもう一つは、「ノルマ証券」と揶揄されるほどの強力な営業力である。ただ、このノルマは与えられるものというよりは、営業マンが自分に課するノルマである。私は入社後、本店の営業部に配属されたが、一人の先輩の姿をいまでもよく記憶している。彼は入社3年目の若い営業マンであったが、誰もが知る資産家や大企業の創業者を顧客にするというノルマを自らに課していた。そして、それを実現していくのである。営業マンは与えられた目標の達成ではなく、全国の営業マンのなかで1位になることを自分のノルマにする。それが野村證券の企業文化である。

この2つの企業文化に支えられ、野村證券は日本の証券業界においては世界の競合に立ち向かう唯一無二の存在感を維持してきた。かつての４大証券（野村證券、大和証券、日興証券、山一證券）のうち、旧大蔵省による行政指導の下で商品・サービス・チャネルの差別化が許されない時代に野村證券だけが圧倒的な1位になったのは、こうした企業文化以外には説明がつかない。

もう一つ、私がビジネスキャリアの初期に経験した会社がマッキンゼーである。シカゴ大学経営学部の教授であったジェームズ・O・マッキンゼーが同僚の教授たちと創設したコンサルティング会社である。同社の正式な名称はマッキンゼー・アンド・カンパニー、つまり「マッキンゼーとその仲間たち」という意味である。これは、すべての社員はパートナー（共同経営者）、そしてその予備軍はアソシエイツ（準共同経営者）として、リーダーシップとチームワークを重視することの表明である。しかし、これだけであれば、仲間がつくった会社で終わり、強い競争力にはつながらない。もう一つの文化、それが「UP OR OUT」である。

私は野村證券からマッキンゼーに転職したのだが、配属は東京ではなくニューヨーク事務所であった。入社初日に渡された社員心得帖のような冊子の最初に書かれていたのが「UP OR OUT」という言葉であった。ＵＰとは成長すること、ＯＵＴとは退職することである。これは、前年よりも成長して、より良い仕事ができたと本人も上司も確信できなければ、クビを宣告される前に自主的に退職することを意味している。このメッセージが具体的に何を意味するものなのかを先輩社員に聞くと、毎年、同期入社のアソシエイツの20％が退職し、５人の同期生は5年経つと一人しか残らないと教えてくれた。このとき、ノルマ証券といわれた野村證券を懐かしく思ったほどである。

しかし、この企業文化により、常に成長を続ける人材が確保できる一方、多数のＯＢが産業界に散らばることでその人たちが顧客基盤をつくることになるのだ。

企業文化が競争力の源泉になっていると思われる企業は、私見であるが以下の会社ではないかと思う。

●トヨタ自動車「問題発見・解決」

トヨタ自動車には機械による自動化ではなく「ニンベン」のついた自働化で真の問題を発見し、解決し、改善・改良するという強い文化があり、圧倒的な品質力で世界の自動車市場を席巻してきた。

●花王「顧客だけを見る」

花王には他社との競争を意識せず、消費者の生活の実態に即して何が問題なのかを考え、一心不乱に努力するという文化があり、日本における日用品市場の断トツのトップ企業に君臨し続けている。

●味の素「人の健康のために」

味の素は明治期に池田菊苗氏がドイツに留学し、ドイツ人と日本人の体格の差に驚き、その差を埋め、日本人を健康にするために食事をおいしくするためのうま味のもと、グルタミン酸ナトリウムの製造技術を開発したことが起業の原点になっている。Eat Well, Live Well.（おいしさ、そして、いのちへ。）が味の素のコーポレートスローガンである。

●パナソニック「生活の安心と安全」

２００９年に石油ファンヒーターによるユーザーの死亡事故が起きたとき、出荷された当該モデルすべてを1台残らず回収することを徹底した。同社にとって安心・安全は商売に優先する価値観である。

●ソニー「挑戦者」

創業の原点である「設立趣意書」に書かれた挑戦者の魂はソニー独特の文化を生み出した。ソニーに影響を受けたスティーブ・ジョブズ氏がスタンフォード大学で行った卒業生への講演での締めくくりのメッセージ「渇望しろ、空気を読むな（Stay hungry, stay foolish）」はソニーの挑戦者魂をジョブズ氏なりに解釈した言葉ではないだろうか。

●リクルート「起業家」

リクルートは創業者の江副浩正氏が表舞台から退き、1990年代の資産不況期には不動産事業で大赤字を計上し、一時期はダイエーの子会社にもなる。しかし、社員の力で復活し、現在は情報メディア業界の雄として活躍している。若い起業家を輩出する文化をもつ会社である。

●セゾン・グループ「新しい価値の創造」

堤清二氏が創業し、子会社および孫会社の売上が4兆円に達した巨大グループはリクルートと同様1990年代の資産不況の波に飲み込まれる。しかし、パルコ、ロフト、クレディセゾン、良品計画など数多くの関連企業の経営者を生み出している。彼らは起業家ではなく、西武グループの社員だった方々であるが、時代の空白を生める新たな価値を発見し、事業を創造していくのである。

弱い企業文化は世界共通

強い企業文化には個性があり、それぞれの会社に特有なものである。ゆえに、世界共通の「強い企業文化」というものはない。しかし、弱い企業文化の特徴は世界共通である。それは第2章で述べた「仕事主義」「サイロ化」に加え、人を一律に平等に扱う「悪平等」である。

悪平等の文化は人間の個性を無視し、第7章で述べたメリトクラシーを排除する。メリトクラシーとは能力の違いに応じて役割を与え、成果の違いに応じて報酬に差をつけるという考え方である。日本語では「実力主義」が近いかもしれない。

仕事とは同じ機会を与えられても、個々人が生み出す成果に違いが生じるものである。営業などでは、できない人とできる人の差が数十倍にもなることがある。それ以上に能力の差により成果が大きく違ってくる職種もある。経営者、デザイナー、エンジニアなどの頭脳の力を使う職種である。サムスン電子のイ・ゴンヒ会長は一人の優秀な事業部長は10万人の社員を幸せにすると述べているほどである。アップルの偉大な製品を生み出したのは、天才マーケター（スティーブ・ジョブズ）、天才プログラマー（スティーブ・ウォズニアック）、天才デザイナー（ジョナサン・アイブ）だった。

こうした仕事ではメリトクラシーが重要である。なぜなら、メリトクラシーが排除された悪平等の文化が支配する組織からはイノベーションは生まれず、競合との競争に勝つことなどできないからである。

ところで、弱い文化はなぜ生まれるのだろうか。大きな要因は、経営者の不作為である。弱い文化は人の集団が自然に行き着く先ということもできる。下りのエスカレーターに乗っているようなものである。企業文化は経営者が何もしなければ自然に劣化していくものである。人間は弱い存在である。易きに流れるものである。言われた仕事をこなし、家に閉じこもり、格差のない生活は居心地の良いものである。

そうした文化に陥らないために、経営者は「仕事主義」「サイロ化」「悪平等」という居心地の良い世界に流れる社員を叱咤激励し、下りではなく、上りのエスカレーターに乗せる努力をする必要がある。

強い企業文化をつくる3つの階層

従業員を弱い企業文化に陥らせず、強い企業文化に乗せるためには、そもそも企業文化の構造を理解する必要がある。

企業文化には3つの階層がある。第1の階層は、機能組織である企業が存在する理由を支える文化である。第2の階層は、成果を上げるために必要な組織風土である。そして第3の階層が、戦略とビジネスモデルを支える文化である（図表19）。

企業文化の第1の階層は、企業が存在する目的と理由、つまり企業の使命（ミッション）が生み出す文化である。社会の公器となるべく使命感から創業された企業には強い文化が見られるものである。

花王には、洗濯石鹸で顔を洗うことで肌をいためる女性の悩みに対し、洗顔専用石鹸をつくるとい

図表19　企業文化の３つの階層

第３の階層 戦略を支える文化	●機能型、プロセス型、タイムベース型、ネットワーク型 ●事業の環境、企業のビジョン、戦略に応じて変革するべき文化 ●文化を変えなければ戦略の実現を妨げる
第２の階層 成果を生む組織風土	●成果を上げるために必要な組織風土 ●柔軟性、責任、基準、報酬、方向の明確性、チーム結束 ●事業成果には、技術力、製品力、チャネル力、ブランド力など様々な要素が影響するが、相関分析を行うと組織風土の影響は約30％で最も高い ●弱い企業文化の発達を抑えるもの
第１の階層 企業の存在理由・使命の伝承	●企業が存在する理由、使命を反映するもの ●この文化が崩れると企業の寿命が尽きることになる ●社員の自信、プライドの源泉になるもの ●ただし、これだけでは競争には勝てない

う創業者の思いがある。その意志を受け継ぎ、中興の祖と言われた丸田芳郎氏には「消費者だけを見る」という深い信条があった。同様に味の素も日本人の体格を欧米人に負けないように強くするには食事をおいしくするんだという池田菊苗博士の想いが創業の根底にある。両者ともに創業から百年を超えるが、百年企業には創業の遺伝子が文化になり、その文化が企業の発展を支えている。

企業文化の第2の階層は、成果を生み出す組織風土である。第1階層である使命感を具現化するには、厳しい競争を勝ち抜くための成果を上げる組織風土が必要である。

私が参加しているコーン・フェリーの源流にあるヘイグループは1970年代、米ハーバード大学と協力し、企業の成果に影響する要因調査を行った。技術力、製品力、営業力、チャネル力、ブランド力など企業力を構成する様々な要素と業績との相関を分析した結果、技術やブランドなどのハードな力だけでなく、ソフトな力の組織風土が業績の30％に貢献することがわかった。これはハードな力に差がなければ、組織風土が業績の違いを決めるということである。先述した野村證券の競合との圧倒的な強さは、同社の情報を科学する風土、社員自らが高いノルマを課する風土によるものだということが理解できるのではないだろうか。

このときの共同調査では、組織風土は以下の6つの視点で捉えるのが有効だとの結論が得られた。

①柔軟性

社員は規則やルールにどの程度束縛されているか。創意工夫の余地や自由度がどの程度存在するか。

②自発性

社員は指示された役割や目標を超え、どれだけ自発的に業務に取り組んでいるか。

③基準
社員は高い成果、高い目標にどの程度挑戦しているか。または低い成果に妥協しているか。改善・改良をどれだけ進めているか。
④評価・報酬
社員は自らの貢献がどれだけ認知され、評価されていると感じているか。やりがいをどれだけ感じているか。
⑤方向の明確性
社員は企業が目指す方向をどの程度共有し、理解しているか。その方向にどの程度納得しているか。
⑥チーム結束
社員はばらばらに働くのではなく、どの程度協力しているか。高い目標にチームとして結束し、取り組んでいるか。

弱い企業文化の3つの特徴「仕事主義」「サイロ化」「悪平等」を思い起こしてほしい。仕事主義が蔓延すれば、「柔軟性」「自発性」「基準」「方向の明確性」は低くなる。サイロ化が進めば、「チーム結束」は低くなる。悪平等が進めば「自発性」「評価・処遇」が低くなる。

このように見ると、弱い企業文化が発生する場所は第2階層の成果を生み出す組織風土であるということがわかる。

企業文化の第3の階層は、戦略とビジネスモデルを支える文化である。基本的には4つのモデルが

図表20　戦略を支える企業文化の類型

	機能型	プロセス型	タイムベース（起業）型	ネットワーク型
特徴	•良い意味での官僚制 •品質、コスト、納期、安心、安全 •専門知識	•顧客密着 •機能横断のチームワーク	•新規事業開発の継続	•オープンイノベーション •日常的なM&A
該当する事業の例	•伝統的家電産業 •汎用品事業（サムスン電子のメモリー事業、等）	•B to B（素材型） •トヨタ自動車（CE）	•ソニーの非エレクトロニクス事業 •いまのGEが目指すリーンスタートアップ	•ベイエリアのプラットフォームカンパニー •B to B（ソリューション型）
求める人材力	•細部に拘る分析思考 •組織のマネジメント •組織貢献	•強力な顧客志向 •リーダーシップ •組織感覚	•左記と同様＋ •想像力とイマジネーション •起業家的な達成志向 •ビジネスインテグレーション（財務構造、市場構造、事業構造）	•左記と同様＋ •外部志向 •多様な人脈
求める組織文化	•長期雇用・コミットメント •規律重視 •トップダウン	•尋常でない顧客第一主義 •コラボレーション •ミドルトップダウン	•挑戦者に優しい文化（ソニー） •ボトムアップ	•開放型（出入り自由）文化 •Diversity & Inclusion

出典：*"People, Performance, & Pay: Dynamic Compensation for Changing Organizations" Thomas P.Flannery, David A.Hofrichter, Paul E.Plattern, Free Press*

存在する（図表20）。

●機能型モデル

これは、大多数の日本企業に当てはまるモデルである。組織は開発・生産・販売などの機能に分割され、社員はその機能のなかで定められた仕事を行う。伝統的には職務記述書が作成され、その職務をきちんと果たすことが社員の役割である。正確性や規律が重視される。職務に関する技能や専門知識の習得が必要である。真面目に勤勉に組織に貢献するマインドが大切である。製造業などでは品質・コスト・納期のＱＣＤが重視される。

●プロセス型モデル

機能型のモデルでは縦方向の上位下達、指示命令の意思決定、情報伝達が行われる。プロセス型は機能を横断した横方向の連携を重視するモデルである。

プロセス型モデルの典型はトヨタ自動車のチーフエンジニアの仕組みである。車の開発にはきわめて多数の機能部門がかかわる。この機能を横断して車の開発を進めるプロジェクトリーダーがチーフエンジニアである。

プロセス型モデルは複雑なソリューションを提供する事業でも見られる。顧客を担当するＲＭ（リレーションシップマネジャー）は社内の様々な部署を横断し、統率し、顧客が求めるソリューションを提供するのだ。部品や素材を単独で提供するのではなく、様々な部品を統合して提供するワンストップサービスは営業の現場では多く見られる。

このモデルが求める文化は機能型とは大きく異なる。部署を横断したコラボレーション、部署を横断するリーダーシップ、QCDだけでなく顧客の課題を理解し解決しようとする深い顧客志向の文化が求められる。

●タイムベース型モデル

これはひと言で言えば、ベンチャー企業の集団のような組織である。大規模な企業ではあるが、様々な事業や商品の案件が生まれ、短期間で起業化していくモデルである。3Mはこのモデルを発展させてきた会社だ。このモデルは起業家精神が文化の中心となり、「柔軟性」「スピード」「チームワーク」が必須になる。

●ネットワーク型モデル

これは、タイムベース型モデルの発展形である。社内社外の区別なく、ビジネスの目的や目標を達成するための最適なリソースを活用するため、買収や提携は日常的に行われる。オープンイノベーションをイメージするとわかりやすい。

タイムベース型モデルの文化に加え、ダイバーシティ&インクルージョンが強く求められる。

企業文化の第3の階層は、時代の変化に応じて変わらなければならないものである。その変革をリードすることはCEOの最重要の役割だ。そうでなければ時代の変化に取り残される。

これまでエレクトロニクス業界における日本企業は機能型のモデルであった。そして、彼らを脅かす米国西海岸ベイエリアや中国・深圳の企業の多くはネットワーク型モデルである。ITの分野で存在を維持するためには、ネットワーク型モデルの強化が必須になる。

強い企業文化をつくる3つの階層の企業事例

強い企業文化をつくる、あるいは維持するためには企業文化の3階層について、バランスよく醸成されていなければならない。本節では3つの階層ごとにベストプラクティスといえる事例を紹介する。

第1の階層：企業の存在理由・使命の伝承

この層を代表するのが、ジョンソン・エンド・ジョンソンである。1943年、2代目CEOのジョンソン2世が起草したクレド「我が信条」を知る人は多い。A4一枚ほどの短いステートメントは、患者や医療従事者への使命、従業員への思い、パートナーへのコミットメント、株主への貢献の4つのパラグラフで構成されている。ジョンソン2世はこのクレドについて、文章の体裁や文言を修正することは認めるが、患者（顧客）、従業員、パートナー、株主の順番は決して変えてはならないと言っている。

株主の重要度を最下位に置いてはいるが、結果として株主は大きな報酬を手にしている。何十年にもわたって売上と利益は伸び続け、世界のすべての格付け機関からAAAの評価を受けている会社は他に存在しない。

企業は社会の公器であり、社会に貢献することで存在を許されるという正しい意義や正義を貫く企業文化をジョンソン・エンド・ジョンソンから感じられる。

第2の階層：成果を生む組織風土

第2の階層である現場の組織風土に挑んだ会社の代表例はＩＢＭである。ＩＢＭは１９９０年代前半、企業存亡の危機に遭遇した。第3章で既に述べた内容であるが、改めて説明する。

１９８０年代になるとアップル、マイクロソフト、オラクル、サン・マイクロシステムズ、デルなどの新興企業の爆発的な成長により、メインフレームコンピューティングは後退していき、業界の巨人ＩＢＭもその波に飲まれた。その危難の回避を同社初の外部人材であるルイス・ガースナー氏が託される。

ガースナー氏は2年間の構造改革の後、再生ビジョンを発信する。それは、それまでの技術とハードウェアを売る会社からソリューションサービスを提供する会社につくり変えるというものだった。この取り組みの中心になったのが企業文化の改革だ。

ガースナー氏は、ソリューションサービスの成功のカギはお客様の課題を解決するチームの活力、そしてそのチームを統率するリーダーの行動力であると考えた。

そこで１９９７年から２００３年までの6年間、現場のリーダーが強い組織文化をつくっていくために、リーダーシップ開発の支援プログラムを展開していく。これが大きく奏功し、ソリューション事業の売上はこの6年間で2千億円から4兆円に急進する。

第3の階層：戦略を支える文化

第３の階層であるビジネスモデルを支える文化の改革に挑んできたのがＧＥである。トーマス・エジソンを始祖とするGEのそれまでの伝統的な経営に限界が生じ、かつての輝きが鈍りだした。そこで、次世代に再び成長していくためにベイエリアの新興企業のような会社に変貌するために、現在経営改革の最中にある。いわば、機能型モデルからタイムベース型モデルやネットワーク型モデルへの変貌である。そのために、人事制度から経営システムを抜本的に変え、優秀な科学者を採用するために本社をコネティカット州からマサチューセッツ州ボストンに移転するなどもしている。

GEはいまから40年ほど前、本社に200名強のスタッフが所属する経営企画部をもち、大きな本社が現場に指示を下す官僚的な組織だった。この弱い企業文化により大企業病にかかり、経営危機を迎えたのである。それを矢継ぎ早の経営改革で立ち直らせたのがジャック・ウェルチCEOだ。1982年に経営企画部を解体し、事業の責任と権限を本社・本部から現場の事業部に移す。1986年にはクロスファンクショナル・チームにより社内の不要な業務やプロセスを排除する運動「ワークアウト」を始める。

続いて1988年には内向き志向を外向けにするため、世界の優良企業を参考にする「ベストプラクティス」運動を、そして1992年には経営改革手法の「6シグマ運動」を展開し、クロスファンクショナル・チームで顧客価値を最大化する活動を推進する。

こうしてGEはお役所仕事という弱い企業文化の修正を図り、機能型モデルからプロセス型モデルへの組織転換に成功した。そして現在進行中の課題がプロセス型モデルからタイムベース&ネットワーク型モデルへの転換である。

経営者への7つの提言

企業文化は、プロジェクトを立ち上げ、責任者を定め、一定の手順を踏めばできるような単純な話ではない。地道な努力を継続する意志と行動が求められる。しかし、経営者が何もしなければ、弱い企業文化が蔓延し、経営の重大な阻害要因になる。

そこで、経営者が強い企業文化をつくるために重要な心構え・姿勢・行動について7つの提言を述べる。

提言1　企業文化に取り組む意義の確認

日本企業と欧米企業の経営者に経営上、何が重要と考えるかに関してヘイグループはアンケート調査を実施したことは第8章で紹介した（231ページ参照）。そして、この結果から言えることは「経営は実行」ということであった。

日本企業の経営者で「実行」の大切さを明確に発信されているのがファーストリテイリングの柳井正CEOである。柳井氏は、米国のコングロマリットITTのCEOを務め、14年半にわたる増益の歴史を築いたハロルド・ジェニーンの著書『プロフェッショナル・マネジャー』（邦訳：プレジデント社）を経営の教科書にしていることを公言している。「本を読むときは初めから終わりへと読む。ビジネスの経営はそれとは逆だ。終わりから始めてそこに到達するためにできる限りのことをする」という著者の言葉を引用し、まさに経営は実行であるということをこの本の解説で述べている。

企業文化の話をしているのに突然、違う観点の話をしていると思われるかもしれないが、実は経営者に「実行」を重視するマインドがないと企業文化への取り組みは成功しない。経営者が「実行」を重視すれば、当然、組織ケイパビリティを強化するという視点が生まれる。そして組織ケイパビリティの3つの要素「人」「プロセス」「文化」への着眼がなされ、企業文化醸成への取り組みが始まるということである。企業文化醸成への取り組みをする前に自社のビジョンや戦略を実現するためにはどのような組織ケイパビリティが必要なのかを考え、その一環として企業文化のあり方を考えるという順番が決定的に重要になる。

提言2　自社の企業文化の定期的な観測

企業文化を把握するには、そこで働く人が何を考え、どのように行動しているか、組織に対してどのような思いを抱いているかを定期的に観測することが必要である。そのための専用の調査ツールもあるが、組織の現状について多くの示唆が抽出できる「社員意識調査」や、昇進昇格の適性や能力特性を把握する「アセスメント」からも把握することが可能である。

ここで重要なことは、経営者がデータを直接読み込む姿勢と行動である。スタッフがきれいにまとめた報告や分析の結果を聞くという姿勢では意味のある気づきを得ることはできない。経営者自身があるべき姿をイメージし、仮説をもち、検証するためにデータを使ってほしい。社員意識調査には通常、回答者のフリーコメントがあるが、企業文化の大切さを認識する企業の経営者は大量のフリーコメントをしっかりと読み込んでいる。

提言3　心に染みるメッセージの発信

企業理念やコーポレートスローガンなど、多くの企業が自社の思いやあり方に関するメッセージを外部に向けて発信している。そうしたメッセージの認知が社内的に拡大すれば、従業員の意識醸成にも有効である。

創業の思いを伝える味の素の「Eat Well, Live Well.」、赤十字社の設立に貢献したナイチンゲールの思いを自社の使命に重ねるエーザイの「ヒューマンヘルスケア」をはじめ、旭化成の「昨日まで世界になかったものを。」や、小林製薬の「あったらいいなをカタチにする」などのメッセージは社員の心に会社が存在する理由や会社の使命を伝え、創業の遺伝子を埋め込む効果がある。

このように考えるとコーポレートコミュニケーションの役割は重要である。日産自動車のリバイバルプランを進めるにあたり、カルロス・ゴーン氏は日産社内の人材をクロスファンクショナル・チームで活躍させたが、社内に適材がいない2つのポストだけは外部から人材を採用したと言われる。一つはデザインの本部長、もう一つはコーポレートコミュニケーションのトップのポストであった。

提言4　リーダーや社員の規範への組み込み

企業文化を従業員の意識や行動にどのように具現化してほしいかを指針にして明文化することが重要である。ＩＢＭの再生に取り組んだルイス・ガースナー氏は従業員に期待する姿勢や行動を「ＩＢＭリーダーシップ・モデル」として定義し、全社展開した。また、ＧＥは数年おきにリーダーシップ・モデルを改定し、その時代に合った社員の意識や行動を誘導してきた。そしてパナソニックでは創業者松下幸之助氏の経営理念を具体化し、国内外の全従業員が共有している。

もちろん、それが形骸化してはいけない。歴史のなかで使われた言葉がそのまま表面的に語られることは注意する必要がある。その言葉が使われた時代背景を踏まえて、その意義を理解することが重要である。「社会に貢献する」はパナソニックの経営理念の柱であり、A Better Life, A Better Worldというブランドスローガンに表現されている。その実現には社会の問題、人々の喜び、苦しみに深く共感する多くの社員の存在が必要である。そのためにパナソニックは経営理念をコンピテンシーの基本に置いているのだと思う。

提言5　研修プログラムへの組み込み（事例の紹介）

ジョンソン・エンド・ジョンソンは従業員がクレド「我が信条」の今日的な意味を考え、理解と納得を深め、行動を促進するための活動を世界中で熱心に継続している。ネスレはスイス本社に全世界から幹部を集め、会社の価値観を深く理解し、実践するための研修を継続しており、花王やエーザイも同様の活動を行っている。こうした企業は、様々な地域で起こった実例を共有し、そのなかで企業の信条や価値観がどのように生かされ、あるいは妨げられたのかを議論し、教訓を得る活動を行っている。

提言6　社員の採用基準とプロセスへのこだわり

採用に注力するリクルートでは人事部だけでなく、多くの現場社員が面接に参加し、リクルートが望む企業文化に適する人材であるか、徹底的に評価を行うといわれる。世界の投資銀行の雄であるゴールドマン・サックスにも同様な姿勢が見られる。

採用の基準とプロセスへのこだわりは企業文化の第1の階層（企業の存在理由・使命の伝承）と第3の階層（戦略を支える文化）に決定的に重要な役割を果たす。社員の姿勢や行動のなかで動機に関係する要素は後天的に開発することが難しいからである。タイムベース型やネットワーク型の企業文化モデルを志向する場合、組織ケイパビリティをつくるという強い思いで採用に取り組む必要がある。

提言7　人事システムとの連動

人間は論理によって理解し、感情によって動く動物である。人事のシステムのなかでも、人事評価や報酬のあり方は従業員の感情、その結果としての姿勢や行動に影響する重要な関心事である。

そこで、弱い企業文化（仕事主義、サイロ化、悪平等）の醸成を阻止する評価・報酬システムがきちんと作動しているかに注意が必要である。例えば、仕事主義を排除するための成果主義が本来の目的から逸脱して運用されていないかどうかなど、経営者は人事システムが強い企業文化を醸成し、弱い企業文化を排除するために役立っているか、注視する必要がある。

企業文化の重要性について米国の経営者の発言を引用したい。

● 「毎日思うのだがグーグルのCEOは私ではなく、グーグルの文化そのものだ」エリック・シュミット前CEO

●「組織の行動を決めるのは規則集ではなく、文化だ」ウォーレン・バフェット（バークシャー・ハサウェイCEO）

●「IBMを他社から差別化するための最終的な課題はIBMの文化だ」ジニー・ロメッティCEO

●「企業家精神をこの会社にいかに吹きこむか、深い思いでやってきた」ムーター・ケント（ザ コカ・コーラ カンパニー前CEO）

日本企業でも企業文化の大切さを語る経営者は少なくない。しかし、企業文化の改革のために系統的な努力や取り組みを行ってきた経営者は少ない。その理由は関心がないのではなく、企業文化を変えるためのアプローチと手法が定かでないことにあるようだ。前述の7つの提言を参考にしてほしい。

ある会社の経営幹部がこんなことを私に言った。

「わが社はカルチャーでドライブ（経営）できないのが辛い」

私はこう答えた。

「それは、少数の企業しか実現できていないことです。むしろ、カルチャーが妨げになっていないだけでもよいのではないでしょうか」

実際のところ、弱いカルチャー（企業文化）が企業の成長と発展を妨げているケースが多く見られるのが最近の日本のビジネス界の実際だと思うから、私はそう答えたのだ。

社員に重い手枷足枷がつけられているように感じることも少なくない。弱い企業文化を退け、強い企業文化をつくるためには尋常ならざる努力がいると改めて思う。

そして、ひとりでも多くの日本企業の経営者にそのことに気づいて、行動を開始し、継続し、次の経営者にバトンを渡していただきたく思う。

そのバトンが渡らずに落とされてしまったとき、企業の衰退が始まると思わざるを得ない。そうならないためにも、リーダー自身の日々の反省とリーダーを監視する取締役会がしっかりと機能することを願ってやまない。前章で述べたコーポレートガバナンス・コードにも、取締役会による企業文化や風土の監視に関わる役割が明記されている。

おわりに

経営者と社員のベクトルの方向性

本書では日本企業の成長力の復活、そのための経営者と社員の働き方の改革、そして新たな組織ケイパビリティの創造にかかわる数多くの問題提起と提言を行ってきた。序章で述べた13のメッセージの要諦を強調しておく。

- 平成30年間、特に2000年以降の「成長の停止」を反転しなければ、日本の未来は地獄になること。背水の陣での戦いを覚悟する。
- 昭和の成功の復讐、巨大なヒエラルキーに閉じ込められた社員のエネルギーを解放する。仕事主義、サイロの文化を駆逐する。
- GAFAやBATを礼賛し、恐れる必要はない。しかし、企業の生存の原点である「成長」の復活への刺激にする。
- 青春の心をもつ、青年・壮年・熟年の社員のプロジェクトで成長を復活する。ヒエラルキーは成長を生まない。プロジェクトが成長の母。
- 経営者も社員もオフィスを出る。街をさまよい、機会を感じる。変革は機会を見つけ、機会を通じて実現することを知る。

●青年が0から1、壮年が1から10、熟年が10から100に貢献するチームワークで成長を復活する。

●日本企業の成長は日本人だけでは不可能。よって、外国人社員のパワーを解き放つ。そのことにより日本をローカル企業に後退させない。

●経営者の仕事は実行。実行の条件は組織ケイパビリティの開発。日本企業の経営者はこのことに着眼する。

●組織ケイパビリティの中心は「人」「プロセス」「企業文化」にある。経営者はこの3つのテーマに深く関わる。

●日本人（男性）の新卒一括採用、終身雇用のパラダイムは既に崩壊している。評価や登用、異動を人事部が主導する時代は終わった。人事は成長のための組織ケイパビリティの守護神になる。

●経営者はマネジメントプロセスの開発と運営に時間の70％を使う。意思決定だけが経営者の仕事ではない。

●コーポレートガバナンスの目的は不祥事やリスクの監視だけではない。成長のための目標とモチベーションで経営者を刺激することが重要。

●最強のCEOとは強い企業文化のことである。強い企業文化は業績をドライブする力をもつ。弱い企業文化は社員の手枷足枷になる。

日本の株式資産は凍ったままの状態が続いている。日本企業が成長しなければ、日本企業の市場価値は上がらない。日本企業の市場価値への期待が上がらなければ日本人は株式を買わず、日本の個人金融資産は預金に留まったままになる。超低金利が継続するなかでは預金は成長しない。そしてそれは日本の大衆の未来に暗い影をもたらす。

このままでは、延びた寿命を支える生活資金が枯渇する。そのような状況に陥ることがないよう、日本企業の経営者と社員は足並みを揃え、活動のベクトルが同じ方向を向き、成長のための巨大な力を生み出すように努力を継続していかなければならない。

このことを最後に申し上げるのは、多くの日本企業では経営者と社員のベクトルが全く異なる方向を向き、全体として全く推進力が生まれていなかったり、個々の努力が相殺され、全体としての力が減衰している会社が多く見られるからである。

本書の序文に書いたことであるが、日本の多くの企業の経営者、幹部社員、現場の第一線の社員は業績確保のために必死の努力をしている。変われなければ生き残ることはできないと誰もが考え、自らの守備範囲で変革への努力を行っている。

しかし、悪しきヒエラルキーの拘束から社員を解放し、本当に大切なテーマに集中し、成果を生み出すという的に向かっているかと問われれば、自信をもってYESとは言えないのが実状ではないだろうか。

図表21にはたくさんの人々が幌馬車にまといつき、バラバラに行動し、馬車が立ち往生し、前に進むことができない状況を描写している。ある経営者はこの絵を見て衝撃を受け、経営改革に本気で取

図表21　立ち往生する幌馬車の絵

作者不詳

り組み、その結果、成長企業に舵を切ることができたそうである。

日本企業の活路となる4つのテーマ

本書を書き終えるにあたり最後に思うことは、日本企業はどこに成長への活路を見いだせばよいのか、ということである。ヒエラルキーでいまを守り、プロジェクトで未来を創る、と述べてきたが、どのようなプロジェクトで未来を創るのかということだ。もちろん、そのテーマは企業によって異なる、企業ごとに固有のものである。高度経済成長期における日本企業の成長は米国から学び、流通・小売業は国内で発展し、製造業は米国市場に成長の機会を得たという共通点がある。

それでは2020年代における日本企業は何を学び、どこで成長をすればよいのか。

そのように考えるときの第1のテーマは、中国であろう。

第1章で述べたように中国のGDPは2010年に日本を抜き去り、2018年には米国の2274兆円に続く、1339兆円に到達している。同年の日本のGDPは548兆円なので日本の2・5倍である。GDPでは世界第2位だが自動車販売では2017年に2912万台となり、第2位の米国の1758万台、3位の日本の523万台を大きく引き離している。そして生産台数でも中国一国の数字は日本、ドイツ、韓国、アメリカ4か国の合計とほぼ一致する。

自動車産業は製造部品の巨大なサプライチェーンの裾野を形成し、半導体、AI、ロボティクス、IoTなど、広義のIT産業もそのなかに吸い込まれていく。研究開発費については世界一のアメリカの5111億ドルに対して第2位の2359億ドルとなっており、中国は世界の工場と言われたステージを卒業している。情報通信産業においては米国のGAFAに対してBATが対峙する。そして消費者にとってはITがもはや空気のような存在になっている。

そして、中国にとっての最大の機会は、巨大な国土（世界4位）、多様な自然環境（世界の最高峰エベレストを擁し、世界3位のゴビ砂漠、世界3位の長さをもつ揚子江）、世界1位の人口（約14億人）がもたらす、地方の貧困や自然環境における解決するべき課題の大きさと多様性、複雑性である。イノベーションは課題のあるところから生まれる。さらに中国は一帯一路政策を掲げ、アジア、アフリカにも影響力を広げている。

また、中国は悠久の歴史と文化遺産をもつ国でもある。世界最古の文書とされる『易経』が書かれたのは紀元前2800年頃だ。その次に古い文書は『ハムラビ法典』（紀元前1754年）、ホメロスの『イリアス』と『オデュッセイア』（紀元前750年頃）と続く。

このように考えれば、中国は日本企業の成長にとって避けては通ることができない場所と言わざるを得ない。日本企業は中国のエコシステムのなかに入らなければならない。日本企業は中国での課題解決に貢献するところに成長の活路を広げなければならない。

2つめのテーマは、DXと呼ばれるデジタルトランスフォーメーションである。中国での成長戦略を考えるときに避けて通れないテーマであるが、デジタルトランスフォーメーションは中国に限る話ではない。すべての日本企業が取り組むべき緊急テーマである。

1990年代の初頭に流行ったリエンジニアリングが未消化に終わったとは第1章で述べたところ

だ。未消化に終わった理由はツールとしてのＩＴを使うことが先決事項になり、業務プロセスの改革、特に顧客起点での業務プロセスの改革に本格的に取り組まなかったことである。

解決すべき社会や顧客の問題を深く定義し、その解決のために部門横断のプロジェクトチーム、青年・壮年・熟年が持ち味を発揮し、協力する体制をつくってほしい。しかし、先決すべきは解決すべき課題の定義である。その発見のために経営者も社員も皆、街をさまよってほしい。もちろん、精緻な計画をつくることを提案する意図はない。リーン・スタートアップのアプローチでまずはやってみる。それから考えるというやり方でよい。「とりあえずＲＰＡを導入する。そして、そこで止まる」というやり方は避ける必要があるということだ。

３つめのテーマは社会の問題の解決である。２０２０年代はホモ・サピエンスの膨張エネルギーと地球環境との最終戦争の時代になる。１９７０年年代には35億人であった世界人口が僅か35年間で倍増したことは既に述べたところだ。都市化の問題、疫病の蔓延、飢饉、貧困、様々な問題が押し寄せてくる。投資家もＲＯＥだけではなく、ＥＳＧ（Environment Society Governance）を重視せざるを得なくなる。２０１５年9月の国連サミットで採択されたＳＤＧｓ（Sustainable Development Goals：地球が持続するための２０３０年までの開発目標）は以前のＣＳＲ（Corporate Social Responsibility）のような事業のついでに行うものでなく、事業そのものになる。経営者も社員も世界を歩き、課題を見つけ、その解決を行うことで存在感のある会社になる。そうでない会社は地球環境が退場をせまることになる。そのような強い思いで１００のテーマを探し求めてほしい。

そして4つめのテーマは、間接業務、本社・本部の解体である。わが社にはコストセンターは存在しない、という強い思いで改革に挑んでほしい。成功の事例はたくさんあり、手法やノウハウは容易に手に入る。そしてスリムでシャープなヒエラルキーを取り戻し、社員の時間とエネルギーを解放してほしい。すべての社員が価値ある仕事に取り組み、貢献し、やりがいを感じる状態を維持してほしい。第1、第2、第3のテーマに比べると地味だが重要度は高い。このことを行わなければ、第1から第3のテーマに取り組む時間とエネルギーが生まれないからである。

第4章で述べたプロジェクトXのなかにこのようなプロジェクトをぜひ、含めてほしい。その取り組みをすれば、第8章以降で述べた組織ケイパビリティの開発も結果的に実現するはずだ。

いま、ビジネス界にはスピードとアジリティという言葉が蔓延している。このことの重要性を否定するものではない。しかし、最後にMake Haste Slowlyという英語の表現を紹介したい。Hasteとは「急ぐ」「慌てる」という意味である。したがって直訳すると、「ゆっくり急げ」という矛盾する言葉になる。

日本語にはもっと良い表現がある。「急がば回れ」である。室町時代の連歌師の「もののふの矢橋の船は早くとも、急がば回れ瀬田の長橋」という歌に端を発する言葉だそうだ。東海道から京にいく場合、琵琶湖を矢橋という港から船で渡るのが近道だが、比叡おろしという突風が吹いて危険なので、瀬田まで迂回して橋を渡ったほうが確実だ、ということだ。成長が必要↓新規事業とイノベーションが必要↓イノベーション本部をつくる↓ベンチャーと協業する、または買収する、と近道を急ぐのでなく、いったん回り道をして組織ケイパビリティを急いでつくることに注力してほしい。

組織ケイパビリティは捉えどころのない曖昧模糊としたものであり、しかもこのテーマに責任をもつ部署も存在しない現状ゆえ、格段の強い意志をもって取り組んでほしい。1946年にフランス人のサン＝テグジュペリという航空戦士がパリで出版した『星の王子さま』に砂漠で出会ったキツネの話が語られている。

「…こころで見なくちゃ、ものごとはよく見えないってこそさ。かんじんなことは、目に見えないんだよ。」

この童話は70年余を経て200以上の国と地域の言葉で翻訳され、世界の販売部数は1億5千万冊を超えるそうだ。日本企業にとって最も大切な成長力を復活させるために最も大切なもの、組織ケイパビリティを見えないもので終わらせることはできない。

本書の執筆にあたっては、本当に大勢の皆様のお世話になった。みずほフィナンシャルグループの副社長を経てみずほ情報総研の社長を務めた西澤順一様には経営者としての厳しい目線でコメントをいただいた。2019年3月までグローバル人事業務部長を務めた宇田真也様にも様々なアイデアをいただいている。同グループのグループCOOである石井哲様には長きにわたりお世話になっている。

パナソニック中国・北東アジア社のCEOである本間哲朗様にはこの本の書き出しから最後のまとめに至るまでのすべてのステージでご支援をいただいた。本間様の思いに共感し、書き進んだ部分が多い。アジア・パシフィック人事本部長の細川純治様、米国人事本部長のメーガン・リー様、欧州人事本部長のトーマス・ラメル様、中国・北東アジア人事本部長の西隆之様にいただいたアイデアも大きなヒントになっている。インド・南アジア、中東アフリカの総代表である常務執行役員伊東大三様、同人事本部長である三木勝様にはインドで様々な教えをいただいてきた。マレーシアで活躍された塔之岡康雄様、人材開発カンパニーで経営人材の育成に取り組む中村保仁様とはいつも刺激的な会話を行っている。本社ＣＨＲＯとして人事を統括する三島茂樹様には、折に触れて貴重な示唆をいただいてきた。

トヨタ自動車総合企画部長を経てトヨタファイナンシャルサービスのＣＥＯを務め、現在は中部国際空港の社長を務める犬塚力様からはトヨタ自動車の組織、人事運営のあり方を学ぶ機会をいただいた。インドでトヨタの事業を率いた石井直己様のリーダーシップは本書の第11章、マネジメントプロセスの改造を書くうえで大きなヒントになっている。トヨタ自動車様においては名前をお出しできないほどの数多くの皆様から多くのことを学ばせていただいている。

長期視点の経営で常に正道を歩む花王の皆様には大変に御世話になっている。常務執行役員の青木寧様、執行役員の松井明雄様、人材開発部門で部長を務める北島史夫様に感謝したい。

中外製薬の営業本部副本部長（海外担当）の西川幸一様には海外における人材開発、マネジメントのプロセスで学びの機会をいただいた。

歴史と伝統をもち、いまも成長を続ける旭化成のＣＨＲＯを務める橋爪宗一郎様には旭化成の組織運営、人事運営の在り方について勉強させていただいた。

ソニーのSenior Executive Vice Presidentであり、ソニーイメージングプロダクツ＆ソリューションズ株式会社代表取締役を務める石塚茂樹様、ソニー本社、ソニーマーケティングで人事のキャリアを積まれた佐々木裕様からはソニーの企業文化とリーダーのあり方についての学びを得た。

Executive Vice Presidentである安部和志様（人事・総務担当）にはニューヨークでたびたびお目にかかり、グローバル人材マネジメントの考え方について勉強をさせていただいた。また、創業者の一人である盛田昭夫様には米国人の上司のカバン持ちとしてお目にかかるなかで昭和後期の日本企業の世界での躍動、ウォークマンの開発秘話や世界でのマーケティングの展開など、日本企業によるイノベーションのたくさんの事例を体感することができた。

以前、GEアジアパシフィックシニアHRビジネスパートナーを務め、現在はメルカリの執行役員である木下達夫様にはブレーンストーミングの機会を数多くいただいている。日本の人事部、2017年HRアワードを受賞された味の素の理事であり、グローバル人事部長を務める高倉千春様にも多くのヒントをいただいた。

ウォートンクラブオブジャパンのプレジデントであり、株式会社NMKV（日産自動車・三菱自動車の合弁会社）のCEOを務める遠藤淳一様には2000年代前半の日産自動車の奇跡と呼ばれた再生を主導したクロスファンクショナル・チームの活動を含め、貴重な勉強をさせていただいた。

1886年に創業された世界最初の経営コンサルティング会社であるアーサー・D・リトルの本社ボードメンバーであり、日本支社長の原田裕介様には20年間、折にふれて様々な意見交換の機会をいただいている。『世界のエリートはなぜ「美意識」を鍛えるのか？』（光文社）の著者である山口周様にはいつも刺激をいただいている。

コーン・フェリー・ジャパンの会長である高野研一様にはこの本の主題に関わる日本企業の企業価値の向上を妨げるエグクティブの思考様式やリーダーシップの特徴や企業文化、特にBureaucracy

の現状について重要な示唆をいただいた。高野様のメッセージに大いに共感をしている。

野村総合研究所コーポレートイノベーションコンサルティング部プリンシパル、森沢徹様には日本の経営リーダーの時間の活用、情報収集源の特徴について興味深い示唆をいただいた。流通・サービス業における組織・人材開発の分野で活躍されているドリームインスティテュートの上野和夫様、本郷靖子様とは折に触れ、意見交換の機会をいただいてきた。

ペンシルベニア大学ウォートンスクールの学長であるGeoffrey Garrett氏、副学長であるRaju Gupta氏、及びExecutive Education Board Memberの各位にはグローバルなExecutive Educationの潮流を学ぶ機会をいただいた。

コーン・フェリーの日本及び世界各国で活躍するリーダー、コンサルタント、スタッフの皆様には言い尽くせないほどのたくさんのサポートとご支援をいただいてきた。

そして最後に、本書の刊行にあたって、出版社である日本能率協会マネジメントセンター出版事業本部の根本浩美編集長には大変お世話になった。本の構想の段階から様々なご指導をいただいた。心からお礼を申し上げる。

2019年10月

綱島邦夫

『トップが語る次世代経営者育成法』野村マネジメント・スクール　野村総合研究所編著、日本経済新聞出版社

『パラダイムの魔力』ジョエル・バーカー著、仁平和夫、日経BP出版センター

『プロフェッショナルマネジャー」ハロルド・ジェニーン アルヴィン・モスコー著、田中融二訳、プレジデント社

『ベルナール・アルノー、語る』ベルナール・アルノー イヴ・メサロヴィッチ著、杉美春訳、日経BP社

『マッキンゼー現代の経営戦略』大前研一編著、プレジデント社

『モチベーション』デイビッド・C・マクレランド著、梅津祐良他訳、生産性出版

『ワークショップ』中野民夫著、岩波書店

以上五十音順

"How Google Works" Eric Schmidt & Jonathan Rosenberg, Grand Central Publishing

"Out of the Crisis" Edward Deming, The MIT Press

"People, Performance, & Pay: Dynamic Compensation for Changing Organizations" Thomas P.Flannery, David A.Hofrichter, Paul E.Plattern, Free Press

日本経済新聞、日経ビジネス、週刊東洋経済、週刊ダイヤモンド、Business Research、Wedge、Newsweekの各紙誌

●参考文献

『悪魔のサイクル』大前研一著、明文社

『インテル　世界で最も重要な会社の産業史』マイケル・マローン著、土方奈美訳、文芸春秋

『エマソン妥協なき経営』チャールズ・F・ナイト ディヴィス・ダイヤー著、浪江一公訳、ダイヤモンド社

『エンゲージメント経営』柴田彰著、日本能率協会マネジメントセンター

『エクセレント・カンパニー』トム・ピーターズ ロバート・ウォーターマン著、大前研一訳、講談社

『御社の意思決定がダメな理由』根岸正洲 森沢徹著、日本経済新聞出版社

『頑固な羊の動かし方』ケヴィン・レーマン ウィリアム・ペンタック著、川村透訳、草思社

『基軸は人」を貫いて』井上礼之著、日本経済新聞出版社

『巨象も踊る』ルイス・V・ガースナー著、山岡洋一 高遠裕子訳、日本経済新聞社

『虚妄の成果主義」高橋伸夫著、日経BP社

「経営は「実行」［改訂新版］」ラリー・ボシディ ラム・チャラン チャールズ・パーク著、高遠裕子訳、日本経済新聞社

『コンサルタントのみた経営』マービン・ボウワー著、上野一郎訳、産業能率短期大学

『最強組織の法則』ピーター・M.センゲ著、守部信之訳、徳間書店

『GE世界一強い会社の秘密』ウィリアム・E・ロスチャイルド著、中村起子訳、インデックス・コミュニケーションズ

『ジョブ理論』クレイトン・M・クリステンセン タディ・ホール カレン・ディロン デイビッド・S・ダンカン著、依田光江訳、ハーパーコリンズ・ジャパン

『人事が生み出す会社の価値』デーブ・ウルリヒ ウェイン・ブロックバンク著、伊藤武志訳、日経BP社

『世界最高のバイオテク企業』ゴードン・バインダー フィリップ・バシェ著、山﨑勝永訳、日経BP社

『世界のエリートはなぜ「美意識」を鍛えるのか』山口周著、光文社新書

『ダントツ経営』坂根正弘著、日本経済新聞出版社

『ティール組織』フレデリック・ラルー著、鈴木立哉訳、英治出版

綱島邦夫（つなしま くにお）
有限会社経営力研究所コンサルタント
Korn Ferry Senior Client Partner
University of Pennsylvania, Wharton School, Member of Executive Education Board
慶應義塾大学経済学部卒業、米国ペンシルベニア大学ウォートンスクール卒業（MBA）。野村證券で営業部門、企画部門の業務に従事した後、マッキンゼー・アンド・カンパニーNY事務所に入社。国内外の様々な企業の戦略策定にかかわるコンサルティングを行う。マッキンゼー卒業後は、ラッセルレイノルズ、CSC（Computer Science Corporation）インデクス日本支社長を歴任し、コーンフェリー・ヘイグループに参加。ウォートンスクールExecutive Education Boardの理事を務める。『成功の復讐』『社員力革命』『エグゼクティブの悪い癖』『役員になる課長の仕事力』『事業を創る人事』など多数の出版、講演を行う。

強靭な組織を創る経営

2019年10月30日　初版第1刷発行

著　者――綱島邦夫　
発行者――張 士洛
発行所――日本能率協会マネジメントセンター
〒103-6009 東京都中央区日本橋 2-7-1　東京日本橋タワー
TEL 03(6362)4339(編集)／03(6362)4558(販売)
FAX 03(3272)8128(編集)／03(3272)8127(販売)
http://www.jmam.co.jp/

装　丁――重原 隆
本文DTP――株式会社森の印刷屋
印刷所――広研印刷株式会社
製本所――株式会社三森製本所

ISBN 978-4-8207-3188-7 C2034
落丁・乱丁はおとりかえします。
PRINTED IN JAPAN